Mit besten Grüßen,

Melanie

Melanie Hasenbein

Fallorientiertes Lernen in virtuellen Gruppen

Prozessaktivitäten und Prozessergebnisse in einem virtuellen Kurs der betrieblichen Weiterbildung

Die vorliegende Arbeit wurde im Wintersemester 2006/2007 an der Ludwig-Maximilians-Universität München, Fakultät für Psychologie und Pädagogik als Dissertation angenommen.

Bibliografische Information der Deutschen Nationalbibliothek

Die Deutsche Nationalbibliothek verzeichnet diese Publikation in der Deutschen Nationalbibliografie; detaillierte bibliografische Daten sind im Internet über http://dnb.d-nb.de abrufbar.

ISBN 978-3-8325-1509-6

Logos Verlag Berlin
Comeniushof, Gubener Str. 47,
10243 Berlin
Tel.: +49 030 42 85 10 90
Fax: +49 030 42 85 10 92
INTERNET: http://www.logos-verlag.de

Inhaltsverzeichnis

1. Problemstellung, Ziele und Aufbau der Arbeit

Verbunden mit der Forderung nach „lebenslangem Lernen“ (Reiserer & Mandl, 2002; Tippelt, 1999) kommt der betrieblichen Weiterbildung eine zentrale Bedeutung zu. In einer Zeit der Globalisierung und zunehmenden Dynamisierung des Wettbewerbs stellt die Qualifikation der Mitarbeiter einen wichtigen Wettbewerbsfaktor für Unternehmen dar. Die Förderung der Weiterbildung der Mitarbeiter wird deshalb als bedeutende Investition in das Humankapital eines Unternehmens betrachtet (Gaugler & Kadel, 1999). Weiterhin stellt das lebenslange Lernen für die Mitarbeiter selbst eine Notwendigkeit dar, um sich im Beschäftigungssystem behaupten zu können (Dobischat & Seifert, 2001). In diesem Zusammenhang erhält auch E-learning einen bedeutenden Stellenwert (Dittler, 2003), denn dieses bietet gerade im Hinblick auf ein lebenslanges Lernen Vorteile der Zeit- und Ortsunabhängigkeit (Hinze, 2004) sowie die Möglichkeit einer arbeitsplatznahen und arbeitsintegrierten Form der Weiterbildung (Arnold & Gonon, 2006; Eigler, 1997). Für die Unternehmen ermöglicht der Einsatz von E-learning zum einen, dem wachsenden Bedarf an Weiterbildung gerecht werden zu können und zum anderen, auch ökonomische Gesichtspunkte wie die der Kostenreduzierung bei der Weiterbildung der Mitarbeiter berücksichtigen zu können.

Dabei wendet sich die betriebliche Weiterbildung immer mehr von der reinen Vermittlung von Fachwissen ab und geht dazu über, problemorientierte Lernmethoden vor allem auch im Rahmen virtueller Lernumgebungen einzusetzen (Reinmann & Mandl, 2006; Reinmann-Rothmeier & Mandl, 1995; Weidenmann, 1993). Das Prinzip der Problemorientierung zielt dabei auf die enge Verbindung von Arbeiten und Lernen und soll den Transfer des Gelernten in die Praxis erhöhen und somit helfen, „träges Wissen“ (Renkl, 1996a) zugunsten praxisnahen, anwendungsorientierten Wissens zu vermeiden.

Fallorientiertes Lernen stellt in diesem Zusammenhang eine Möglichkeit dar, Anwendungswissen zu fördern und zu einem angemessenen Verständnis für mögliche reale Berufsfeldsituationen beizutragen, indem die Lernenden komplexe realitätsnahe Probleme bearbeiten und lösen (Bolz, 2002; Harvard Business School Cases, 2006; Heimerl & Loisel, 2005; Staehle, 1974).

Die Bearbeitung komplexer Probleme gehört zum Alltag unserer Arbeitswelt (Badke-Schaub, 1994). Dabei gilt es, die steigende Komplexität sowie den Einfluss einer Vielzahl verschiedener Faktoren bei der Lösung eines Problems zu bewältigen. So erfolgt das Arbeiten und Lernen meist mit Hilfe von Kollegen oder in Zusammenarbeit in einem Team. In diesem Kontext nimmt das kooperative Lernen und Problemlösen einen zentralen Stellenwert ein. Vor allem gemäßigt konstruktivistische Annahmen des Lernens beruhen auf der Grundüberlegung, das Lernen auf die Bewältigung von komplexen Lebens- und Handlungssituationen auszurichten und räumen dabei dem kooperativen Lernen eine bedeutende Rolle ein (Gerstenmaier & Mandl, 1995; Reinmann & Mandl, 2006; Resnick, 1987). Virtuelle Lernräume ermöglichen es zudem, räumlich verteilt in Gruppen zusammenzuarbeiten und so die Potentiale der Gruppenarbeit auch in einer computerunterstützten, virtuellen Lernumgebung zu nutzen (Dittler, 2003; Reinmann & Mandl, 2006).

Was die virtuelle Gruppenarbeit vor allem im Rahmen der betrieblichen Weiterbildung betrifft, besteht noch intensiver Forschungsbedarf. So wurden die lernrelevanten Prozessaktivitäten, die in virtuellen Kleingruppen bei der Bearbeitung von Fällen stattfinden, bisher noch keiner detaillierten Untersuchung unterzogen. Gleiches gilt für den kooperativen Lernerfolg als Prozessergebnis. Es existieren bereits einige experimentelle Untersuchungen sowie Felduntersuchungen zu den kooperativen Lernprozessen und zum kooperativen Lernerfolg vor allem im Rahmen von virtuellen Hochschulangeboten (Kopp, 2005; Reiserer, 2003; Schnurer, 2005; Stark & Mandl, 2001) sowie unter Berücksichtigung unterschiedlicher Kommunikationsumgebungen (Paechter, 2003). Es fehlen jedoch Forschungen zur

Untersuchung des kooperativen Lernens in virtuellen Kursen der betrieblichen Weiterbildung.

In dieser Arbeit sollen deshalb die Prozessaktivitäten und Prozessergebnisse beim kooperativen fallorientierten Lernen im Rahmen eines virtuellen Kurses der betrieblichen Weiterbildung analysiert werden. Dabei soll der Frage nachgegangen werden, inwiefern die einzelnen Gruppenmitglieder am Kooperationsprozess partizipieren (u.a. Weinberger & Mandl, 2001). Weiterhin ist von Interesse, wie die Gruppenmitglieder ihre Kommunikation aufeinander abstimmen und somit eine fortlaufende Verständigung im Prozess der Fallbearbeitungen gewährleisten (Clark, 1996; Clark & Brenan, 1991).

Ziel der Arbeit ist zudem die differenzierte Erfassung der Problemlöseaktivitäten in den Gruppen hinsichtlich der inhaltlichen und koordinativen Gestaltung (u.a. Stempfle & Badke-Schaub, 2002; Wetzel, 1995). Im Bereich der kognitiven Psychologie wurden über viele Jahre hinweg hauptsächlich die Problemlöseprozesse beim Individuum untersucht (u.a. Dörner, Kreuzig, Reither & Stäudel, 1983). Zunehmend erfolgt auch der Einbezug sozialer Anforderungen beim komplexen Problemlösen (Badke-Schaub & Frankenberger, 1999; Weber, 1997; Zölch, 1999). Dies ist aber bisher überwiegend in face-to-face Gruppen geschehen. Ausgehend von einem theoretischen Modell des Problemlösens in Gruppen (Wetzel, 1995) sollen in dieser Arbeit die Problemlöseaktivitäten von fünf virtuellen Gruppen, die zwei unterschiedlich komplexe Fälle bearbeiten, analysiert und ausgewertet werden.

Weiterhin soll der Lernerfolg hinsichtlich des Erwerbs von konzeptuellem und situativem Wissen (De Jong & Ferguson-Hessler, 1996) bei den kooperativen Fallbearbeitungen untersucht werden. Gemeint sind hiermit zum einen das Faktenwissen bezogen auf eine bestimmte inhaltliche Domäne und zum anderen das Anwendungswissen, das sich auf bestimmte Problemsituationen bezieht.

Zusammenfassend kann festgehalten werden, dass das fallorientierte Lernen in virtuellen Gruppen im Rahmen der betrieblichen Weiterbildung ein noch nicht ausreichend erforschtes Feld darstellt. Dies soll in der vorliegenden Arbeit einer detaillierten theoretischen Betrachtung und empirischen Untersuchung unterzogen werden. Hierbei erfolgt eine ausführliche deskriptive Untersuchung der Prozessaktivitäten und Prozessergebnisse beim fallorientierten Lernen in den virtuellen Gruppen. Die Ergebnisse der Untersuchung sollen schließlich dazu beitragen, Implikationen für Forschung und Praxis abzuleiten.

Die folgende Arbeit besteht aus einem theoretischen und einem empirischen Teil. Der theoretische Teil umfasst die Kapitel 2 bis 7, der empirische Teil die Kapitel 8 bis 11.

In *Kapitel 2* wird eine Einführung in die Thematik der *virtuellen Gruppen* gegeben. Es erfolgt zunächst eine Definition von virtuellen Gruppen, bevor auf die computervermittelte Kommunikation in virtuellen Gruppen sowie auf den Zusammenhang von Aufgaben und Medieneinsatz in der computervermittelten Kommunikation eingegangen wird. Das Kapitel schließt mit einer Betrachtung des computervermittelten Lernens in virtuellen Gruppen unter besonderer Berücksichtigung der Relevanz für die betriebliche Weiterbildung.

Kapitel 3 beschäftigt sich detailliert mit dem *fallorientierten Lernen*. Es erfolgt eine Einordnung des fallorientierten Lernens in die betriebliche Weiterbildung, bevor das fallorientierte Lernen im Rahmen situierter Instruktionsansätze diskutiert wird. Anschließend wird das fallorientierte Lernen aus kognitionspsychologischer Sicht betrachtet. Hier steht vor allem das kooperative Problemlösen beim Lernen mit Fällen im Fokus des Interesses. Das Kapitel schließt mit didaktischen Überlegungen zur Gestaltung von Fällen.

In *Kapitel 4* werden die lernrelevanten *kooperativen Prozessaktivitäten* sowie der *Lernerfolg als Prozessergebnis* bei der kooperativen Fallbearbeitung einer detaillierten Betrachtung unterzogen. Dabei wird zunächst die Bedeutung der gemeinsamen Wissenskonstruktion für die kooperative

Fallbearbeitung herausgestellt. Anschließend werden die für die kooperative Fallbearbeitung relevanten Einflussfaktoren diskutiert, bevor auf die Prozessaktivitäten und den Lernerfolg als Prozessergebnis im Einzelnen eingegangen wird. Zum Abschluss dieses Kapitels erfolgt eine Ausführung zu den Unterstützungsmöglichkeiten kooperativen fallorientierten Lernens.

Kapitel 5 befasst sich mit den *methodischen Überlegungen* zur Untersuchung der Prozessaktivitäten und den Prozessergebnissen beim kooperativen fallorientierten Lernen. Hierbei werden zunächst Vor- und Nachteile quantitativer und qualitativer Forschungsansätze diskutiert, bevor auf eine Integration dieser beiden Paradigmen im Rahmen der Fallstudienforschung eingegangen wird. Darüber hinaus werden Analysemöglichkeiten des Diskurses bei der kooperativen Fallbearbeitung sowie der kooperativen Falllösungen vorgestellt und deren Relevanz für die vorliegende Arbeit herausgearbeitet.

In *Kapitel 6* wird der Untersuchungsgegenstand der Arbeit vorgestellt. Dabei handelt es sich um einen *virtuellen Kurs zum Thema Wissensmanagement in der betrieblichen Weiterbildung* eines Automobilkonzerns.

Kapitel 7 leitet mit den *Fragestellungen* den empirischen Teil der Arbeit ein. Hier werden aus den dargestellten theoretischen Annahmen die Fragstellungen der durchgeführten Feldstudie zur Untersuchung der Prozessaktivitäten und Prozessergebnisse beim kooperativen fallorientierten Lernen abgeleitet.

Kapitel 8 beschreibt anschließend die *Methode* zur Untersuchung der kooperativen Prozessaktivitäten und der kooperativen Prozessergebnisse beim fallorientierten Lernen in den virtuellen Gruppen.

In *Kapitel 9* werden die *Ergebnisse* der Untersuchung dargestellt und diskutiert.

In *Kapitel 10* werden die Ergebnisse in einer *Gesamtdiskussion* betrachtet und Konsequenzen für die weitere Forschung und die Praxis abgeleitet. Die Arbeit endet in *Kapitel 11* mit einem abschließenden *Ausblick.*

2. Virtuelle Gruppen

In diesem Kapitel erfolgt zunächst unter Abschnitt 2.1 eine Definition von virtuellen Gruppen. Anschließend wird die computervermittelte Kommunikation in virtuellen Gruppen näher betrachtet (Abschnitt 2.2). Unter dem Punkt 2.2.1 wird in synchrone und asynchrone Kommunikation unterschieden. Es werden anschließend Grenzen und Möglichkeiten der Kommunikation mittels Computer anhand verschiedener Theorien und empirischer Befunde diskutiert (Abschnitt 2.2.2). Weiterhin wird der Zusammenhang zwischen Aufgaben und Medieneinsatz in der computervermittelten Kommunikation näher beleuchtet (Abschnitt 2.2.3). Unter Abschnitt 2.3 wird das computervermittelte Lernen in virtuellen Gruppen im Rahmen der betrieblichen Weiterbildung in den Mittelpunkt der Betrachtung gestellt. Es werden zunächst die Merkmale computervermittelten kooperativen Lernens herausgearbeitet (Abschnitt 2.3.1), bevor die Gestaltung virtueller Lernumgebungen zur Förderung computervermittelten kooperativen Lernens betrachtet wird (Abschnitt 2.3.2).

2.1 Definition von virtuellen Gruppen

Nach von Rosenstiel (2000) weist eine *Gruppe* folgende wesentliche Merkmale auf: Eine *Mehrzahl von Personen* interagiert über eine *längere Zeitspanne* unmittelbar miteinander. Aus der *direkten Interaktion* ergeben sich die weiteren Kriterien: *Differenzierung der Rollen* und *gemeinsame Normen* verbunden durch ein *Wir-Gefühl.*

Hierbei ist zwischen *Klein- und Großgruppen* zu unterscheiden. *Großgruppen* sind typisch für Situationen, bei denen die Informationsvermittlung im Zentrum steht, wie beispielsweise bei politischen Veranstaltungen. Dagegen sind Kleingruppen mit konkreten Arbeitsaufgaben betraut (Döring, 2003). In Zusammenhang mit Großgruppen sind auch Gemeinschaften wie die Learning Communities (Bielaczyc & Collins, 1999) und die Communities of Practice (Wenger, 1999) zu nennen, die zunehmend Verbreitung in Unternehmen finden (vgl. Winkler, 2004). *Kleingruppen* werden in der Regel durch einen äußeren Anlass, wie beispielsweise durch einen Weiterbildungskurs gebildet, und arbeiten für einen begrenzten Zeitraum von ein paar Wochen oder Monaten im Rahmen eines Kurses zusammen.

Thiedeke (2000) differenziert zudem zwischen *formellen Gruppen* und *informellen Gruppen*. *Formelle Gruppen* sind strukturell vorbestimmt, zweckrational an der Aufgabenerfüllung orientiert sowie durch eine ausgeprägte Rollendifferenzierung zwischen den Mitgliedern gekennzeichnet. *Informelle Gruppen* hingegen ergeben sich aus spontanen, emotionalen Kontakten und zeichnen sich durch ein kurz- oder längerfristiges emotionales Beziehungsnetzwerk aus.

Was die Unterscheidung von face-to-face und virtuellen Kleingruppen betrifft, definiert Döring (2003) eine *virtuelle Kleingruppe* als bestehend aus einer überschaubaren Anzahl von Personen (drei bis fünf Personen), die computervermittelt über einen bestimmten Zeitraum eine gemeinsame Aufgabe bearbeiten (vgl. auch Döring & Schestag, 2000). Damit wird deutlich, dass vor allem die Form der Interaktion die Abgrenzung der virtuellen Gruppe von der face-to-face Gruppe ausmacht.

Das macht es erforderlich, den Begriff der *Virtualität* näher zu betrachten. Dieser wird kontrovers diskutiert und zudem gibt es keine einheitliche Definition dieses Terminus (Thiedeke, 2000). Von der Wortbedeutung wird der Begriff „virtuell" verstanden als etwas, das „nicht echt", „nicht in Wirklichkeit vorhanden" ist (Duden, 1997, S. 848). Diese Definition ist missverständlich und würde implizieren, dass virtuelle Gruppen in der Realität nicht existieren und dass virtuelles Lernen nicht real ist. Gemeint ist aber virtuell im Sinne von „im Internet", „netzbasiert" oder „online" (vgl. Schulmeister, o.J.). Dementsprechend sind virtuelle Gruppen reale Gruppen mit dem Unterschied, dass ihre Zusammenarbeit nicht face-to-face sondern computervermittelt bzw. über das Internet stattfindet.

Hierbei ist weiterhin das Maß der Virtualität zu unterscheiden. So können virtuelle Gruppen im Rahmen eines Kurses oder Seminars rein virtuell zusammenarbeiten, so dass es keine Präsenzphasen gibt, zu denen die Gruppenmitglieder zusammentreffen. Weiterhin kann es den Gruppen durch integrierte Präsenztreffen ermöglicht werden, sich während dieser Phasen face-to-face auszutauschen und in direkter Interaktion miteinander zu lernen. Dies geschieht meist im Rahmen sog. Blended-Learning-Angebote (Döring, 2003; Reinmann-Rothmeier, 2003).

Eine virtuelle Kleingruppe kann somit als Sonderform der sozialen Gruppe verstanden werden, die die Charakteristika einer Gruppe aufweist, bei der jedoch die Besonderheiten der computergestützten Kommunikation zu beachten sind (Thiedeke, 2000).

Die Zusammenarbeit virtueller Gruppen bietet zum einen neue Wege und Möglichkeiten der Kommunikation, zeigt zum anderen aber auch Grenzen auf. Diese sollen im nächsten Abschnitt näher beleuchtet werden.

2.2 Computervermittelte Kommunikation in virtuellen Gruppen

Der Interaktionsweg virtueller Gruppen ist die computervermittelte Kommunikation (CvK), für die im englischsprachigen Raum auch die Bezeichnung Computer-Mediated-Communication (CMC) verwendet wird. Hierfür können sowohl lokale (LAN= Local Area Network) und organisationsinterne Netze (Intranet) als auch globale Kommunikationsnetze (Internet) herangezogen werden (Thiedeke, 2000). Im Folgenden wird zunächst zwischen synchroner und asynchroner Kommunikation unterschieden, bevor verschiedene theoretische Ansätze und empirische Untersuchungen zur CvK sowie der Zusammenhang zwischen Aufgaben und Medieneinsatz bei der computervermittelten Kommunikation diskutiert werden.

2.2.1 Synchrone und asynchrone Kommunikation

Was die computervermittelte Kommunikation betrifft, kann zwischen *synchroner und asynchroner Kommunikation* unterschieden werden (Döring, 2003; Stegbauer, 2001).

Eine *synchrone Kommunikation* ist dadurch gekennzeichnet, dass die Lernpartner zeitgleich kommunizieren können und somit eine unmittelbare Rückkopplung möglich ist. Als Beispiele synchroner Kommunikationsformen können Internet-Relay-Chats (Döring, 2003) und Videokonferenzen (Reiserer, 2003) angeführt werden.

Die *asynchrone Kommunikation* verläuft zeitversetzt, so dass die Nachrichten mit zeitlicher Verzögerung zum Kommunikationspartner gelangen. Zudem erfolgt die Kommunikation in der Regel langsamer als bei der synchronen Kommunikation. Dagegen besteht bei der asynchronen Kommunikation neben der Ortsunabhängigkeit, die auch für die synchrone Kommunikation gilt, die Zeitunabhängigkeit (Hinze, 2004). Kommunikationswege asynchroner Kommunikation stellen unter anderem E-Mails, Mailinglisten und Newsgroups dar (Döring, 2003).

Weiterhin sind *Diskussionsforen* als asynchrone Kommunikationsmedien zu nennen, die oft mit den Newsgroups gleichgesetzt werden. Diskussionsforen bieten die Möglichkeit einer begrenzten Teilnehmeranzahl, so dass sich die Teilnehmer in kleinen Gruppen inhaltlich austauschen können (Döring, 2003; Koch & Mandl, 1999). Sie sind deshalb vor allem für die Zusammenarbeit virtueller Kleingruppen interessant. Diskussionsforen sind textbasiert und ermöglichen es den Teilnehmern, die ausgetauschten Inhalte zu reflektieren und sich mit dem Gegenstand länger und intensiver zu beschäftigen, als es bei der synchronen Kommunikation der Fall ist (Gräsel, Bruhn, Mandl & Fischer, 1997). Asynchrone Diskussionsforen sind häufig unter den Begriffen wie Computer Conferencing oder Threaded Discussions bekannt. Threaded bedeutet, dass nach einer Mutternachricht die weiteren Beiträge in einer hierarchischen Struktur angeordnet und für alle optisch sichtbar sind. Im Rahmen eines virtuellen Kurses, vor allem in der betrieblichen Weiterbildung, haben Diskussionsforen den Vorteil, dass sie durch ihre Asynchronität ein arbeitsplatznahes Lernen ermöglichen. Zudem sind sie leicht erlernbar und nicht zu kompliziert in der Handhabung (Rinn & Bett, 2003).

Neben den Möglichkeiten, die die angeführten Medien zur computervermittelten Kommunikation mit sich bringen, sind auch Problematiken zu berücksichtigen. Begriffe, die in diesem Zusammenhang fallen und den defizitären Charakter textbasierter Telekommunikation beschreiben sollen, sind Ent-Sinnlichung, Ent-Emotionalisierung und Ent-Kontextualisierung (vgl. Kubicek & Rolf, 1986; Mettler- von Meibom, 1990). Für die computerbasierte Kommunikation, die zudem über Distanzen und asynchron stattfinden kann, werden zusätzlich die Ent-Räumlichung und die Ent-Zeitlichung angeführt (vgl. Herrmann, 1991).

Es liegen im Bereich der computervermittelten Kommunikation verschiedene theoretische Ansätze und Forschungsergebnisse vor, die die Möglichkeiten und Grenzen computervermittelter Kommunikation aus unterschiedlichen Perspektiven betrachten. Diese sollen im folgenden Abschnitt betrachtet werden.

2.2.2 Möglichkeiten und Grenzen computervermittelter Kommunikation

Im Folgenden werden zunächst zwei Theorien vorgestellt, die das Fehlen der nonverbalen Information bei der computervermittelten Kommunikation in den Vordergrund stellen und im Englischen und Amerikanischen auch unter der Bezeichnung „Cues-Filtered-Out“-Ansätze bekannt geworden sind (vgl. Culnan & Markus, 1987; Paechter, 2003).

Die Theorie der sozialen Präsenz (Short, Williams & Christie, 1976) geht davon aus, dass die computervermittelte Kommunikation durch die geringere Anzahl an Kommunikationskanälen weniger soziale Präsenz bietet. Die Stärke der sozialen Präsenz ist also davon abhängig, welche und wie viele Zeichensysteme ein Kommunikationsmedium zur Verfügung stellt. Dabei werden Zeichensysteme, die sozial-emotionale Inhalte transportieren können, von der Theorie der sozialen Präsenz als besonders wichtig für die Kommunikation und die Bildung von zwischenmenschlichen Beziehungen betrachtet (Paechter, 2003). In der computervermittelten Kommunikation ist die soziale Präsenz dementsprechend gering. So haben Ellis, Gibbs und Rein (1991) festgestellt, dass bei räumlich verteilten Nutzern und Kommunikation per Computer eine Betonung aufgabenorientierter Themen auftritt. Dies ermöglicht zwar effizientes Arbeiten, kann aber dazu führen, dass soziale Bedürfnisse vernachlässigt werden (Hesse, Garsoffky & Hron, 2002).

In diesem Zusammenhang ist auch die *Theorie der Reduzierung sozialer Hinweisreize* nach Kiesler, Siegel und McGuire (1984) anzuführen. In ihren Forschungsarbeiten zu diesem theoretischen Ansatz haben die Autoren sowohl synchrone als auch asynchrone Kommunikationssysteme untersucht. Dabei kommen sie zu dem Ergebnis, dass das Fehlen sozialer Hinweisreize die Kommunikation überwiegend negativ beeinflusst (vgl. Kiesler et al., 1984). So beziehen sich Redebeiträge in computervermittelter Kommunikation weniger häufig auf sozio-emotionale Themen. Daraus lässt sich wiederum eine stärkere Aufgabenbezogenheit ableiten (Kiesler, 1986; Kiesler & Sproull, 1986), die in bestimmten Kontexten durchaus als erstrebenswert und positiv betrachtet werden kann.

Weiterhin belegen ihre Untersuchungen eine Schwächung des Status der Gruppenmitglieder. Dies kann aber auch zu positiven Effekten führen. So haben Teilnehmer, die sich in face-to-face Situationen nicht äußern, bei der computervermittelten Kommunikation beispielsweise weniger Hemmungen, sich aktiv zu beteiligen (vgl. Siegel, Dubrovsky, Kiesler & McGuire, 1986). Andererseits mangelt es in computerunterstützten Kommunikationssituationen an unmittelbarem Feedback und damit verbunden an weniger bindenden sozialen Normen, die mehr Raum für ungehemmtes Verhalten und eine stärkere Selbstbezogenheit zulassen (vgl. Hesse et al., 2002). Dies kann sich z.B. in dem Ausdruck von Ärger zeigen, was als „flaming“

bezeichnet wird (Döring, 2003). Weiterhin konnten in virtuell arbeitenden Gruppen social-loafing-Effekte (Jackson & Harkins, 1985; Karau & Williams, 1993) wie z.B. das „lurking" und der „free-rider-effect" festgestellt werden (vgl. Kiesler et al., 1984; Kiesler & Sproull, 1986). Hierbei handelt es sich um Gruppenphänomene, die beispielsweise dadurch zum Ausdruck kommen, dass Individuen sich ausschließlich konsumierend verhalten („lurker") oder von der Arbeit anderer Gruppenmitglieder profitieren („free-rider") und selbst nichts zum Thema oder zur Aufgabe beitragen.

Kritik ist in der Hinsicht zu äußern, dass beide Theorien die Kommunikationsteilnehmer als passive Rezipienten und nicht als aktive Nutzer betrachten und zudem keine Möglichkeit in Betracht ziehen, personale Informationen auch nonverbal auszudrücken. Diesen Fragen versuchen die *Theorie der sozialen Informationsverarbeitung* (Walther, 1992, 1994) und der *Ansatz der hyperpersonalen Perspektive* (Walther, 1996) nachzugehen.

Die *Theorie der sozialen Informationsverarbeitung* geht davon aus, dass sich die Mitglieder einer virtuellen Gruppe an die zur Verfügung stehenden Möglichkeiten der jeweiligen Kommunikationsumgebung anpassen. Gemäß dieser Auffassung wird beim Fehlen nonverbaler Informationen die Beziehungsebene nicht ausgeblendet und Emotionalität reduziert, sondern diese Informationen werden auf andere Art und Weise mittels Textzeichen ausgedrückt (Walther & Burgoon, 1992 zitiert nach Döring, 2003). Möglichkeiten bieten hier paralinguistische Mittel wie beispielsweise Emoticons (z.B. Smilies wie ☺), die Emotionen ausdrücken, Soundwörter (z.B. „hmm", „huch"), die Gedankenprozesse oder Emotionen andeuten und Aktionswörter (z.B. *zwinker*, *lach*), die auf physische oder psychische Befindlichkeiten und Handlungen hinweisen (Döring, 2003). Damit vertritt die Theorie der sozialen Informationsverarbeitung die Meinung, dass mediale Einschränkungen der computervermittelten Kommunikation mit textlichen Mitteln kompensiert werden können und diese sogar eine eigene Art des Selbstausdrucks bieten. Untersuchungen zur Theorie der sozialen Informationsverarbeitung belegen, dass die computervermittelte Kommunikation eher interpersonell als unpersönlich abläuft und dass die mediale Kommunikation nicht zwangsweise mit einem Informationsverlust einhergehen muss, sondern nur in bestimmten Situationen nicht zufrieden stellend verläuft. So konnten Studien zu virtuellen Seminaren zeigen, dass die Teilnehmer immer dann mehr Informationen übereinander austauschen möchten und sich zudem freundlicher und kooperativer verhalten, wenn zukünftig weitere gemeinsame Interaktionen zu erwarten sind, als wenn sie nur einmalig miteinander agieren (vgl. Boss, 2000).

Die *hyperpersonale Perspektive* (Walther, 1996) geht sogar so weit, dass sie annimmt, dass Teilnehmer sich in der computervermittelten Kommunikation unter bestimmten Umständen intimer und verbundener mit ihren Kommunikationspartnern fühlen als Personen in der face-to-face Kommunikation. Die hyperpersonale Perspektive beschreibt in dem Sinne einen Sonderfall der computervermittelten Kommunikation. Gemeint ist damit, dass die Kommunikationspartner die Möglichkeit haben, einen idealisierten Eindruck über sich zu vermitteln. Dies ist bedingt dadurch, dass die nonverbale Kommunikation fehlt und die Kommunikationsteilnehmer mehr Zeit zur Verfügung haben, zu planen, welche Informationen sie von sich preisgeben möchten. Das kann dazu führen, dass eine Person womöglich positiver eingeschätzt wird als dies in der face-to-face Kommunikation der Fall gewesen wäre. Walther (2000) hat diese Thesen aber nur zum Teil in seinen empirischen Untersuchungen im Rahmen virtueller Seminare bestätigen können.

Die verschiedenen Theorien und empirischen Untersuchungen weisen zum einen auf die Einschränkungen und Nachteile computervermittelter Kommunikation im Vergleich zur face-to-face Kommunikation hin, zum anderen verdeutlichen sie die Möglichkeiten und Potentiale, die in der computervermittelten Kommunikation liegen. Virtuelle Gruppenarbeit ist, wie bereits unter 2.1 erläutert, im Rahmen eines Kurses meist damit verbunden, dass die Gruppenmitglieder gemeinsam an einer Aufgabe arbeiten. Deshalb soll im folgenden Abschnitt der Zusammenhang zwischen Aufgabe und Medieneinsatz bei der computervermittelten Kommunikation diskutiert werden.

2.2.3 Aufgaben und Medieneinsatz in der computervermittelten Kommunikation

Virtuelle Gruppen entstehen meist mit einer bestimmten Intention. Diese wird oftmals im Rahmen eines virtuellen Kurses, wie es auch in der vorliegenden Arbeit der Fall ist, durch eine gemeinsam zu bearbeitende Aufgabe definiert. Hierbei stellt sich die Frage, inwiefern Aufgabe und Medieneinsatz bei der computervermittelten Kommunikation zusammenhängen können.

Die *Media-Richness-Theorie* (Daft & Lengel, 1984a, 1984b) verbindet die Medienwahl mit der Aufgabe, die die beteiligten Personen bearbeiten und lösen sollen. Sie nimmt dabei an, dass die Leistung der virtuell zusammenarbeitenden Gruppe von der Passung zwischen Aufgabe und Kommunikationsmedium abhängt. Die Theorie orientiert sich an den Cues-Filtered-Out-Ansätzen (vgl. Abschnitt 2.2.2) und klassifiziert Medien nach dem Merkmal der Reichhaltigkeit der Kommunikationsmöglichkeiten. Die Aufteilung der Mediensysteme erfolgt dabei in folgenden Kategorien (vgl. Paechter, 2003):

(1) auf schriftlichen Text reduzierte Systeme (z.B. asynchrone Newsgroups und synchrone Chats),
(2) Video- und Audiosysteme (z.B. Video- oder Telefonkonferenz),
(3) face-to-face Kommunikation.

Was die Klassifikation von Aufgaben anbetrifft, hat McGrath (1984) ein sehr differenziertes Modell, das sog. Task-Circumplex-Modell, entwickelt (vgl. Tschan, 2000). Er unterscheidet Aufgaben zum einen danach, ob sie eher einen konfliktiven oder kooperativen Charakter aufweisen, und zum anderen, ob sie eher konzeptuell oder handlungsorientiert ausgerichtet sind. Zudem ordnet er Aufgaben folgenden vier Basisprozessen zu (vgl. Paechter, 2003; Tschan, 2000):

(1) Generieren z.B. Kreativitätsaufgaben,
(2) Wählen z.B. Problemlösungsaufgaben,
(3) Verhandeln z.B. Konfliktaufgaben,
(4) Ausführen z.B. Wettbewerbsaufgaben.

In Erweiterung seiner Theorie unterscheidet McGrath im Rahmen der computerunterstützten Kommunikation Aufgaben hinsichtlich ihrer Anforderungen an den Informationsreichtum, den sogenannten „richness-demands“ der Kommunikation (McGrath & Gruenfeld, 1993).

Bei der Verbindung zwischen der Medienklassifikation nach Daft und Lengel (1986) und der Aufgabenklassifikation nach McGrath (1984) ergibt sich somit eine entsprechende Passung von Kommunikationsmedium und Aufgabe. Die Aufgaben werden danach unterschieden, wie viel Informationsübermittlung für ihre Bearbeitung und Bewältigung erforderlich ist. So sollten beispielsweise Konfliktaufgaben face-to-face bearbeitet werden, da sie ein hohes Konfliktpotential bergen. Dagegen sollten Kreativitätsaufgaben, bei denen kein Konsens zwischen den Gruppenmitgliedern erforderlich ist und entsprechend auf sozio-emotionale Informationen verzichtet werden kann, in textbasierten Systemen stattfinden. Für Problemlösungsaufgaben wird eine gute Passung zu Videokonferenz- und Audiosystemen angenommen. Diese Annahmen konnten jedoch in empirischen Studien nur teilweise bestätigt werden (vgl. Paechter, 2003). So stimmte in Befragungen die tatsächliche Medienwahl mit den genannten Annahmen überein (vgl. Trevino, Lengel & Daft, 1987; Rice & Shook, 1990). Andere Untersuchungen zur Gruppenleistung widersprachen diesen Annahmen zur Passung von Kommunikationsmedium und Aufgabe (vgl. Dorado, Medina, Munduate, Cisneros & Euwema, 2002; Valacich, Paranka, George & Nunamaker, 1993; Zornoza, Ripoli & Peiró, 2002). Hier schnitten beispielsweise face-to-face Gruppen bei Brainstormingaufgaben besser ab als Gruppen in asynchronen Computerkonferenzen. Weiterhin waren Gruppen bei der Konfliktlösung in computervermittelter Kommunikation erfolgreicher als in der face-to-face Kommunikation.

Kritisch anzumerken ist, dass für die Media-Richness-Theorie, das Verhalten des Mediennutzers durch das jeweilige Medium determiniert ist (Paechter, 2003). Dementsprechend wird angenommen, dass der Mediennutzer nicht in der Lage sei, sich den verschiedenen Rahmenbedingungen computervermittelter Kommunikation anzupassen und diese mit den ihm zur Verfügung stehenden Zeichensystemen zu kompensieren, wie es beispielsweise die Theorie der sozialen Informationsverarbeitung annimmt. Zudem werden neben der sozio-emotionalen Information keine weiteren Aspekte der Aufgabe wie z.B. die Komplexität einer Aufgabe und die Anforderungen an die Kooperation betrachtet, die Einfluss auf den Prozess des Vorgehens und den Erfolg einer Gruppe haben können (Steiner, 1972; Weingart, 1992; Weingart & Weldon, 1991).

Ein Ansatz, der den Kommunikationsprozessen und den damit verbundenen Anforderungen an die Informationsverarbeitungskapazität eines Mediums nachgeht, ist die Media-*Synchronicity-Theorie* (Dennis & Valacich, 1999). Sie unterscheidet zwei Kommunikationsprozesse, den *Conveyance-Prozess* und den *Convergence-Prozess*, denen jeweils andere Strategien mit bestimmten Arbeitszielen zugeordnet werden (Paechter, 2003). Beim *Conveyance-Prozess* geht es um das Sammeln und Verteilen von sachbezogenen Informationen (Dennis & Valacich, 1999). Dabei kann die Gruppe die Informationen unter ihren Mitgliedern einholen, externe Quellen heranziehen oder auf Erfahrungen mit ähnlichen Problemen zurückgreifen. Bei dem sich anschließenden *Convergence-Prozess* werden nach Abschluss der Informationssammlung die Informationen durch den Austausch von Meinungen in den virtuellen Gruppen bewertet und verdichtet, um so zu einem gemeinsamen Verständnis zu gelangen (Schwabe, 2001).

Für diese beiden Prozesse sind nach Dennis und Valacich (1999) unterschiedliche Medien geeignet. Dabei ist nicht der „Reichtum“ eines Mediums, was seine Übertragungsmöglichkeiten anbetrifft, entscheidend, sondern sein Synchronitätsgrad. Gemeint ist damit das Ausmaß, in dem die Lernenden an der gleichen Aufgabe zur gleichen Zeit arbeiten können (Schwabe, 2001). Die Autoren nennen fünf Merkmale, mit denen die jeweiligen Medien klassifiziert werden können. Diese sind: (1) *Geschwindigkeit des Feedbacks*, (2) *Parallelität der Nachrichten*, (3) *Symbolvarietät der Informationsvermittlung* sowie (4) *Überarbeitbarkeit der Nachrichten* und (5) *Wiederverwendbarkeit der Nachrichten*. So sind beispielsweise Videokonferenzen durch schnelles Feedback, je nach technischen Gegebenheiten durch eine niedrige bis hohe Symbolvarietät, eine geringe Parallelität sowie fehlende Möglichkeiten der Überarbeitbarkeit und Wiederverwendbarkeit der Nachrichten gekennzeichnet. Newsgroups zeichnen sich dagegen durch zeitverzögertes Feedback, niedrige bis mittelmäßige Symbolvarietät, hohe Parallelität sowie hohe Überarbeitbarkeit und Wiederverwendbarkeit der Nachrichten aus. Dennis und Valacich (1999) gehen davon aus, dass die Kommunikationsstrategien Conveyance und Convergence durch unterschiedliche Medien unterstützt werden (Paechter, 2003). Für die Conveyance-Prozesse eigenen sich Medien mit geringer Synchronizität wie beispielsweise die Newsgroups und E-Mails. Medien, die für die Convergence-Prozesse eingesetzt werden, sollten eine hohe Synchronizität aufweisen, damit die Teilnehmer bei den Prozessen der Bewertung von Informationen und der Entscheidungsfindung gleichzeitig kommunizieren können.

Der Mehrwert, den die Media-Synchronicity-Theorie in die Diskussion der computervermittelten Kommunikation einbringt, ist die Betrachtung des Prozesses bei der Aufgabenbearbeitung. Kritisch anzumerken ist dabei, dass die Conveyance- und die Convergence-Prozesse als völlig voneinander getrennte Phasen dargestellt werden. Zudem impliziert auch dieses Modell eine passive Rolle des Mediennutzers, dessen Verhalten und Leistung von der Passung zwischen Aufgabe und Kommunikationsmedium abhängt und der nicht in der Lage ist, ungünstige Rahmenbedingungen der Kommunikation zu kompensieren und zu verändern (Paechter, 2003).

Hier stehen noch Untersuchungen aus, vor allem was die Gruppenprozesse bei der virtuellen Aufgabenbearbeitung anbetrifft. Dabei können Modelle zu Aufgabenklassifikationen, wie das von McGrath (1984) sowie die genannten Theorien zur Passung von Aufgabe und Medien in der computervermittelten Kommunikation, Voraussagen machen, welches Verhalten in Gruppen bei welchem Aufgaben- und Medientyp zu welchen Prozessen und Ergebnissen führen kann. Beiden Theorien ist zu entnehmen, dass bei computerunterstützter Gruppenarbeit auf geeignete Medien geachtet werden sollte. Welche Faktoren, ob Aufgabeneigenschaften oder Kommunikationsprozesse, tatsächlich die Medienwahl beeinflussen, darüber besteht bisher kein Konsens (Schwabe, 2001). Letztlich spielt es auch eine Rolle, wie eine Gruppe sich das jeweilige Medium zu Eigen macht und wie vertraut es mit diesem ist.

Nach der differenzierten Betrachtung der computervermittelten Kommunikation in virtuellen Gruppen stellt sich aus pädagogisch-psychologischer Sicht die Frage nach der Relevanz kooperativer Lernprozesse in virtuell zusammenarbeitenden Gruppen. Dieser Frage soll in dem folgenden Abschnitt nachgegangen werden.

2.3 Computervermitteltes Lernen virtueller Gruppen im Rahmen der betrieblichen Weiterbildung

Nachdem die Merkmale virtueller Gruppen sowie die computervermittelte Kommunikation in den vorherigen Abschnitten bereits ausführlich behandelt wurden, soll an dieser Stelle das computervermittelte Lernen in virtuellen Gruppen näher beleuchtet werden. Dabei liegt der Fokus auf der Bedeutung des computervermittelten Lernens für die betriebliche Weiterbildung. Es werden die Merkmale computervermittelten kooperativen Lernens sowie die Gestaltung virtueller Lernumgebungen zur Förderung computervermittelten kooperativen Lernens betrachtet.

2.3.1 Merkmale computervermittelten kooperativen Lernens

Dillenbourg (1999) beschreibt kooperatives Lernen als „situation, in which two or more people learn or attempt to learn something together" (S.2). Kooperatives Lernen bedeutet aber nicht nur, dass zwei oder mehrere Personen etwas zusammen lernen. Zudem spielt auch die gemeinsame Lernumgebung eine Rolle, bei der es sich um eine face-to-face oder um eine computerunterstützte, virtuelle Umgebung handeln kann. Weiterhin kann das kooperative Lernen in unterschiedlichen Kontexten stattfinden wie beispielsweise im Studium oder im Rahmen eines betrieblichen Weiterbildungsangebots. Letztendlich umschreibt der Begriff des kooperativen Lernens eine Vielfalt an Interaktionen zwischen den Lernenden mit der Intention, ein gemeinsames Ziel zu erreichen (Johnson & Johnson, 1996). Dieses wird in der Regel über die gemeinsam zu bearbeitende Aufgabe definiert, die wiederum so beschaffen sein sollte, dass alle Gruppenmitglieder an dieser partizipieren können (Cohen, 1994).

Computervermitteltes kooperatives Lernen zeichnet sich dadurch aus, dass die Lernenden räumlich getrennt sind und an miteinander vernetzten Computern eine Aufgabe gemeinsam bearbeiten (Reinmann-Rothmeier & Mandl, 1997). Vor allem in der betrieblichen Weiterbildung ist damit die Erwartung verbunden, dass durch die Loslösung von Orts- und Zeitbeschränkungen die Effizienz und Flexibilität beim Lernen erhöht wird (Barthels, Bungard, Dietel & Schweitzer, 1994).

Kooperation und Teamarbeit werden seit einigen Jahren intensiv diskutiert. So ist die Fähigkeit, im Team zu lernen und zu arbeiten, in Unternehmen zur Schlüsselqualifikation einer lernenden Organisation avanciert (Senge, 2006). Damit spielt das kooperative Lernen auch im Rahmen der betrieblichen Weiterbildung eine zentrale Rolle. Zudem ist kooperatives Lernen in dem Sinne erwachsenengerecht, als der gegenseitige Erfahrungsaustausch und die kooperative Zusammenarbeit den Bedürfnissen und praktischen Erfordernissen Erwachsener besonders entgegenkommen (Resnick, 1987). Eine Zeit lang wurde sogar propagiert, dass kooperatives Lernen im Vergleich zum individuellen Lernen erfolgreicher sei. Untersuchungen konnten aber zeigen, dass kooperatives Lernen nicht allein durch die Zusammenarbeit mehrerer Personen erfolgreich sein muss (vgl. Slavin, 1995; Fischer & Waibel, 2002). So können, was die Interaktion der Lernenden anbetrifft, Prozessgewinne sowie Prozessverluste entstehen. Prozessgewinne lassen sich durch Synergieeffekte erklären, indem sich die Lernenden im gemeinsamen Prozess gegenseitig inspirieren und voneinander lernen (Johnson, Johnson & Smith, 1991). Auf diese Weise können durch die Interaktion in der Gruppe Lernzuwächse eintreten und Lösungswege aufgezeigt werden, auf die ein Individuum allein nicht gekommen wäre. Eine andere Position vertritt die Auffassung, dass die Interaktion zwischen den Lernenden zu Prozessverlusten führe. Dies kann durch einen höheren

Koordinationsaufwand in Gruppen (Fischer & Waibel, 2002) bedingt sein, der vor allem die erschwerte zeitasynchrone Form des CSCL (Computer Supported Collaborative Learning) betrifft (Weidenmann, 2001). Weiterhin kann es zu einem Motivationsabfall in Gruppen kommen, indem einzelne Gruppenmitglieder zu sog. „Trittbrettfahrern" werden und letztendlich von dem Gruppenergebnis mit einem vergleichsweise geringen eigenen Arbeitsaufwand profitieren (Hinze, 2004). Zudem können Gruppenentscheidungen im Extremfall auch auf der Präferenz eines dominierenden Individuums oder einer dominierenden Mehrheit basieren (Frey & Schulz-Hardt, 2000). Daher erscheint es sinnvoller, eher nach den Bedingungen für ein erfolgreiches computervermitteltes kooperatives Lernen zu fragen. Dieser Aspekt soll unter dem folgenden Abschnitt näher betrachtet werden.

2.3.2 Gestaltung virtueller Lernumgebungen zur Förderung computervermittelten kooperativen Lernens

Um Prozessverluste möglichst zu vermeiden und Prozessgewinne beim computervermittelten kooperativen Lernen zu fördern, spielt die Gestaltung von virtuellen Lernumgebungen eine zentrale Rolle. Unter virtuellen Lernumgebungen werden Umgebungen verstanden, die den Computer als hauptsächliches Lernmedium nutzen. Diese können sowohl synchrone als auch asynchrone Kommunikationsmöglichkeiten beinhalten (vgl. Kapitel 2.2.1). In Zusammenhang mit einer gemäßigt konstruktivistischen Lehr-Lern-Auffassung (Gerstenmaier & Mandl, 1995) wird dem Computer ein großes Potential an Gestaltungsmöglichkeiten für Lernumgebungen zugesprochen. Hierbei spielen neben den medialen Repräsentationsmöglichkeiten auch die Möglichkeiten der Implementation kooperativer Lernarrangements eine zentrale Rolle.

Um kooperatives Lernen sinnvoll in Lernumgebungen einbetten zu können, ist es erforderlich, eine neue Sichtweise auf Lehr-Lernprozesse einzunehmen. In der traditionellen Lehr-Lern-Philosophie nimmt hauptsächlich der Lehrende eine aktive Rolle ein. Die Möglichkeiten des Einzelnen, sich aktiv am Lerngeschehen zu beteiligen, sind hier häufig eher eingeschränkt

(Weidenmann, 2000). Die konstruktivistische Lehr-Lern-Auffassung dagegen betrachtet das Lernen als aktiven, konstruktiven Prozess. Aufbauend auf dem gemäßigten Konstruktivismus und der Situated Cognition Bewegung hat das problemorientierte Lernen (vgl. ausführlich Kapitel 3.4; Reinmann & Mandl, 2006; Reinmann-Rothmeier & Mandl, 1995) auch im Zusammenhang mit der Gestaltung virtueller Lernumgebungen eine weite Verbreitung gefunden. Das problemorientierte Lernen besitzt dabei das Potential, sowohl die traditionelle als auch die konstruktivistische Auffassung vom Lehren und Lernen zu vereinen und damit auch einem erwachsenenadäquaten Lernen gerecht zu werden. Denn das Lernen im Erwachsenenalter und somit auch in der betrieblichen Weiterbildung erfordert neben der Berücksichtigung konstruktivistischer Prinzipien und Methoden eine instruktionale Unterstützung, um der Vielfalt im Denken und Handeln erwachsener Lerner entgegen kommen zu können (Siebert, 1994; Weinert, 1995).

Die *Merkmale zur Gestaltung problemorientierter virtueller Lernumgebungen* unter besonderer Berücksichtigung des kooperativen Lernens lassen sich wie folgt zusammenfassen:

(1) Lernumgebungen sind möglichst so zu gestalten, dass sie den Umgang mit *realen Problemstellungen und authentischen Situationen* ermöglichen. Für die Förderung virtuellen kooperativen Lernens bedeutet dies, der Gruppe vor allem authentische Aufgaben zu geben, deren Komplexität die Zusammenarbeit erforderlich und damit für die Gruppenmitglieder auch erstrebenswert macht.

(2) Lernumgebungen sollten so gestaltet werden, dass spezifische Inhalte *in verschiedene Situationen eingebettet und aus mehreren Blickwinkeln* betrachtet werden können. Für die Förderung virtuellen kooperativen Lernens sollten mehrere Aufgaben in variablen Kontexten bearbeitet werden, um somit den Aufbau von Wissen anzuregen, das unter verschiedenen situativen Bedingungen von den Gruppenmitgliedern abgerufen und umgesetzt werden kann.

(3) Lernen in virtuellen Lernumgebungen verlangt zudem nach *instruktionaler Anleitung und Unterstützung*. Eine Förderung des virtuellen kooperativen Lernens kann dabei beispielsweise durch Aufgabenanleitungen, tutorielle Unterstützung und den Einsatz von Skripts erfolgen (vgl. Kapitel 4.5.1 und 4.5.2).

(4) Die Integration von *sozialen Kontexten* in virtuellen Lernumgebungen ist durch das Lernen in virtuellen Gruppen bereits per definitionem als konstituierendes Merkmal gegeben. Dies kann so gestaltet sein, dass die Lernenden in Kleingruppen gemeinsam an authentischen Fällen arbeiten (vgl. ausführlich dazu Kapitel 3 zum fallorientierten Lernen).

2.4 Zusammenfassung: Virtuelle Gruppen

Die *virtuelle Kleingruppe* zeichnet sich im Vergleich zur face-to-face Gruppe im Wesentlichen durch zwei Besonderheiten aus. Diese sind die Virtualität und die damit verbundene Interaktion mittels computergestützter Kommunikation.

Was die *computervermittelte Kommunikation* betrifft, kann zunächst zwischen *synchroner und asynchroner Kommunikation* differenziert werden. Dabei spielen für die vorliegende Arbeit Diskussionsforen eine wichtige Rolle. Diese haben im Rahmen der betrieblichen Weiterbildung den Vorteil, dass sie aufgrund ihrer Asynchronität ein arbeitsplatznahes Lernen ermöglichen und zudem leicht erlernbar und nicht zu kompliziert in der Handhabung sind (Rinn & Bett, 2003).

Die computervermittelte Kommunikation zeigt dabei sowohl Möglichkeiten als auch Grenzen auf. So wird in einigen Ansätzen wie der *Theorie der sozialen Präsenz* (Short et al., 1976) und der *Theorie der Reduzierung sozialer Hinweisreize* (Kiesler et al., 1984) der Mangel an non-verbalen Informationen und das Fehlen sozialer Hinweisreize im Rahmen der computervermittelten Kommunikation diskutiert. Gegensätzliche Positionen wie die *Theorie der sozialen Informationsverarbeitung* und der *Ansatz der hyper-*

personalen Perspektive (Walther, 1992, 1994, 1996) betrachten den Kommunikationsteilnehmer nicht als passiven Rezipienten, sondern als jemanden, der sich der jeweiligen Kommunikationsumgebung anpassen kann. Sie vertreten zudem den Standpunkt, dass personale Informationen auch nonverbal mittels textlicher Mitteilung ausgedrückt werden können.

Der Passung zwischen Aufgabe und Medieneinsatz in der computervermittelten Kommunikation sind die *Media-Richness-Theorie* (u.a. Daft & Lengel, 1984a) und die *Media-Synchronicity-Theorie* (Dennis & Valacich, 1999) nachgegangen. Aus beiden Theorien lässt sich schließen, dass bei der computergestützten Gruppenarbeit auf den Medieneinsatz geachtet werden sollte, wobei kein Konsens darüber besteht, welche Faktoren letztendlich die Medienwahl beeinflussen (Schwabe, 2001).

Computervermitteltes kooperatives Lernen ist dadurch gekennzeichnet, dass die Lernenden räumlich getrennt, an miteinander vernetzten Computern gemeinsam eine Aufgabe bearbeiten. Dies bietet vor allem im Rahmen der betrieblichen Weiterbildung Möglichkeiten der Zeit- und Ortsunabhängigkeit.

Was die *Gestaltung virtueller Lernumgebungen zur Förderung kooperativen Lernens* betrifft, hat die Umsetzung des problemorientierten Lernens (Reinmann & Mandl, 2006), das zudem den Anforderungen an ein erwachsenenadäquates Lernen gerecht wird (Siebert, 1994), weite Verbreitung gefunden.

Im folgenden Kapitel soll ein detaillierter Einblick in den Gegenstandsbereich des fallorientierten Lernens erfolgen, bevor die lernrelevanten Prozessaktivitäten und der Lernerfolg als Prozessergebnis zur Analyse des kooperativen fallorientierten Lernens herausgearbeitet werden.

3. Fallorientiertes Lernen

In diesem Kapitel erfolgt zunächst eine begriffliche Einordnung der Fallmethode (Abschnitt 3.1), bevor unter dem Punkt 3.2 der Ursprung des fallorientierten Lernens und dessen Bedeutung für die betriebliche Weiterbildung diskutiert werden. Anschließend wird das fallorientierte Lernen im Rahmen situierter Instruktionsansätze betrachtet (Abschnitt 3.3). Unter dem Punkt 3.4 liegt der Fokus auf dem Einsatz der Fallmethode in problemorientierten Lernumgebungen. In Abschnitt 3.5 wird das fallorientierte Lernen aus kognitionspsychologischer Sicht unter dem Aspekt des Case-based Reasonings diskutiert. Anschließend erfolgt eine detaillierte Betrachtung des komplexen Problemlösens in Gruppen, das im Rahmen dieser Arbeit für das kooperative fallorientierte Lernen von besonderem Interesse ist (Abschnitt 3.6). Unter dem Punkt 3.7 werden didaktische Überlegungen zur Gestaltung von Fällen diskutiert. Dabei werden die verschiedenen Fallarten sowie die Gestaltung von Fällen und deren Komplexitätsgrad betrachtet.

3.1 Begriffliche Einordnung der Fallmethode

Es gibt eine Fülle von Versuchen, den Begriff *„Fall"* bzw. *„Fallmethode"* zu erklären (Bolz, 2002; Easton, 1992; Hamel, Dufour & Fortin, 1993; Morrison, 2003). Zum einen ist die Bandbreite der Verwendung des Begriffs sehr groß, zum anderen wird der Begriff in den verschiedensten Disziplinen und Kontexten verwendet. Um den Unterschied zu einem Fallbeispiel heraus zu streichen, wird im Amerikanischen zwischen „illustration" (Dahlke, 1960) bzw. „case example" (Easton, 1992) auf der einen Seite und „case method" auf der anderen Seite unterschieden.

Bei einem Fall, der seinen Einsatz als Medium im Lernprozess findet, handelt es sich im Gegensatz zum Fallbeispiel, das primär der Illustration dient, um eine für Unterrichtszwecke erstellte Schilderung einer Problemsi-

tuation, welche sowohl auf die aktive Auseinandersetzung mit dem Inhalt abzielt als auch konkretes Handeln des Lernenden erfordert.
Ein solcher Fall ist im Einzelnen durch folgende Merkmale gekennzeichnet:

- Fälle können in verschiedenen Disziplinen wie z.B. in der Psychologie, Soziologie und der Betriebswirtschaftslehre eingesetzt werden.
- Die dargestellte Situation sollte möglichst realitätsnah sein.
- Je nach Übungszweck kann das Problem sehr „offensichtlich" oder auch „versteckt" in den Fall eingebaut sein.
- Umfang und Detaillierungsgrad der Schilderungen hängen vom Einsatzzweck und der Intention des Lehrenden ab.
- Der Fall fordert die aktive Auseinandersetzung mit dem Inhalt und nicht das bloße Durchlesen wie bei einem Anschauungsbeispiel.
- Der Lernende wird zu aktivem Handeln je nach Einsatzzweck alleine oder in der Gruppe veranlasst
  (vgl. Heimerl & Loisel, 2005, S. 40-41).

Im folgenden Abschnitt wird der Frage nach dem Ursprung des fallorientierten Lernens sowie seiner Bedeutung für die betriebliche Weiterbildung nachgegangen.

3.2 Ursprung des fallorientierten Lernens und seine Bedeutung für die betrieblichen Weiterbildung

Der Grundstein für das fallorientierte Lernen wurde an der Harvard Business School in Boston gelegt. Angeregt durch die Kasuistik der Juristen wurde im Rahmen der Ausbildung seit dem Jahre 1908 auf die traditionelle Vorlesungsmethode zugunsten der Diskussion praktischer, am Wirtschaftsleben orientierter Fälle verzichtet, um die Studierenden entsprechend auf die betriebliche Praxis vorzubereiten (vgl. Kaiser, 1983; Kaiser & Kaminski, 1994). Das fallorientierte Lernen unter dem Einsatz von sog. Case Studies ist an der Harvard Business School eine weit verbreitete Lehrform. Sie ist als Lernmethode „Teaching with Cases in Printform" bekannt. Gemeint sind damit Fälle, die in Textform vorliegen und typische Managementprobleme und -lösungen aus den unterschiedlichsten betriebswirtschaftlichen Funktionsbereichen beinhalten. So heißt es bei Staehle (1974):

> „Ein Fall (Case) ist die möglichst wirklichkeitsgetreue Aufzeichnung eines Problems, mit dem ein oder mehrere Manager tatsächlich konfrontiert wurden, zusammen mit den dazugehörigen Fakten, Meinungen und Erwartungen, die die Entscheidungssituation determinieren [...]" (S.116).

Nicht ohne Grund wird deshalb diese Unterrichtsmethode in der Literatur auch als „Harvard Case Method" bezeichnet. Noch heute werden an der Harvard Business School Fälle zu den verschiedensten Managementthemen wie z.B. Finance und Accounting angeboten (Harvard Business School Cases, 2006). Das Spektrum der Case Studies, wie sie in Management-Seminaren und -Schulen an amerikanischen Universitäten eingesetzt werden, ist sehr breit. Dieses reicht von Falldiskussionen bis zur explorativen Untersuchung einzelner Fallsituationen (siehe dazu Abschnitt 3.7.1).

In Deutschland wurde die Fallmethode vor allem in den wirtschaftswissenschaftlichen Fakultäten der Hochschule eingesetzt. Insbesondere Kosiol (1957) hat die Fallarbeit im Bereich der wirtschaftwissenschaftlichen Hochschulausbildung weiterentwickelt. Kosiol (1957) führt zum Einsatz der Fallmethode an:

> "Die Methode der praktischen Fälle fördert das selbständige Kennenlernen von Sachzusammenhängen in hohem Maße, gibt, unabhängig von der Art der Fragestellungen, ständige Impulse zum Nachforschen. Es gilt aufzuspüren, welche noch fehlenden Kenntnisse erworben werden müssen, wo sich Informationslücken befinden und welche Überlegungen anzustellen sind, um die Problemlösung zu finden" (S. 33).

Erste didaktische und methodische Hinweise zur Umsetzung der Fallmethode im beruflichen Unterricht kamen von Heinze (1968). Die Lernenden sollen mit Hilfe des Einsatzes der Fallmethode zu einer möglichst eigenständigen Auseinandersetzung mit dem jeweiligen Inhalt veranlasst werden und somit ihre Handlungskompetenz erweitern. Insbesondere sollen dabei die Problemlöse- und Entscheidungsfähigkeit der Lernenden gefördert werden (Weitz, 1996). Der besondere pädagogische Wert beim Einsatz von Fällen im Unterricht besteht darin, dass anhand eines konkreten Falles aus der Lebens- oder Berufswelt theoretische Aussagen und praktische Probleme zueinander in Beziehung gebracht werden. Wissenserwerb und Wissensanwendung werden nicht länger getrennt voneinander betrachtet, sondern in den Lehr- und Lernprozess integriert. Die Lernenden analysieren, bearbeiten und lösen komplexe realitätsnahe Probleme selbständig, indem sie erworbenes Wissen fallbezogen anwenden.

Auch die Pädagogik hat ihren Beitrag zur Entwicklung der Fallmethode geleistet. Im Zusammenhang mit Bemühungen, einen praxisnahen und handlungsorientierten Unterricht zu gewährleisten, wird das Lernen anhand von Fällen zunehmend im Unterricht an allgemeinbildenden und beruflichen Schulen umgesetzt (Kaiser & Kaminski, 1999). Nach Kaiser (1983) lernen die Schüler bei der Fallbearbeitung Probleme zu analysieren, Informationen zu sammeln und auszuwerten, Fakten zu untersuchen und Entscheidungen auf der Basis von Lösungsalternativen zu treffen. Hierbei stützen die didaktischen Prinzipien der Reformpädagogik, vor allem die der Arbeitschulbewegung (Kerschensteiner, 1964), das Wesen der Fallmethode. Dieses beruht darauf, dass die Schüler mit praktischen Fällen aus unterschiedlichen Lebensbereichen konfrontiert werden (Kaiser, 1983). Somit steht nicht die theoretische Wissensvermittlung im Mittelpunkt, sondern vielmehr liegt der Fokus auf der praktischen Lebensbewältigung.

Zudem ist in der betrieblichen Weiterbildung seit geraumer Zeit eine Abwendung von der reinen Vermittlung von Fachwissen hin zu einem vermehrten Einsatz handlungs- und problemorientierter Lernmethoden festzustellen (Bolz, 2002; Heimerl & Loisel, 2005). Aus der Sicht des konstruktivistischen Lernverständnisses erlaubt der Fall im Sinne des situierten Lernens konkrete, reale sowie komplexe Situationen zu bearbeiten (Reinmann-Rothmeier & Mandl, 1997). Dies entspricht zudem einem erwachsenengerechten Lernen, bei dem die Förderung der Anwendung und des Transfers neu erworbener Kenntnisse und Fertigkeiten von zentraler Bedeutung ist (De Corte, 1992). Im Vordergrund steht hier deshalb die Einbettung von Lernprozessen in das Lösen authentischer Probleme, wie es auf das fallorientierte Lernen zutrifft. Dies soll ermöglichen, dass Wissen von Anfang an unter Anwendungsgesichtspunkten erworben wird und zu einem angemessenen Verständnis für mögliche reale Berufsfeldsituationen beiträgt. Dementsprechend verfolgt das fallorientierte Lernen im Rahmen der betrieblichen Weiterbildung zwei zentrale Ziele: (1) die Anwendung relevanten Wissens in bestimmten realitätsnahen Situationen und (2) die praxisnahe Überprüfung erworbener Kenntnisse und Herangehensweisen zur Lösung eines Problems (vgl. Heimerl & Loisel, 2005).

In den folgenden Abschnitten soll nun vor dem Hintergrund des gemäßigten Konstruktivismus und der Situated Cognition-Bewegung die Relevanz situationstheoretischer Instruktionsansätze für das fallorientierte Lernen näher beleuchtet werden.

3.3 Fallorientiertes Lernen im Kontext situierter Instruktionsansätze

Ursprung für die Entwicklung der Instruktionsansätze zum situierten Lernen war das Problem, dass das Wissen, das im Unterricht erworben wurde, häufig nicht auf praktische Probleme übertragen werden konnte (Resnick, 1987). Dabei ging es den Vertretern des situierten Lernens nicht darum, praktische Lösungsvorschläge zu entwickeln, sondern einen Beitrag zur theoretischen Weiterentwicklung der Instruktionsforschung zu leisten (vgl. Gräsel, 1997). Ihre theoretische Basis ist der kognitiv orientierten Instruktionspsychologie zuzuordnen. Dabei liegen den Ansätzen folgende Annahmen zugrunde (Gräsel, 1997; Law & Wong, 1996; Reinmann & Mandl, 2006):

(1) *Lernen ist ein situativer Prozess*

Lernen erfolgt immer kontextbezogen, es ist immer an eine bestimmte Situation gebunden.

(2) *Lernen ist ein aktiver Prozess*
Lernen wird nicht als passive Aufnahme von Informationen verstanden, sondern als Prozess, der nur über die aktive Beteiligung der Lernenden möglich ist.

(3) *Lernen ist ein konstruktiver Prozess*
Lernen baut auf bereits vorhandenen Kenntnissen und Fähigkeiten auf. Ohne einen solchen Erfahrungs- und Wissenshintergrund könnten keine kognitiven Prozesse stattfinden, die zu einer Veränderung des Wissens und Könnens führen.

(4) *Lernen ist ein selbstgesteuerter Prozess*
Die Auseinandersetzung mit einem Inhaltsbereich erfordert von dem Lernenden die Steuerung und Kontrolle des eigenen Lernprozesses.

(5) *Lernen ist ein sozialer Prozess*
Lernprozesse beziehen immer soziale Prozesse ein und finden meist in der Interaktion mit Anderen statt.

Auf der Grundlage dieser Annahmen wurden Instruktionsansätze zur Gestaltung von Lernumgebungen entwickelt, die durch die Auseinandersetzung mit Problemen im Lernprozess die Intention verfolgen, die Anwendung von Wissen zu fördern. Die prominentesten Ansätze sind der *Anchored Instruction-Ansatz* (Bransford, Goldman & Vye, 1991; Cognition and Technology Group at Vanderbilt, 1990), die *Cognitive Flexibility Theory* (Spiro, Feltovich, Jacobsen & Coulson, 1992; Spiro & Jengh, 1990) und der *Cognitive Apprenticeship-Ansatz* (Brown, Collins & Duguid, 1989; Collins, Brown & Newman, 1989). Diese sollen im Folgenden vorgestellt und ihr Bezug zum fallorientierten Lernen herausgestellt werden.

Beim *Anchored Instruction-Ansatz* geht es darum, Lernen so zu verankern, dass es von den Lernenden das Lösen von Problemen in möglichst authentischen Kontexten erfordert. Das zentrale Kennzeichen dieses Konzepts ist eine komplexe Problemsituation, die als Ausgangspunkt und Basis des Lernens dient und als „Anker“ bezeichnet wird (Cognition and Technology Group at Vanderbilt, 1990, 1991, 1992a). Diese Verankerung des Lernens wird begründet mit der Situationsgebundenheit des Wissenserwerbs. In Form einer Erzählung wird den Lernenden eine authentische Problemsituation meistens mittels eines Videos dargestellt. Dabei wird das Problem in einen für die Lernenden relevanten und bedeutungsvollen Kontext eingebettet. Umgesetzt wurde die Idee der Anchored Instruction zunächst in mehreren Bildplatten für den Schulunterricht in Mathematik. Diese sogenannten „Jasper Woodbury Problem Solving Series“ enthalten Anker in Form von Abenteuergeschichten aus der Lebenswelt von Kindern und Jugendlichen (Cognition and Technology Group at Vanderbilt, 1992b, 1993). Damit die Lernenden unter verschiedenen Perspektiven lernen und ihre Kenntnisse flexibel anwenden können, werden ihnen zwei verschiedene Geschichten präsentiert. Anschließend haben die Lerner die Aufgabe, die in den Geschichten angesprochenen Probleme eigenständig zu identifizieren und schließlich selbst zu lösen. Lernumgebungen wie die „Japers Series“ werden von der Cognition and Technology Group of Vanderbilt (1993) als „generatives Lernen“ bezeichnet. Darunter wird ein Lernen verstanden, bei dem Konzepte immer wieder in verschiedenen Situationen verwendet und mit neuen Kontexten verbunden werden (Gräsel, 1997). Ziel dieser Art des Lernens ist es, dass sich beim Lerner zunehmend komplexes und elaboriertes Wissen entwickelt, welches flexibel für die Lösung realer Probleme angewendet werden kann.

Die Ähnlichkeit zum fallorientierten Lernen ist bei diesem Ansatz offensichtlich. Auch hier steht eine Problemsituation im Mittelpunkt, die weitgehend der Komplexität einer realen Situation entspricht. Weiterhin gilt es, für das identifizierte Problem eine Lösung zu entwickeln. Im Gegensatz zum Anchored Instruction-Ansatz kann das zugrunde liegende Problem beim fallorientierten Lernen je nach Fallart (vgl. Abschnitt 3.7.1) bereits benannt sein und muss nicht von den Lernenden selbst erkannt werden.

Im Rahmen der *Cognitive Flexibility Theory* wird eine Aufgabe unter verschiedenen Blickwinkeln betrachtet und bearbeitet. Damit soll eine möglichst hohe kognitive Flexibilität bei den Lernenden erzielt werden (Spiro et al., 1992; Spiro & Jengh, 1990; Spiro, Vispoel, Schmitz, Samarapungavan & Boerger, 1987). Dieser Ansatz eignet sich vor allem für den fortgeschrittenen Wissenserwerb in komplexen und wenig strukturierten Gebieten, wie beispielsweise in einigen Anwendungsfeldern der Medizin und der Psychologie (vgl. Reinmann & Mandl, 2006). Dabei werden zwei Charakteristika von Problemen in wenig strukturierten Wissensgebieten hervorgehoben. Dies sind zum einen die Komplexität der Konzepte und Probleme und zum anderen die Irregularität der Probleme. Dies hat zur Folge, dass für die Lösung realer Probleme in wenig strukturierten Domänen weder der Abruf analoger Probleme noch die Anwendung gespeicherter Schemata geeignet ist (vgl. Gräsel, 1997). Aus diesem Grund ist es erforderlich, dass in solchen Domänen für die Lösung von Problemen Wissen situations- und problemspezifisch konstruiert wird. Die Intention der Cognitive Flexibility Theory ist dabei, den Lernenden von Beginn an mit der Komplexität der Realität vertraut zu machen, wofür beispielsweise Falldarstellungen herangezogen werden.

Hierbei handelt es sich aber weniger um komplexe Fälle wie es beim fallorientierten Lernen angenommen wird, sondern eher um vereinfachte fallbasierte Wissenselemente. Die Autoren sprechen hier von sog. Mini-Cases, die eine Bearbeitung mehrerer Fälle ermöglichen und das Bilden von einfachen Analogieschlüssen vermeiden helfen (Spiro & Jehng, 1990; vgl. Gräsel, 1997). Das Lernmaterial soll aus verschiedenen Perspektiven mit der Zielsetzung beleuchtet werden, dass das erworbene Wissen vom Lerner flexibel angewendet und auf neue Situationen übertragen werden kann.

Beim *Cognitive Apprenticeship-Ansatz* wird die traditionelle Handwerkslehre als Vorbild herangezogen, indem versucht wird, die Ausbildung im Handwerk auf den Erwerb kognitiver Fertigkeiten und Fähigkeiten zu übertragen (Brown et al., 1989; Collins et al., 1989). Der Grundgedanke des Vorbilds der Handwerkslehre besteht darin, dass durch die Bearbeitung von Aufgaben in der Interaktion zwischen Meister und Lehrling bestimmtes

Wissen und bestimmte Fertigkeiten eines Handwerks erworben werden. Zudem führt der Meister die Lehrlinge in die „Expertenkultur“ des jeweiligen Handwerks ein, indem er ihnen domänenspezifische Tricks und Kniffe beibringt (vgl. Gräsel, 1997). Dementsprechend sollen auch die Lernenden bei dem Erwerb kognitiver Fertigkeiten und Fähigkeiten durch die Bearbeitung authentischer Probleme in Interaktion mit einem Experten und anderen Lernenden flexibel anwendbares Wissen erwerben. Dabei beginnt das Lernen mit der Bearbeitung einer realen Problemstellung, bei der der Lernende offen legt, welche Handlungen er ausführt („Modelling“). Bei der Bearbeitung der Aufgaben wird dieser zunächst durch einen Experten unterstützt („Coaching“ und „Scaffolding“). Im Verlauf des Lernprozesses werden diese Hilfestellungen nach und nach zurückgenommen („Fading“). Dadurch sollen die Lernenden dazu befähigt werden, Probleme selbständig zu lösen und verschiedene Strategien auszuprobieren („Exploration“). Weiterhin sollen sie ihr Vorgehen artikulieren („Articulation“) und mit den anderen Lernenden vergleichen, um so zu einer reflektierten Betrachtung („Reflection“) ihres Lernprozesses zu gelangen (vgl. Collins, 1991). Damit die Lernenden zudem die Fähigkeit erwerben, ihr Wissen flexibel anzuwenden, wird die Lernumgebung immer komplexer gestaltet und es werden bei der Betrachtung eines Konzeptes veränderte Kontexte und verschiedene Perspektiven mit einbezogen.

Wie beim fallorientierten Lernen stehen bei diesem Ansatz authentische Problemstellungen im Mittelpunkt des Lernens. Auch der kooperative Aspekt macht die Nähe zum fallorientierten Lernen deutlich. Der Unterschied zwischen dem Cognitive Apprenticeship-Ansatz und der Fallmethode liegt vor allem in dem Grad der instruktionalen Unterstützung. Während beim fallorientierten Lernen in der Regel kein eindeutiger Lösungsraum vorgegeben ist, erfahren die Lernenden beim Cognitive Apprenticeship-Ansatz, wie Experten bei der Lösung des Problems vorgehen und welche Strategien sie dabei anwenden können (Collins, 1991).

Im folgenden Abschnitt wird das fallorientierte Lernen im Rahmen problemorientierter Lernumgebungen einer detaillierten Betrachtung unterzogen.

3.4 Fallorientiertes Lernen im Rahmen problemorientierter Lernumgebungen

Problemorientiertes Lernen entspricht einer gemäßigt konstruktivistischen Auffassung von Lernen (Gerstenmaier & Mandl, 1995) und steht im Kontext der Situated Cognition Bewegung (Greeno, 1998; Lave & Wenger, 1991; Resnick, 1987). Nach Reinmann und Mandl (2006) sind folgende zentrale Gestaltungsmerkmale für problemorientiertes Lernen charakteristisch: (1) die Bereitstellung authentischer Problemstellungen, (2) das Lernen in multiplen Kontexten und unter multiplen Perspektiven, (3) das Lernen im sozialen Kontext und (4) Maßnahmen zur instruktionalen Unterstützung (vgl. auch Kapitel 2.3.2). Eine Metastudie über 43 Studien konnte die Effektivität des problembasierten Lernens nachweisen (Dochy, Segers, Van den Bossche & Gijbels, 2003). Die problemorientierte Herangehensweise zeichnet sich dabei durch zwei zentrale Aspekte aus. Zum einen steht das Lösen der Probleme durch den Lernenden im Mittelpunkt des Wissenserwerbs und zum anderen werden die Problemstellungen so realitätsnah wie möglich dargestellt, um die Komplexität der Praxis weitgehend wiedergeben zu können (Gräsel, 1997).

Problemorientierte Lernumgebungen sind vor allem *in der Medizin* zu finden. Der Grundgedanke problemorientierten Lernens in der Medizin besteht darin, durch die Bearbeitung von medizinischen Fällen anwendbares Wissen und Fertigkeiten für die medizinische Praxis zu erlangen. Dabei werden die Medizin-Studenten im Kleingruppenunterricht mit Patientenfällen und entsprechenden Fallsimulationen konfrontiert. Die Fälle werden dafür sorgfältig ausgewählt und so aufbereitet, dass sie ein möglichst hohes Maß an Authentizität und Praxisbezug aufweisen (Gräsel, 1997; Kopp, Balk & Mandl, 2002). Dabei werden zunehmend fallbasierte Computerlernprogramme eingesetzt, die den Unterricht am Krankenbett ergänzen und vorbereiten sollen. Der Studierende befindet sich dabei in der Rolle eines diagnostizierenden Arztes. Computerunterstützte fallbasierte Lernprogramme sollen durch den Einsatz interaktiver und multimedialer Elemente eine aktive und eigenständige Wissensaneignung fördern sowie dem Lernenden eine größere Praxisnähe ermöglichen (Gräsel, 1997). Gräsel (1997) zeigt in ihrer Studie, dass für Studierende der Medizin problemorientiertes Lernen mit einem multimedialen Lernprogramm eine effiziente Lehr-Lernmethode zur Bearbeitung medizinischer Fälle darstellt und den Erwerb von domänenspezifischem Wissen zur Lösung komplexer Probleme in der Medizin fördern kann. Mandl, Bruckmoser und Konschak (1999) berichten zudem über die Evaluationsergebnisse zu problemorientierten Kursen im Rahmen des Münchner Modells der Medizinerausbildung. Sie ziehen eine positive Bilanz über die Einführung dieses Kurses, der hinsichtlich der Akzeptanz, der Kursqualität und des Lernerfolgs evaluiert wurde. Der Nachweis des Lerntransfers bleibt in dieser Studie jedoch aus. Preckel (2004) kommt, was das problembasierte Lernen im Fach Medizin anbetrifft, zu dem Ergebnis, dass problembasiertes Lernen zwar positive Effekte auf Lernstrategien und Studienzufriedenheit hat, bei der Vermittlung von Grundlagenwissen aber herkömmlicher Instruktion tendenziell unterlegen ist.

Auch in der Pädagogik und Psychologie gibt es Beispiele für die Gestaltung und *Umsetzung von problemorientierten Lernumgebungen in Hochschulseminaren*, die zudem immer häufiger in virtueller Form stattfinden (Nistor, Schnurer & Mandl, 2005; Reinmann-Rothmeier, Nistor & Mandl, 2001; Schnurer, 2005). So weisen die Ergebnisse der Wirkungsanalyse von zwei virtuellen Hochschulseminaren in der Untersuchung von Nistor und Kollegen (2005) darauf hin, dass die Lernenden die virtuellen Seminare in hohem Maße akzeptieren. Zudem konnten sie positive Befunde hinsichtlich Lernprozess und Lernerfolg in ihrer Studie belegen. Es finden sich in virtuellen Hochschulseminaren, vor allem im Rahmen von problemorientiert gestalteten Lernumgebungen, immer mehr fallbasierte Lehr-Lern-Arrangements (Caroli, 2000; Schnurer, 2005), in denen meistens in Kooperation komplexe Fälle zu bearbeiten und zu lösen sind. Die Grundannahme ist, dass eine hohe Ähnlichkeit zwischen Lern- und Anwendungssituation die spätere Umsetzung des Gelernten in die Praxis wahrscheinlicher macht und somit durch die Integration und Bearbeitung authentischer Fälle „träges

Wissen" weitgehend vermieden werden kann (Schnurer, 2005). Zudem werden dabei als weitere Gestaltungsmerkmale problemorientierten Lernens multiple Perspektiven und multiple Kontexte in den Lernprozess integriert. Dadurch sollen die Lernenden zum einen dazu angeregt werden, ein Thema aus verschiedenen Blickwinkeln zu betrachten (Reinmann & Mandl, 2006) und zum anderen sollen sie das Gelernte in unterschiedlichen Problemsituationen anwenden (Gräsel, 1997). Des Weiteren werden die Lernenden durch entsprechende instruktionale Maßnahmen unterstützt, um sie in diesen komplexen Lernszenarien nicht zu überfordern (Kopp, 2005).

Es gibt zudem immer mehr *Beispiele problemorientierter Lernumgebungen in der beruflichen und betrieblichen Weiterbildung*, bei denen das Lernen anhand von authentischen Fällen eingesetzt wird. Hier werden in die entsprechenden Weiterbildungsangebote, die nach den problemorientierten Merkmalen gestaltet sind, authentische Fälle aus der Berufspraxis integriert. Die Konfrontation mit authentischen Fällen wird dabei als ein zentraler Aspekt in der problemorientierten Unterrichtsgestaltung betrachtet (Erlach, Hausmann, Mandl & Trillitzsch, 2002; Reinmann-Rothmeier, Mandl & Aufschläger, 1997; Winkler, Schnurer, Reinmann-Rothmeier & Mandl, 1999a). Auch hier sind zunehmend Weiterbildungsangebote zu verzeichnen, die virtuell erfolgen (Deschler, Mandl & Winkler, 2005; Hasenbein, Mandl & Winkler, 2005). Hasenbein und Kollegen (2005) konnten in ihrer Evaluationsstudie eines virtuellen Wissensmanagementkurses der betrieblichen Weiterbildung zeigen, dass der Kurs insgesamt auf eine hohe Akzeptanz bei den Teilnehmern stieß und die Qualität der problemorientiert gestalteten Lernumgebung sowie das fallbasierte Lernen von den Teilnehmern hoch eingeschätzt wurden.

Zusammenfassend kann festgehalten werden, dass fallorientiertes Lernen im Kontext problemorientiert gestalteter Lernumgebungen dem Lernen entsprechend einer gemäßigt konstruktivistischen Auffassung in hohem Maße gerecht wird. Es erfüllt die Anforderungen an ein situiertes und authentisches Lernen. Die Fallbearbeitung ermöglicht zudem die Berücksichtigung multipler Kontexte und Perspektiven sowie das Lernen im sozialen Kontext.

Nachdem in diesem Kapitel das fallorientierte Lernen im Rahmen problemorientiert gestalteter Lernumgebungen ausführlich behandelt wurde, soll im Folgenden das fallorientierte Lernen unter kognitionspsychologischen Gesichtspunkten betrachtet werden.

3.5 Das Case-based Reasoning als Erklärungsansatz für das Lernen mit Fällen

Einen geeigneten Erklärungsansatz für den effektiven Einsatz von Fällen stellt das *Case-Based Reasoning (CBR)*, auf deutsch „fallbasiertes Schließen", dar. Das Paradigma des fallbasierten Denkens und Problemlösens entstammt der kognitiven Psychologie und geht der Frage nach, wie fallbasiertes Lernen charakterisiert ist und wie es entsteht. Dabei handelt es sich beim CBR um eine Sonderform des analogen Denkens und Problemlösens. Während beim analogen Problemlösen die strukturelle Ähnlichkeit von Gegebenheiten inhaltsdifferenter Bereiche im Mittelpunkt steht, setzt das fallbasierte Denken eine Übereinstimmung zwischen Fällen innerhalb desselben Bereichs voraus (Seel, 2003). CBR findet besonders bei der Entwicklung computerisierter Modelle seinen Einsatz. So werden in fallbasierten Modellen im System gespeicherte frühere Fälle genutzt, um einen vorliegenden neuen Problemfall zu lösen. Dabei funktionieren CBR-Systeme nach Weber (1994) wie folgt:

> „Es wird ein neuer Fall (ein neues Problem) eingegeben, zu diesem Fall wird ein geeigneter, bezüglich bestimmter Kriterien ähnlicher Fall aus einem Fallgedächtnis ausgesucht, die frühere Lösung wird an die neue Situation angepasst, die neue Lösung wird überprüft, und der neue Fall wird zusammen mit der neuen Lösung so im Fallgedächtnis abgespeichert, dass er wie alle anderen früheren Fälle zur Lösung weiterer Probleme herangezogen werden kann" (S. 54).

Der Grundgedanke hinter diesem Paradigma ist der, dass Probleme dadurch gelöst werden, dass Lösungen, die für frühere Probleme entwickelt wurden, an die neuen Gegebenheiten und Anforderungen angepasst werden (Kolodner, 1997; Riesbeck & Schank, 1989; Weber, 1994; Zumbach,

2003; Zumbach & Reimann, 2003). Der Problemlöser hat dabei zwei wesentliche Aufgaben zu erfüllen. Er muss zunächst Fälle aus dem Gedächtnis abrufen, bei denen ähnliche Probleme gelöst wurden. Im zweiten Schritt muss er die frühere Problemlösung an die neue Situation anpassen. Voraussetzung dafür ist eine sog. „case library“, in der das gesamte fallrelevante Wissen gespeichert und indiziert ist. Auf dieses Wissen kann bei neuen Problemstellungen zurückgegriffen und entsprechend der neuen Erfahrung modifiziert werden (Zumbach, 2003). Nach Kolodner (1993, 1997) sind die Lernprozesse beim CBR im Einzelnen wie folgt charakterisiert (vgl. dazu auch Schank, 1982; Zumbach, 2003):

(1) Der Case-based Learner lernt, indem Fälle internalisiert und indiziert werden.

(2) Das Misslingen, einen bereits bekannten Fall in einer neuen Situation anzuwenden, initiiert Prozesse der Reinterpretation (Reindizierung) vergangener Situationen und führt zum Entdecken neuer Interpretationen (Indizes).

(3) Der Lernende kann eigene Lösungsschritte auf ihren Erfolg hin evaluieren. Ein Misslingen einer Problemlösung fördert die Motivation für weitere Lernprozesse.

(4) Mit dem Zuwachs an Wissen und Erfahrung beim Lernenden wächst auch die Fähigkeit, einzelne Fälle zu indizieren.

(5) Je umfangreicher die Analyse einer Erfahrung ausfällt, desto besser erfolgt die Indizierung von Fällen und desto höher ist der Lernerfolg.

Das Case-based Reasoning ist aus zweierlei Hinsicht von Interesse. Zum einen stellt es ein Modell für anfängerhaftes Vorgehen dar (Reimann & Schult, 1996; Ross & Kennedy, 1990). Zum anderen sind fallbasierte Lernprozesse dazu geeignet, Expertenwissen aufzubauen. Dies ist vor allem in Bereichen, in denen die Probleme sehr komplex sind, wie beispielsweise in der Medizin und Rechtswissenschaft von Bedeutung (Ashley, 1990; Boshuizen & Schmidt, 1992). Kritisch anzumerken ist, dass fallbasierten Lernsystemen nur eine schmale und wenig aussagekräftige empirische Befundlage gegenübersteht und es deshalb noch einiges an Forschungs- und Entwicklungsarbeit bedarf (Seel, 2003).

Die Umsetzung zu praktischen Lehr-Lernszenarien, die auf das fallbasierte Paradigma des Case-based Reasonings zurückgreifen, ist aber bereits umfangreich erfolgt. Dies zeigen verschiedene Instruktionsansätze wie beispielsweise das Goal-Based Scenario (Schank, 1994) und das Learning-by-Design (Kolodner, 1997). So konnten Zumbach und Reimann (2003) belegen, dass in einer nach den Prinzipien des Goal-Based Scenario-Ansatzes gestalteten Lernumgebung im Vergleich zu einem tutoriellen Programm sowie zu einem freien Hypertextarchiv bei den Probanden signifikant bessere Leistungen erzielt wurden. Zudem wiesen die Ergebnisse auf eine Steigerung der intrinsischen Motivation bei der Goal-Based Scenario-Lernumgebung hin. Bei dem Goal-Based-Szenario handelt es sich um einen Ansatz zur Gestaltung von Lernumgebungen für das individuelle Lernen. Darin liegt auch die Limitation des Case-based Reasonings. Es ist fokussiert auf die individuellen Lernprozesse und vernachlässigt den kooperativen Wissenserwerb. Kolodner (2003) bringt dies treffend zum Ausdruck: „... it showed us the need to integrate social construction of Knowledge into CBR's framework to make it more complete" (S. 29).

Verlässt man den Bereich des individuellen Lernens, stellt der Instruktionsansatz des problembasierten Lernens (vgl. Abschnitt 3.4) einen sinnvollen Ansatz dar, der sich optimal mit den Annahmen des Case-based Reasonings verbinden lässt:

> „The two approaches complement each other well, and together, we believe they provide a powerful foundation for educational practice in the constructivist tradition, one that at once combines lessons learned from classroom practice with sound cognitive theory" (Kolodner, 2003, p.1).

Problembasiertes Lernen lässt sich als instruktionaler Ansatz somit nicht nur sehr gut mit dem gedächtnispsychologischen Modell des Case-Based Reasonings, das die Mechanismen der Wissensspeicherung und des Wissensabrufs beim fallbasierten Lernen erklärt, vereinen, es berücksichtigt zudem neben den individuellen auch kooperative Gestaltungsmerkmale beim Lernen. Verschiedenste Untersuchungen konnten bereits den Erfolg und die Effektivität problembasierten Lernens belegen (u.a. Albanese & Mitchell, 1993; Dochy et al., 2003; Gräsel, 1997; vgl. Abschnitt 3.4).

Nachdem das fallorientierte Lernen in den Kontext des Case-based Reasonings eingeordnet wurde, soll im folgenden Abschnitt die Bedeutung des komplexen Problemlösens in Gruppen für das fallorientierte Lernen einer näheren Betrachtung unterzogen werden.

3.6 Die Bedeutung des komplexen Problemlösens für das fallorientierte Lernen

Ein Bereich der Kognitionspsychologie, der für das fallorientierte Lernen von besonderem Interesse ist, stellt das *komplexe Problemlösen* dar. Dieses soll im Folgenden näher betrachtet werden (3.6.1), bevor ein Modell zum komplexen Problemlösen in Gruppen vorgestellt wird (3.6.2).

3.6.1 Komplexes Problemlösen

Wie bereits in den vorangegangen Abschnitten herausgestellt wurde, steht im Mittelpunkt des fallorientierten Lernens eine komplexe und realitätsnahe Problemstellung. Eine *komplexe Problemsituation* zeichnet sich durch eine Vielzahl vernetzter, sich verändernder Variablen sowie durch die Neuartigkeit der jeweiligen Problemsituation und der Existenz unvollständiger Informationen aus (Dörner, 1989; Seel, 2003). Dörner (1989) definiert Komplexität als die „Existenz von vielen voneinander abhängigen Merkmalen in einem Ausschnitt der Realität" (S.60). Als weitere Merkmale komplexer Probleme nennt er Vernetztheit, Eigendynamik und Intransparenz. Auf die berufliche Praxis übertragen, kann sich Dörners Definition von Komplexität in der Form zeigen, dass Aufgaben- und Problemstellungen, mit denen Fach- oder Führungskräfte in ihrem beruflichen Kontext konfrontiert werden, oftmals komplex und vernetzt sind. Zudem können sich Arbeitsbedingungen jederzeit ändern, was die Eigendynamik von Problemen deutlich macht. Darüber hinaus sind meistens nicht alle Informationen des jeweiligen Problembereichs gegeben, wodurch die Intransparenz der Problemstellung zum Ausdruck kommt.

Damit *komplexe Problemlöseaufgaben* wie z.B. Fallaufgaben ihrem Anspruch an Authentizität und Anwendungsbezug gerecht werden, sollten sie mit den Anforderungen komplexer Problemstellungen in der beruflichen Realität kompatibel sein (vgl. Funke, 1993). Badke-Schaub und Frankenberger (1996) konnten empirisch bestätigen, dass bei der Bewältigung komplexer Problemlöseaufgaben ähnliche Interaktionsverhaltensmuster ausgelöst werden wie in der Zusammenarbeit in einer realen Arbeitsgruppe.

Die Strukturierung der Anforderungen, die sich aus einer komplexen Problemstellung an den Problemlöser stellen, wird in der Problemlöseforschung mithilfe *normativer Problemlösemodelle* abgebildet. Diese beinhalten eine Abfolge von Problemlöseschritten, deren Einhalten ein erfolgreiches Problemlösen begünstigen soll. Modelle individuellen komplexen Problemlösens werden von verschiedenen Autoren vorgeschlagen (Dörner, Kreuzig, Reither & Stäudel, 1983; Hayes, 1989; Polya, 1949). Dörner und Kollegen (1983) haben in ihrer Forschung zum komplexen Problemlösen Prozessmodelle ausgearbeitet, die einzelne aufeinander folgende Schritte der Informationsverarbeitung beim Problemlösen darstellen. Ähnliche Ansätze finden sich auch bei Putz-Osterloh (1983) und Sell (1991). Alle Modelle gehen von einem Problemzustand als Anfangssituation aus, der durch eine Abweichung zwischen einem Ist-Zustand und einem angestrebten Soll-Zustand charakterisiert ist. Zunächst muss sich der Problemlöser orientieren und über den Ist-Zustand und weitere Aspekte des Problems informieren, bevor er inhaltliche Vorschläge zur Problemlösung erarbeiten kann. Nach der Entscheidung für bestimmte Lösungsansätze und deren Durchführung, kann der erreichte Zielzustand über einen Vergleich mit dem angestrebten Soll-Zustand bewertet werden und im Falle eines unbefriedigenden Ziel-Zustandes können einzelne Schritte des Problemlöseprozesses wiederholt oder neu durchgeführt werden.

Da im Rahmen dieser Arbeit vor allem das fallorientierte Lernen in Gruppen von Interesse ist, stellt sich die Frage, wie komplexes Problemlösen unter kooperativen Bedingungen aussieht. Empirische Untersuchungen konnten zeigen, dass bei komplexen Problemsituationen quantitativ und qualitativ bessere Resultate in Gruppenarbeit als in Einzelarbeit erzielt wurden (Slavin, 1995). Ein Modell zum Problemlösen in Gruppen soll unter dem folgenden Abschnitt vorgestellt werden.

3.6.2 Modell des komplexen Problemlösens in Gruppen

Wetzel (1995) hat aufbauend auf einer Analyse der prominentesten Modelle individueller Problemlöseprozesse ein *Grundmodell des Problemlösens in Gruppen* entwickelt (vgl. Abbildung 1). Das Modell berücksichtigt neben den Problemlösungsschritten, die auch für das individuelle Problemlösen relevant sind, *koordinationsbezogene Aktivitäten* der Gruppenmitglieder, die sich aus der gemeinsamen Auseinandersetzung mit einer komplexen Problemlösungsaufgabe ergeben. Als zentrale *koordinationsbezogene Aktivitäten* stellt Wetzel (1995) die *„Planung der gemeinsamen Vorgehensweise"* und *„Steuerung des Interaktionsprozesses"* heraus. Die *inhaltsbezogenen Aktivitäten* umfassen den *Informationsaustausch* und die *inhaltlichen Vorschläge zur Problemlösung.*

Der erste Schritt beim kooperativen Problemlösen besteht in der Klärung des anfänglichen Problemzustandes. Dieser kann bereits gegeben sein oder muss aktiv gesucht bzw. erkannt werden (*Anfangszustand: Problem erkennen/suchen*). Im Gegensatz zu einem einzelnen Problemlöser, der sein Vorgehen für sich allein plant, müssen die Gruppenmitglieder eine gemeinsame Vorgehensweise für die komplexe Problemstellung finden (*Planung der gemeinsamen Vorgehensweise*). Wetzel (1995) definiert für diese koordinative Aktivität eine eigene Phase. In der anschließenden Orientierungsphase sind die Gruppenmitglieder dazu aufgefordert, gegenseitig Informationen zur Problemsituation auszutauschen (*Orientierung und Informationsaustausch*). Dieser Informationsaustausch stellt eine wesentliche Voraussetzung dar, damit die Gruppenmitglieder im nächsten Schritt *inhalt-*

liche Vorschläge zur Problemlösung generieren können. Anschließend erfolgt die Entscheidung für eine Problemlösung und deren Umsetzung (*Zielzustand: Problem gelöst/nicht gelöst*). Die Problemlösung kann in einem nächsten Schritt erneut einer Überprüfung unterzogen werden, die eine Revision zur Folge haben und eine Wiederholung einzelner Problemlöseschritte erforderlich machen kann. Neben der Planung der gemeinsamen Vorgehensweise nennt Wetzel (1995) zudem die begleitende *Interaktionsprozesssteuerung*. Auch Hackman und Morris (1975) nennen in ihrem Modell der Effizienz aufgabenorientierter Gruppen die strategische Vorgehensweise als eine für die Leistung einer Gruppe entscheidende Interaktionsvariable. Bei dieser normativen Darstellung des Ablaufs einzelner Arbeitsschritte bzw. Phasen gilt es zu berücksichtigen, dass das Modell kooperativer Problemlöseprozesse nicht als bloße Abfolge von Teilschritten zu verstehen ist, sondern dass es während des gemeinsamen Arbeitens in der Gruppe durchaus möglich ist, dass einzelne Schritte parallel verlaufen oder wiederholt werden (Wetzel, 1995). Folgende Grafik zeigt die einzelnen Schritte beim Problemlösen in Gruppen im Überblick:

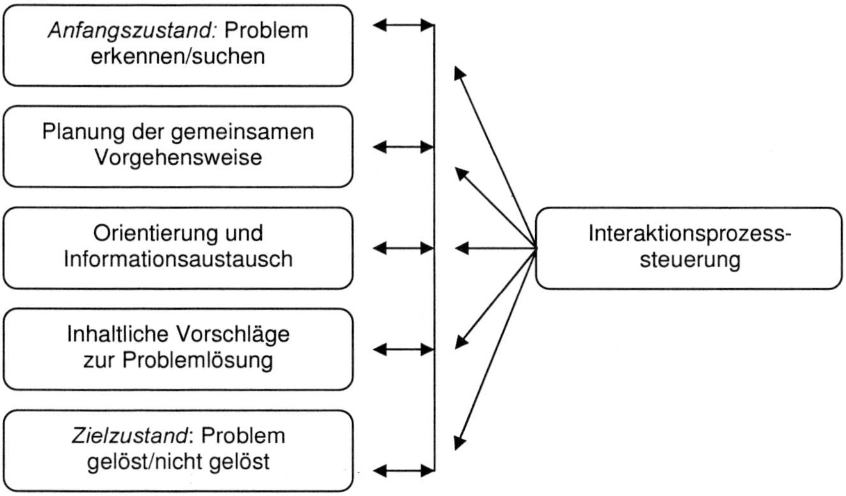

Abb. 1: Modell des Problemlösens in Gruppen nach Wetzel (1995)

Das Modell des Problemlösens in Gruppen von Wetzel (1995) basiert auf einer Zusammenführung theoretischer Überlegungen und empirischer Befunde zum komplexen Problemlösen von Individuen und Gruppen. Es wurde jedoch selbst keiner empirischen Validierung unterzogen. Trotz der mangelnden empirischen Evidenz ist die Logik und Funktion verschiedener Phasen des Handlungsablaufs beim Problemlösen kaum in Frage zu stellen (Funke, 2003; Simon, 2002). In verschiedensten Untersuchungen wird immer wieder auf den Kern bestimmter Abläufe im Problemlöseprozess verwiesen (vgl. u.a. Schaub & Reimann, 1999; Stempfle & Badke-Schaub, 2002). So konnten Stempfle und Badke-Schaub (2002) in ihrer Untersuchung zur differenzierten Erfassung des Ablaufs von Problemlöseprozessen in Gruppen zeigen, dass zum einen inhaltliche und prozessuale Aktivitäten als abgrenzbare Prozesse im Gruppengeschehen auftreten. Zum anderen konnten sie nachweisen, dass im inhaltlichen wie auch im Bereich der Prozesssteuerung Abfolgen aus Analyse- und Bewertungstätigkeiten das Zentrum des kooperativen Problemlösens bilden.

Im Rahmen der vorliegenden Arbeit soll untersucht werden, inwieweit bei der kooperativen Fallbearbeitung in virtuellen Gruppen Schritte des kooperativen Problemlösens auftreten und wie diese erfasst werden können (vgl. dazu Kapitel 5.3 und Kapitel 8.5.3). Nachdem eine Einordnung der Fallmethode in den Kontext situierter Instruktionsansätze erfolgt ist und das fallorientierte Lernen im Rahmen kognitionspsychologischer Modelle, vor allem des komplexen Problemlösens, diskutiert wurde, soll nun der Frage nachgegangen werden, wie die Fallmethode im engeren Sinne unter didaktischen Gesichtspunkten gestaltet werden kann.

3.7 Didaktische Überlegungen zur Gestaltung von Fällen

Fälle sind in der Regel so gestaltet, dass eine Situation aus dem Alltagsleben oder dem Berufsleben beschrieben wird, auf deren Basis die Lernenden eine Entscheidung treffen bzw. eine Lösung des dargestellten Problems entwickeln sollen. Dabei können sich Fälle in Art, Gestaltung und hinsichtlich ihres Komplexitätsgrades erheblich unterscheiden. Diesen Aspekten soll im Folgenden nachgegangen werden.

3.7.1 Arten von Fällen

Fälle können, was Umfang und Problemgehalt anbetrifft, sehr unterschiedlich aufgebaut und gestaltet sein. Dies ist abhängig von den Lernzielen, dem Kenntnisstand der Lernenden und den Lösungs- und Entscheidungshilfen, die den Lernenden mitgegeben werden. Im Wesentlichen unterscheiden sich die verschiedenen Fallarten in drei Kernbereichen. Je nachdem, wie von den Lehrenden der Schwerpunkt gesetzt wird, ergeben sich daraus unterschiedliche Einsatzmöglichkeiten und Lerneffekte bei den Lernenden (vgl. Heimerl & Loisel, 2005; Kaiser 1983; Kaiser & Kaminski, 1994):

- **Information**: Die für die Falllösung relevanten Daten und Informationen können vollständig, nur lückenhaft oder gar nicht gegeben sein.
- **Problem**: Das dem Fall zugrunde liegende Problem bzw. die Problemstellung kann ausdrücklich benannt werden oder der Lernende kann dazu aufgefordert werden, die Probleme selbst zu erkennen und ihre Relevanz abzuwägen.
- **Lösung**: Die Lösung bzw. Lösungsalternativen können vorweggenommen und zum Diskussionsgegenstand gemacht werden, auf dessen Basis die Lernenden eine Entscheidung treffen müssen. Die Lernenden können aber auch aufgefordert sein, Lösungen bzw. Lösungsalternativen zunächst selbst zu erarbeiten, diese zu bewerten und sich anschließend für eine Problemlösung zu entscheiden.

Aus diesen drei Kernbereichen und den unterschiedlichen Ausprägungen lassen sich in Anlehnung an die Tradition der Fälle an der Harvard University fünf Arten von Fällen unterscheiden (vgl. Heimerl & Loisel, 2005; Kaiser, 1983; Kaiser & Kaminski 1999; Stähli, 1992):

- **Case-Study-Method**
  Diese Fallvariante ist oft sehr umfangreich und komplex. Neben der Fallschilderung ist auch das gesamte Informationsmaterial dem Fall beigefügt. Der Fokus liegt auf der Problemanalyse, Problemsynthese und der Entscheidungsfindung.

- **Case-Problem-Method**
  Diese Form sieht vor, dass die Probleme ausdrücklich genannt, die Informationen vorgegeben sind und der Schwerpunkt auf der Erarbeitung von Lösungen bzw. Lösungsvarianten und einer anschließenden Diskussion der Entscheidungen liegt.

- **Case-Incident-Method**
  Diese Fallvariante ist dadurch gekennzeichnet, dass die Informationsgewinnung im Mittelpunkt steht, da der Fall selbst nur lückenhaft vorliegt. Diese Form ist zwar sehr zeitaufwendig, wird aber als sehr praxisnah angesehen, da auch im praktischen Leben der Prozess der Informationsgewinnung eine entscheidende Rolle spielt.

- **Stated-Problem-Method**
  Bei dieser Fallart liegen bereits fertige Lösungen und Begründungen vor, die den Lernenden präsentiert werden. Die Lernenden sollen Einsichten in die Entscheidungsstruktur realer Entscheidungen erhalten und diese kritisch beurteilen und gegebenenfalls neue Lösungswege aufzeigen.

- **Project-Method oder Live-Case Method**
  Bei dieser Art von Fall ist eine Informationssuche im Feld erforderlich, deshalb wird hier auch von Projektmethode oder von Live-Case Method (vgl. Eschenbach, Kreuzer & Neumann, 1994) gesprochen. Es werden lediglich lückenhafte Informationen bereitgestellt, die beispielsweise bei einem oder mehreren Unternehmen recherchiert

werden müssen. Die Problemstellung wird vorgegeben und die Problemlösung wird den Lernenden zur Aufgabe gestellt. Hierbei handelt es sich im Sinne von Dewey (2002) um ein Einzelfallprojekt in Lehr-Lern-Situationen.

Nachdem die verschiedenen Arten von Fällen vorgestellt wurden, stellt sich die Frage nach der Gestaltung von Fällen. Dies wird unter dem nächsten Abschnitt betrachtet.

3.7.2 Gestaltung von Fällen

Fälle können in beinahe jedem Feld der Aus- und Weiterbildung zum Einsatz kommen wie z.B. im Bereich der Medizin, der Rechtswissenschaft und der Betriebswirtschaft. Zudem können Fälle bei unterschiedlichem Erfahrungsniveau und Wissensstand angefangen von Schülern und Studenten bis hin zu Führungskräften angewendet werden.

Grundlegend für die Gestaltung von Fällen ist dabei das „exemplarische Prinzip“ (vgl. Kaiser, 1983; Reetz, 1988; Weitz, 1996). Dies beinhaltet, dass Fälle so auszuwählen und zu gestalten sind, dass sie exemplarisch für einen Sachverhalt, Gegenstand oder eine Person sind. Reetz (vgl. 1988, 1996; siehe auch Brettschneider, 2000; Kaiser & Kaminski, 1999) hat dementsprechend vier Kriterien für die Entwicklung von Fällen definiert:

- **Situative Repräsentation**
  Dieses Kriterium umfasst die exemplarische Repräsentation eines praxis- und berufsrelevanten Ausschnittes der Wirklichkeit. Der Fall sollte also möglichst authentisch sein. Dies entspricht auch der Maxime der Harvard Bussiness School, die lautet: „'No armchair-cases', keine im Lehnstuhl ausgedachten Fälle“ (Kaiser & Kaminski, 1999, S. 154).

- **Wissenschaftliche Repräsentation**
  Zur Erfüllung dieses Kriteriums sollen bei der Fallbearbeitung zur Problemlösung wissenschaftliche Theorien und Modelle herangezo-

gen werden, die möglichst repräsentativ für den entsprechenden Bereich der Wissenschaft sind.

- **Subjektive Bedeutsamkeit**
  Der Fall sollte für die gegenwärtige oder zukünftige Berufs- und Lebenssituation der Lernenden von Relevanz sein.

- **Subjektive Adäquanz**
  Der Fall sollte letztlich den Lernvoraussetzungen und dem Vorwissen der Lernenden entsprechen, damit dieser für die Lernenden anschaulich, übersichtlich und fasslich bleibt. Dies schließt eine gewisse Reduktion und Vereinfachung mit ein.

Die Kriterien können sowohl bei der Auswahl als auch bei der Entwicklung von Fällen herangezogen werden. Dabei ist zu berücksichtigen, dass die vier Kriterien in einem interdependenten und konkurrierenden Zusammenhang stehen. Deshalb ist eine ideale Konstellation, die alle Kriterien optimal erfüllt, in der Praxis kaum umsetzbar.

Viele der bisher entwickelten Fälle sind in Textform vorhanden. Das gilt vor allem für die „Cases in Printform" aus der Tradition der Harvard Business School. Nach Kaiser (1983) zeichnet sich unter mediendidaktischen Gesichtspunkten ein gut gestalteter Fall dadurch aus, dass er neben dem Text unter anderem Diagramme, Grafiken und Schaubilder enthält. Zudem können Fälle mittels eines Filmes bzw. Videos dargestellt werden, womit sie einen „Live-Charakter" erhalten. Auf diese Weise können reale Fälle aufgezeichnet und dokumentiert werden. Die Umsetzung von interaktiven und multimedialen Elementen beim Lernen mit Fällen ist bisher vor allem in der Medizin zu finden (Gräsel, 1997). In einer empirischen Untersuchung zur Wirkung von Multimedia-Fallstudien im Rahmen von zwei Fallstudien-Seminaren am Lehrstuhl für Wirtschaftsinformatik der Universität Köln konnte Bolz (2002) zeigen, dass auf Seiten der Lernenden grundsätzlich eine hohe Akzeptanz für den Einsatz von Multimedia-Fallstudien existiert. So sprach sich die Mehrheit der Studierenden für den Einsatz von Multimedia-Fallstudien gegenüber papierbasierten Fallstudien aus. Die Experteninterviews zeigten, dass Multimedia-Fallstudien von den Lehrenden weniger im Hinblick auf eine Verbesserung kognitiver Lernziele als vielmehr unter Motivationsgesichtspunkten eingesetzt werden. Die Motivationseffekte wurden dabei zum großen Teil durch die Neuartigkeit des Mediums bestimmt. Weiterhin gilt zu berücksichtigen, dass die Ergebnisse zwar einen positiven Effekt auf die Lernzielerreichung bei der Anwendung von multimedialen Komponenten zeigten, dies aber tendenziell zu Lasten eines erhöhten Bearbeitungs- und Vorbereitungsaufwandes führte. Weiterhin konnte Riedel (2003) in seiner Studie zur Integration computergestützter Lehr- und Lernsysteme in Medizinstudiengängen zeigen, dass das Konzept des fallbasierten Lernens insgesamt hohe Akzeptanzwerte durch die Studierenden erhielt.

Neben den verschiedenen Arten von Fällen und ihren Gestaltungsmöglichkeiten ist ein weiteres Unterscheidungskriterium die Komplexität eines Falles und seiner Aufgabenstellung. Dies wird im Folgenden betrachtet.

3.7.3 Komplexitätsgrad von Fällen

Was den Komplexitätsgrad von Fällen und ihre Aufgabenstellungen anbetrifft, kann zwischen einem *„engen" und „offenen" Fall* unterschieden werden. Voraussetzung ist dabei, dass sich die Fälle und ihre Aufgabenstellung am Niveau der Lernenden orientieren. So kann es sinnvoll sein, die Lernenden mit Hilfe gezielter Fragestellungen ergänzend zum Fall zu unterstützen, um ihnen so eine strukturierte Bearbeitung des Falles zu erleichtern. Dadurch kann die Komplexität des jeweiligen Falles reduziert und seine Bearbeitung überschaubarer gemacht werden. In diesem Zusammenhang spricht man von einem engen Fall, bei dem der Lernprozess mit konkreten Arbeitsanweisungen und engen Fragestellungen strukturiert wird (Grohmann, 1997). Ist der Lernende fortgeschritten, kann ihm mehr Handlungsspielraum in der Bearbeitung von Fällen eingeräumt werden. Hierbei kann der Lernende den Fall unter dem Einsatz offener Fragen weitgehend frei bearbeiten (Grohmann, 1997). Auf diese Weise kann der Handlungs- und Entscheidungsspielraum der Lernenden beim Einsatz von Fällen im

Unterricht sowie in der Aus- und Weiterbildung entsprechend gesteuert werden. Folgende Grafik illustriert in Anlehnung an Heimerl und Loisel (2005) sowie Grohmann (1997) die Differenzierung in einen engen und offenen Fall:

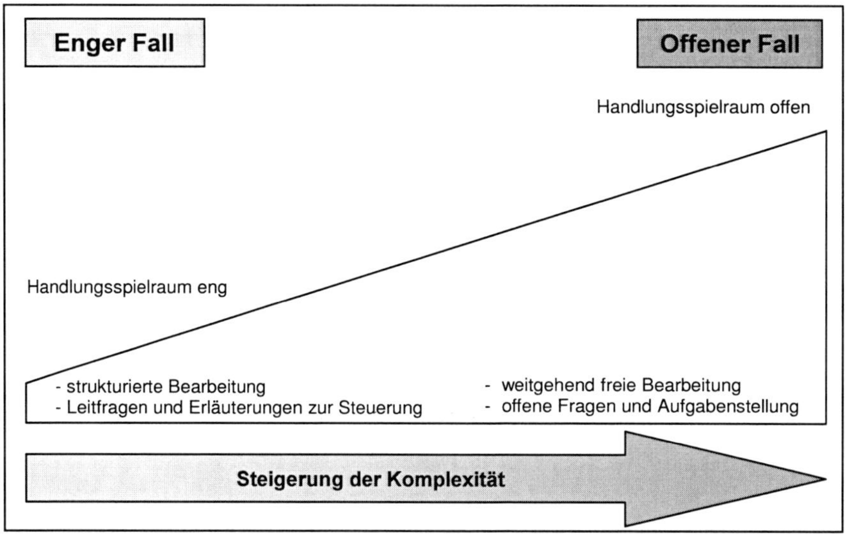

Abb. 2: Unterscheidung enger und offener Fall

3.8 Zusammenfassung: Fallorientiertes Lernen

Was den *Ursprung des fallorientierten Lernens* betrifft, wurde der Grundstein an der Harvard Business School gelegt. Es ist dort heute noch eine verbreitete Lernmethode. In Deutschland fand die Fallmethode ihren Einsatz in den wirtschaftswissenschaftlichen Fakultäten (Kosiol, 1957), im beruflichen Unterricht (Heinze, 1968) sowie im Schulunterricht (Kaiser, 1983).

In der *betrieblichen Weiterbildung* findet die Fallmethode im Rahmen problem- und handlungsorientierter Methoden zunehmend Verbreitung. Dabei ermöglicht das Lernen mit Fällen im Sinne einer gemäßigt konstruktivistischen Lehr-Lern-Auffassung und des situierten Lernens authentische und komplexe Situationen zu bearbeiten und somit Wissen von Beginn an unter Anwendungsgesichtspunkten zu erwerben.

Das fallorientierte Lernen spielt in den verschiedenen *situierten Instruktionsansätzen* eine bedeutende Rolle (u.a. Cognition and Technology Group at Vanderbilt, 1990; Spiro et al., 1992; Brown et al., 1989).

Im Kontext *problemorientiert gestalteter Lernumgebungen* erfüllt das fallorientierte Lernen die Anforderungen an ein situiertes und authentisches Lernen und ermöglicht zudem die Berücksichtigung multipler Kontexte und Perspektiven sowie das Lernen im sozialen Kontext (Reinmann & Mandl 2006; Reinmann-Rothmeier & Mandl, 1995).

Unter kognitionspsychologischen Gesichtspunkten ist neben dem *Case-based Reasoning* (u.a. Kolodner, 1997; Schank, 1999; Zumbach, 2003) vor allem das *komplexe Problemlösen* (u.a. Dörner, 1989) als theoretischer Erklärungsansatz für das fallorientierte Lernen interessant. Dabei steht im Rahmen dieser Arbeit vor allem das komplexe Problemlösen unter kooperativen Bedingungen im Fokus des Interesses.

Das *Modell des komplexen Problemlösens in Gruppen* nach Wetzel (1995) stellt die zentralen Aktivitäten beim kooperativen Problemlösen heraus. Diese sind zum einen die *koordinationsbezogenen Aktivitäten* „Planung der gemeinsamen Vorgehensweise“ und „Interaktionsprozesssteuerung“ sowie die *inhaltsbezogenen Aktivitäten* „Informationsaustausch“ und „inhaltliche Vorschläge zur Problemlösung“.

Was die didaktischen Überlegungen zur Gestaltung der Fallmethode angeht, spielt neben den verschiedenen *Arten von Fällen* (u.a. Heimerl & Loisel, 2005) und der *Gestaltung von Fällen* (u.a. Reetz, 1996) der unterschiedliche *Komplexitätsgrad von Fällen* (Grohmann, 1997; Heimerl & Loisel, 2005) eine bedeutende Rolle bei dem Einsatz der Fallmethode in Unterricht und Weiterbildung.

Da im Zentrum dieser Arbeit die Untersuchung des kooperativen fallorientierten Lernens steht, sollen im folgenden Kapitel die kooperativen Prozessaktivitäten und der kooperative Lernerfolg als Prozessergebnis bei der gemeinsamen Fallbearbeitung einer detaillierten Betrachtung unterzogen werden.

4. Prozessaktivitäten und Prozessergebnisse kooperativer virtueller Fallbearbeitung

Im Zentrum dieser Arbeit steht das kooperative fallorientierte Lernen. Hier soll zunächst der Frage nach der gemeinsamen Wissenskonstruktion im Prozess der kooperativen Fallbearbeitung nachgegangen werden (Abschnitt 4.1). Zudem ist von Interesse, welche Faktoren Einfluss auf den Lernprozess und Lernerfolg bei der kooperativen Fallbearbeitung haben (Abschnitt 4.2), bevor auf die einzelnen Prozessaktivitäten und den Lernerfolg als Prozessergebnis im Detail eingegangen wird (Abschnitt 4.3 und 4.4). Hier steht zum einen im Fokus des Interesses, welche Aspekte virtuell kooperativer Lern- und Problemlöseprozesse für die kooperative Fallbearbeitung von Relevanz sind und zum anderen, welche Lernerfolgsmaße bei der kooperativen Fallbearbeitung herangezogen werden können. Das Kapitel 4 schließt mit einer Ausführung zu den Unterstützungsmöglichkeiten kooperativen fallorientierten Lernens (Abschnitt 4.5).

4.1 Gemeinsame Wissenskonstruktion bei der kooperativen virtuellen Fallbearbeitung

Eine zentrale Frage, die sich beim kooperativen Lernen und somit auch bei der kooperativen Fallbearbeitung stellt, ist die nach der gemeinsamen Wissenskonstruktion beim kooperativen Lernen und Problemlösen. Die Konstruktion gemeinsamen Wissens erfolgt dabei vor allem über sprachliche Aushandlung, wodurch der Diskurs der Lernenden in den Mittelpunkt des Interesses rückt. Verschiedene Ansätze spielen hierbei eine Rolle, die die gemeinsame Wissenskonstruktion und die Rolle des Diskurses jeweils aus einer anderen Perspektive betrachten. Im Folgenden werden vier unterschiedliche Perspektiven vorgestellt: (1) Soziogenetische Perspektive, (2) Perspektive der kognitiven Elaboration, (3) Soziokulturelle Ansätze und

Ansätze des situierten Lernens, (4) Perspektive der kollektiven Informationsverarbeitung (Fischer, 2002).

Die *soziogenetische Perspektive* geht auf Piaget (1981, 1985) zurück. Dieser Ansatz zum kooperativen Lernen stellt vor allem die zentrale Bedeutung des sozio-kognitiven Konflikts heraus (Doise & Mugny, 1984). Hierbei wird die Gruppe in dem Sinne als Störfaktor des kognitiven Systems betrachtet, als das Individuum in der Gruppe auf unterschiedliche Auffassungen zu einem Sachverhalt stößt. Dies führt zu Störungen (Perturbationen) des individuellen Gleichgewichts (Äquilibrium). Das Bestreben des Individuums richtet sich darauf, dieses Gleichgewicht wieder herzustellen. Durch diese Auflösung wird beim Individuum eine Verstärkung oder Adaption der Kognitionen hervorgerufen. Gemeinsame Wissenskonstruktion ist aus dieser Perspektive definierbar als sozial stimulierte Wissenskonstruktion von zwei oder mehreren Individuen (Fischer, 2002). Was die Rolle des Diskurses anbetrifft, geht es basierend auf Piagets theoretischen Aussagen darum, die Perturbationen des jeweils individuellen kognitiven Gleichgewichts, die bei dem Aufeinandertreffen unterschiedlicher Auffassungen der Lernpartner entstehen können, aufzulösen. Eine Option der Äquilibration stellt die Suche nach lokaler Kohärenz dar (vgl. Fischer, 2002).

Die *Perspektive der kognitiven Elaboration* geht davon aus, dass Wissensveränderung durch die Integration neuer Informationen in bestehende Vorwissensstrukturen entsteht (Cohen, 1994). Dieser Ansatz greift hinsichtlich des Wissensbegriffs auf kognitive Modelle der Informationsverarbeitung zurück (Anderson, 1996; Newell & Simon, 1972). Die Elaboration gehört bei diesen Modellen zu den zentralen kognitiven Prozessen bei der Wissenskonstruktion. Je besser neue Informationen elaboriert werden, desto eher erfolgt eine Integration in bestehende Wissensstrukturen. Gerade die Kooperation zeichnet sich dadurch aus, dass dort Prozesse stattfinden, die für das Individuum eine bessere Elaboration des Gelernten und eine damit verbundene tiefere Integration in bestehende Wissensstrukturen ermöglicht (Schnurer, 2005). Hinsichtlich der Rolle des Diskurses wird in den verschiedenen Ansätzen dieser Perspektive neben der Identifikation spezifischer kommunikativer Handlungen diskutiert, inwiefern die Menge an aufgabenbezogenen Äußerungen ein Prädiktor für den Lernerfolg des Individuums ist (vgl. u.a. Cohen & Lotan, 1995; Fischer, 2002).

Die *soziokulturelle Perspektive* hat sich ursprünglich mit den kindlichen Entwicklungsprozessen befasst (Vygotsky, 1986). Dieser Ansatz vertritt die Ansicht, dass dem Kind durch die Interaktion mit anderen ermöglicht wird, höhere kognitive Strukturen zu bilden und dadurch in eine höhere Entwicklungsstufe zu gelangen. Diese Auffassung hat vor allem in den 90er Jahren an Einfluss im Bereich des kooperativen Lernens gewonnen (Tudge, 1993). Die gemeinsame Wissenskonstruktion lässt sich bei diesem Ansatz als eine durch andere unterstützte individuelle Aneignung sozialer Konstruktionen verstehen (Fischer, 2002).

Ansätze des situierten Lernens bauen auf diesem Gedankengut auf und haben dieses in dem Sinne weiterentwickelt, dass sie fragen, wie Wissen sozial geteilt und ko-konstruiert wird (Bielaczyc & Collins, 1999). Die Theorie des situierten Lernens geht davon aus, dass das Wissen nicht ausschließlich in den Kognitionen der einzelnen Gruppenmitglieder repräsentiert ist, sondern dass das Wissen innerhalb einer Gruppe als System distribuiert sein kann (Salomon & Perkins, 1998; Schnurer, 2005). Im Hinblick auf die Rolle des Diskurses stehen die Überlegungen Vygotskys zur Funktion der Sprache im Mittelpunkt der meisten Ansätze. Nach Vygostsky (1986) wird Wissen im Diskurs mit anderen Mitgliedern einer Gruppe gemeinsam external konstruiert.

Die *Perspektive der kollektiven Informationsverarbeitung* betrachtet die Gruppe als informationsverarbeitendes System (Larson & Christensen, 1993; Hinsz, Tindale & Vollrath, 1997). So beschreiben Hinsz und Kollegen (1997) Gruppenprozesse auf der Basis der individuellen Informationsverarbeitung. Larson und Christensen (1993) betrachten das Arbeiten in der Gruppe aus der Sicht des Problemlösens. Der Informationsverarbeitungsansatz ist in den letzten Jahren in der Forschung zu Gruppen stark in den Vordergrund gerückt. Die Ansätze gehen dabei Fragen nach wie dem Einfluss von mentalen Modellen in Teams auf Koordination und Teamleistung

(Klimoski & Mohammed, 1994), den Charakteristika der Informationsnutzung bei Gruppenentscheidungen (Brodbeck & Frey, 1999; Stasser, 1988) und den Konsens- und Dissenseffekten in Entscheidungssituationen (Frey & Schulz-Hardt, 2000). Der Diskurs selbst wird in den Ansätzen der kollektiven Informationsverarbeitung als Medium für den Informationsfluss verstanden.

Zusammenfassend kann festgehalten werden, dass sich der zentrale Unterschied der verschiedenen Perspektiven im Hinblick auf den Wissensbegriff findet. Die *soziogenetischen und kognitiv-elaborativen Perspektiven* fassen Wissen als Teil der individuellen kognitiven Strukturen auf. Hier ist deshalb der Diskurs in erster Linie aufgrund seiner kognitiven Wirkung interessant. Die *Ansätze der soziokulturellen und der situierten Perspektive* verstehen Wissen als sozial geteilt und distribuiert (Resnick, 1993). Der Wissenskonstruktionsprozess ist somit kein rein internal-kognitives Geschehen und wird im Diskurs von mehreren Personen geteilt. Die *Ansätze der Perspektive der kollektiven Informationsverarbeitung* dagegen stellen die individuelle Wissenskonstruktion in Beziehung zur kollektiven Wissenskonstruktion und schließen damit eine Lücke der anderen Perspektiven. Hier wird im Diskurs aus individuellen Wissensressourcen geteiltes Wissen. Die vorgestellten Perspektiven beleuchten jeweils unterschiedliche Facetten des Zusammenspiels von individuellen und kooperativen Lernprozessen. Dabei können sich diese unterschiedlichen Ansätze gegenseitig ergänzen (vgl. Fischer, 2002). Eine Entscheidung für die eine oder andere Perspektive sollte dabei mit Blick auf den Gegenstandsbereich und die jeweiligen Fragestellungen erfolgen.

Die vorliegende Arbeit positioniert sich zu einer gemäßigt konstruktivistischen Sichtweise des Lernens (vgl. vor allem Kapitel 3.3 und 3.4) und geht daher von einer sozialen Konstruktion von Bedeutung und Wissen im Prozess der kooperativen Fallbearbeitung aus. Hier schließt sich die Frage an, wie Wissen im Prozess der gemeinsamen Fallbearbeitung konstruiert wird und wie die Gruppenmitglieder beim kooperativen Problemlösen von Fällen vorgehen. Verbunden damit ist die Frage, welche Aspekte zur Analyse des Diskurses bei der kooperativen Fallbearbeitung von Relevanz sind. Bevor jedoch auf die einzelnen Prozessaktivitäten bei der kooperativen Fallbearbeitung sowie auf den Lernerfolg als Prozessergebnis eingegangen wird, werden zunächst im Folgenden die Rahmenbedingungen, die das Lernen in Gruppen und somit auch die kooperative Fallbearbeitung beeinflussen können, einer näheren Betrachtung unterzogen.

4.2 Einflussfaktoren auf die kooperative virtuelle Fallbearbeitung

Das Funktionieren der Kooperation in Gruppen sowie der Lernerfolg werden durch verschiedene Einflussfaktoren bedingt (Dillenbourg, Baker, Blaye & O'Malley, 1996), wobei die Bedingungen in den jeweiligen kooperativen Lernsituationen mit unterschiedlichen Lernaufgaben variieren können. Im Rahmen dieser Arbeit wird der Fokus auf folgende vier Faktoren gelegt: *Charakteristika der Lernenden* (Renkl & Mandl, 1995), *Struktur der Aufgabe* (Cohen, 1994; Johnson & Johnson, 1992), *Gruppengröße* (Reinmann-Rothmeier & Mandl, 1999a) und *organisatorischer Rahmen* (Renkl & Mandl, 1995).

4.2.1 Charakteristika der Lernenden

Charakteristika der Lernenden spielen beim kooperativen fallorientierten Lernen eine wichtige Rolle. Hierbei sind kognitive, motivationale, emotionale und soziale Faktoren einer näheren Betrachtung zu unterziehen (Kopp, 2005).

Zu den zentralen *kognitiven Faktoren* gehören das Vorwissen sowie Lern- und Konfliktlösestrategien. Vorwissen meint dabei die Kenntnisse und Fertigkeiten einer Person, die sie vor Bewältigung einer Aufgabe besitzt (Renkl, 1996). Diese können vor allem beim erwachsenen Lerner sehr heterogen ausfallen. Denn erwachsenengemäßes Lernen zeichnet sich im Vergleich zum schulischen Lernen durch größere Lernerfahrung und ein ausgeprägteres Vorwissen aus (Krapp & Weidenmann, 1992; Resnick, 1987). Was das Vorwissen anbetrifft, kann zwischen domänenspezifischen und domänenübergreifenden Wissen unterschieden werden (Dochy & Alexander, 1995). Beim domänenspezifischen Wissen handelt es sich um das Wissen, das sich auf eine bestimmte Domäne bzw. einen bestimmten Gegenstand bezieht. Das domänenunspezifische Wissen umfasst beispielsweise Erfahrungen mit dem Umgang bzw. dem Lernen unterschiedlicher Gegenstandsbereiche. Bei diesen so genannten Lernstrategien handelt es sich um bewusst und unbewusst eingesetzte Handlungssequenzen (vgl. Friedrich & Mandl, 1992). Hier sind wiederum spezifische und unspezifische Lernstrategien zu unterscheiden. Erstere sind nur auf wenige Gegenstandsbereiche beschränkt, wogegen letztere auf viele verschiedene Lernsituationen angewendet werden können.

Unter den *motivationalen Faktoren* ist vor allem die Lernmotivation als eine spezifische Form der Motivation zu nennen. Diese wird nach Pekrun und Schiefele (1996) als Wunsch definiert, bestimmte Fertigkeiten und Inhalte zu erlernen. Weiterhin kann eine Unterscheidung in intrinsische und extrinsische Motivation getroffen werden. Bei der intrinsischen Motivation wird die Intention zu lernen auf die Handlung selbst zurückgeführt, die als spannend und interessant erlebt wird (Schiefele & Schreyer, 1994). Bei der extrinsischen Motivation erfolgt Lernen mit der Absicht negative Konsequenzen zu vermeiden. Die Motivation liegt hier außerhalb der Handlung (Krapp, 1999). Hierbei ist für die betriebliche Weiterbildung zu berücksichtigen, dass die erwachsenen Lerner meist vorwiegend extrinsisch motiviert sind. Dies ist bedingt dadurch, dass es sich in der betrieblichen Weiterbildung vorwiegend um eine durch den Arbeitgeber initiierte „Anpassungsfortbildung“ handelt (vgl. Arnold & Gonon, 2006) und der Arbeitnehmer seine Weiterbildung meist als Notwendigkeit sieht, um sich im Beschäftigungssystem zu behaupten (Dobischat & Seifert, 2001).

Zu den *emotionalen Faktoren* zählt das subjektive Erleben wie z.B. Angst vor Versagen, die sich negativ auf den Lernprozess auswirken kann, da hier ein Großteil der kognitiven Ressourcen für die Prozesse der Selbstregulation verwendet werden. Ein weit verbreitetes Phänomen ist die Prüfungsangst. Hier konnte in Studien gezeigt werden, dass sich Angst nur bei komplexen Aufgabenstellungen negativ auf die Leistung auswirkt, weniger aber bei einfachen Aufgaben (Pekrun & Schiefele, 1996).

Zu den *sozialen Faktoren* zählt beispielsweise die mangelnde Bereitschaft zur Kooperation, die negative Auswirkungen auf die Gruppe haben kann. Auch soziale Angst ist in diesem Zusammenhang zu nennen, die sich wie Untersuchungen zeigen ebenfalls negativ auf den Lernerfolg auswirken kann (Seipp, 1990).

4.2.2 Struktur der Aufgabe

Ein weiterer Einflussfaktor beim kooperativen fallorientierten Lernen stellt die Aufgabe und deren Struktur dar. Aufgaben sollten dabei so beschaffen sein, dass sie Kooperation ermöglichen und erforderlich machen, damit jedes Gruppenmitglied seinen Teil in die Aufgabenbearbeitung einbringen kann (Cohen, 1994; Huber, 1987; Johnson & Johnson 1992; Renkl & Mandl, 1995; Webb, 1982). Die Aufgabe muss zum einen das Aushandeln verschiedener Konzepte und zum anderen eine intensive Kooperation zwischen den Teilnehmern notwendig machen. Denn Gruppen werden bei der Bearbeitung komplexer Aufgaben wie z.B. von Fallaufgaben umso produktiver, desto intensiver sie interagieren müssen und der wechselseitige Austausch eine notwendige Bedingung für die Problemlösung darstellt (Cohen, 1993).

Dies kann nach Johnson und Johnson (1998) dadurch erreicht werden, dass zwischen den Lernenden eine positive Interdependenz besteht. Sie sprechen in diesem Zusammenhang von einer Ziel- sowie einer Ressourceninterdependenz. *Zielinterdependenz* bedeutet, dass das gemeinsame Ziel nur dann erreicht werden kann, wenn alle Teilnehmer ihr jeweils individuelles Ziel erreicht haben, was die Voraussetzung für die kooperative Aufgabenbearbeitung darstellt (Johnson, Johnson, Ortiz & Stanne, 1991). *Ressourceninterdependenz* beinhaltet die Verteilung der für die Aufgabenbearbeitung erforderlichen Ressourcen unter den Gruppenteilnehmern. Untersuchungsergebnisse belegen eine Überlegenheit der Zielinterdependenz gegenüber der Ressourceninterdependenz (Johnson et al., 1991; Johnson, Johnson & Stanne, 1989). Die besten Ergebnisse wurden in der Kombination von Ziel- und Ressourceninterdependenz erreicht (Ortiz, Johnson & Johnson, 1996).

Zudem sind Aufgaben zu unterscheiden, die für den Lernkontext „künstlich“ konstruiert wurden und solchen, die einen authentischen Charakter besitzen (vgl. Webb & Palincsar, 1996). Authentische Aufgaben zeichnen sich im Vergleich zu konstruierten Aufgaben durch einen hohen Komplexitätsgrad aus und sie haben in der Regel oft mehr intrinsische Anreize für Kooperationsprozesse als konstruierte und einfach strukturierte Aufgaben (Cohen, 1994; Reinmann-Rothmeier & Mandl, 2002). Der Einsatz authentischer Aufgaben ist gerade in der betrieblichen Weiterbildung von zentraler Bedeutung, um die Anwendung und den Transfer erworbener Kenntnisse und Fertigkeiten in die Praxis zu unterstützen (vgl. Kapitel 3.2). Eine Möglichkeit für eine authentische Aufgabe stellt der kooperativ zu bearbeitende Fall dar.

4.2.3 Gruppengröße

Was den Einflussfaktor Gruppengröße anbetrifft, gibt es hierzu unterschiedliche Auffassungen für ein effektives kooperatives Lernen. So existieren neben Zweierteams, Kleingruppen von drei bis fünf Teilnehmern und Klassenverbänden von 20 bis 30 Personen (Reinmann-Rothmeier & Mandl, 1999a) beispielsweise auch größere Lerngemeinschaften wie die Learning Communities (Bielaczyc & Collins, 1999), bei denen positive Lerneffekte verzeichnet wurden (vgl. Kapitel 2.1; Winkler, 2004). Studien konnten zeigen, dass bei zu großen Gruppen Prozessverluste zu verzeichnen sind (Brodbeck & Frey, 1999) und Effekte wie z.B. das social loafing (vgl. Renkl, Gruber & Mandl, 1999), Verantwortungsdiffusion (vgl. Latané, Williams & Harkins, 1979) sowie kognitive Überlastung (vgl. O'Donnell & Dansereau, 1992) auftreten.

Darüber hinaus liegt es nahe, dass mit einer größer werdenden Gruppe die Möglichkeit, sich an der Kooperation zu beteiligen, sinkt. Deshalb fordert Cohen (1993) eine Gruppengröße, die klein genug ist, dass jedes Gruppenmitglied an der Aufgabenbearbeitung partizipieren kann. Studien von Lou, Abrami und d'Apollonia (2001) konnten zeigen, dass unabhängig von der Aufgabe bei drei bis fünf Gruppenmitgliedern hinsichtlich des individuellen Lernerfolges die größten Effekte zu verzeichnen waren und Zweiergruppen die größten Effekte zeigten, was die Qualität eines gemeinsamen Gruppenergebnisses anbetrifft. Hinsichtlich der Größe virtueller Gruppen wird eine Gruppengröße von drei bis fünf Personen empfohlen (Döring, 2003; vgl. auch Kapitel 2.1). Diese Größe hat sich auch bei der Aufgabenbearbeitung in virtuellen Gruppen bewährt (vgl. Schnurer, 2005).

Zu nennen ist hinsichtlich der Gruppengröße auch die Problematik des Dropouts von Teilnehmern, der im Rahmen des virtuellen Lernens diskutiert wird (Hesse & Giovis, 1997) und auch bei betrieblichen Weiterbildungsangeboten, vor allem wenn das Lernen neben der täglichen Arbeit stattfindet, zu berücksichtigen ist.

4.2.4 Organisatorischer Rahmen

Der organisatorische Rahmen ist neben allen anderen Bedingungen ein nicht zu vernachlässigender Einflussfaktor. Gemeint ist damit nach Renkl und Mandl (1995) die Möglichkeit, kooperatives Lernen in einem bestimmten institutionellen Kontext wie z.B. der betrieblichen Weiterbildung einzusetzen. Dementsprechend müssen die jeweiligen Institutionen kooperatives Lernen unterstützen, um einen erfolgreichen Einsatz zu gewährleisten.

Vor allem beim Lernen am Arbeitsplatz kommt dem organisatorischen Rahmen eine wichtige Bedeutung zu. Dazu gehört auch eine entsprechend gestaltete Lernumgebung, die kooperatives Lernen und Problemlösen in Gruppen, wie es auch die kooperative Fallbearbeitung erfordert, ermöglicht und unterstützt sowie die Förderung einer Lernkultur, in der die Kooperation fester Bestandteil ist (vgl. Reinmann & Mandl, 2006). Dies gilt auch im

Rahmen von Online-Weiterbildungen, die gerade in Unternehmen eine entsprechende Unterstützung auf organisatorischer sowie auch auf personaler und technischer Ebene erfordern, um eine entsprechende Akzeptanz bei den Mitarbeitern zu erzielen (Back & Bursian, 2003; Bürg, 2005).

Nachdem die Faktoren, die Einfluss auf den Lernprozess kooperativer Fallbearbeitung haben, betrachtet worden sind, soll nun im Einzelnen auf die Prozessaktivitäten bei der kooperativen Fallbearbeitung eingegangen werden.

4.3 Prozessaktivitäten bei der kooperativen virtuellen Fallbearbeitung

In diesem Abschnitt werden ausgewählte Aspekte virtuell kooperativer Lern- und Problemlöseprozesse und ihre Bedeutung für die kooperative Fallbearbeitung im Detail betrachtet. Neben der *Partizipation der Gruppenmitglieder* und dem *Grounding-Kriterium als Basis des fortlaufenden Verständnisses* wird auf die *Problemlöseaktivitäten* im Prozess der Fallbearbeitung eingegangen. Die Problemlöseaktivitäten werden dabei in *inhaltsbezogene und koordinationsbezogene Aktivitäten* differenziert.

4.3.1 Partizipation der Gruppenmitglieder

Bei der Partizipation geht es um die Frage, wie sich die Redebeiträge in den virtuellen Gruppen über die einzelnen Teilnehmer verteilen. Dabei können die Beiträge im Extremfall über die Gruppenmitglieder gleichmäßig verteilt sein oder auf einen einzelnen Teilnehmer zurückgeführt werden.

Die aktive Partizipation gilt als wichtige Voraussetzung für die gemeinsame Konstruktion von Wissen (Vygotsky, 1978), wie dies auch für die kooperative Fallbearbeitung angenommen werden kann. Untersuchungen zeigen, dass die Quantität der Partizipation häufig in einem positiven Zusammenhang mit dem Lernerfolg steht (Barab & Duffy, 2000; Cohen, Lotan & Leechor, 1989; Cohen & Lotan, 1995). Weiterhin legen Befunde dar, dass Studierende in computervermittelten Lernumgebungen eine höhere Beteiligung am Lernprozess aufzeigen als im traditionellen Unterricht und zudem in einer textbasierten CSCL-Umgebung Lernende längere Beiträge produzieren als in vergleichbaren face-to-face Situationen verbal ausgedrückt werden (Quinn, Mehan, Levin & Black 1983).

Es gibt aber auch Befunde, die eine Unausgewogenheit der Partizipation in kooperativen Lernszenarien belegen (Cheng, Lehmann & Armstrong, 1991; Fries 1995) und eine Heterogenität der Partizipation als ein wesentliches Problem kooperativen Lernens ansehen (Mandl, Gruber & Renkl, 1996; Weinberger & Mandl, 2001). Paechter (2003) konnte in ihren Untersuchungen zu verschiedenen Kommunikationsumgebungen im Rahmen virtueller Hochschulseminare belegen, dass sich vor allem in Newsgroups das Problem der geringen Beteiligung der Lernenden zeigt.
Faktoren, die hierbei eine Rolle spielen, sind z.B. der soziale Status, der Einfluss dominanter Gruppenmitglieder und das individuelle Vorwissen einzelner Gruppenmitglieder (u.a. Dubrovsky, Kiesler & Sethna, 1991). So konnte in Untersuchungen gezeigt werden, dass durch das Fehlen von sozialen statusbezogenen Informationen die Partizipation in virtuellen Lernumgebungen ausgeglichener ist (Siegel et al., 1986; Dubrovsky et al., 1991) und sich Personen mit sozial schwachem Status häufiger an virtuellen Diskussionen beteiligen als in vergleichbaren face-to-face Situationen (London, 1995; Buchstein, 1996).

Partizipation in virtuellen Lernumgebungen kann unterschiedlich verstanden werden. Hierzu können drei Möglichkeiten angeführt werden (vgl. Buder & Creß, 2001). Die Partizipation kann (1) unter einem quantitativen Aspekt als Umfang der Teilnahme zwischen den Teilnehmern, (2) unter qualitativen Aspekten wie z.B. über soziale Besonderheiten (Lea, 1992) und (3) unter einem inhaltlichen Aspekt als Austausch von geteilten und ungeteilten Informationen unter den Teilnehmern (Buder, 2000) begriffen werden.
In der vorliegenden Arbeit wird der quantitative Aspekt der Partizipation untersucht (siehe dazu Kapitel 8.5.1).

Ein weiterer Aspekt der bei der gemeinsamen Wissenskonstruktion und Aushandlung von Bedeutung im Prozess der kooperativen Fallbearbeitung von Relevanz ist, ist das Grounding, das unter dem folgenden Abschnitt näher betrachtet werden soll.

4.3.2 Grounding zur Gewährleistung des fortlaufenden Verständnisses

Damit kooperative Fallbearbeitung funktionieren und ein Fallproblem kooperativ gelöst werden kann, muss zunächst ein gemeinsames Verständnis in der Gruppe vorliegen. Dieser Prozess des Aushandelns von Bedeutung im Diskurs, bei dem die Gruppenmitglieder zu einem gemeinsamen Verständnis gelangen, wird als Grounding bezeichnet (Baker, Hansen, Joinier & Traum, 1999; Clark 1996; Clark & Brennan, 1991). Die Grounding-Theorie legt ihren Fokus auf das sprachliche Verhalten und die Vermittlung von Bedeutungen. Sie beschreibt, wie Kommunikationsteilnehmer ihre Äußerungen aufeinander abstimmen, um so eine fortlaufende Verständigung und gegenseitiges Verstehen zu gewährleisten. Somit kann die Kommunikation als ein Prozess betrachtet werden, bei dem die Gruppenmitglieder ständig überprüfen, ob das, was gesagt wurde, auch aufgenommen und verstanden wurde (vgl. Boos, 2000).

Nach Clark und Schaefer (1989) verläuft eine sprachliche Interaktion in zwei Phasen. In der Darbietungsphase (*presentation phase*) formuliert der Sprecher eine Äußerung für einen Adressaten. In der Akzeptanzphase (*acceptance phase*) greift der Adressat die Äußerung des Sprechers auf und macht damit deutlich, die Äußerung verstanden zu haben. Darüber hinaus gibt es eine Reihe anderer Möglichkeiten, wie der Empfänger sein Verstehen zum Ausdruck bringen kann. Dies kann z.B. durch Bestätigungen („Ja", „Mhm"), Nachfragen („Was meinst du mit...?), Wiederholung von Äußerungen sowie Paraphrasierungen („Du meinst also, dass....") erfolgen (Clark & Schaefer, 1989; Bromme & Jucks, 2001). Darüber hinaus spielt auch das mediale Setting, also die Kommunikationssituation, eine wichtige Rolle. Ein Setting wird von der Situation bzw. der „Scene" und dem „Medium" bestimmt (vgl. Clark, 1996, S.4). Eine Szene beschreibt den Ort, an dem eine Kommunikation stattfindet. Das Medium umfasst das Angebot an Zeichensystemen, das in der jeweiligen Situation genutzt werden kann. Hierbei kann es sich je nach Situation um verbale oder non-verbale Zeichensysteme handeln. Szene und Medium bilden somit ein Kommunikationssetting, in dem man sich schriftlich oder mündlich austauschen kann. Bei der computervermittelten Kommunikation wie Chats und Diskussionsforen handelt es sich beispielsweise um schriftliche Settings. Zu einem Kommunikationssetting gehören nach Clark (1996) zudem die Akteure, also die Kommunikationspartner. Diese bilden zusammen mit dem Setting die *„Arenas of Language Use"* (vgl. Clark, 1996, S. 11). In einer solchen Arena ist die gemeinsame Verstehensbasis („Common Ground") Voraussetzung für eine erfolgreiche Kommunikation der beteiligten Personen.

Über das gegenseitige Verständnis hinausgehende Aspekte wie z.B. die inhaltliche Diskussion und Koordination der Aufgabenbearbeitung sowie die Beteiligung der Gruppenmitglieder werden in der Grounding-Theorie nicht berücksichtigt. Sie befasst sich weniger damit, wie Arbeitsprozesse verbalisiert werden, sondern wie das fortlaufende Verständnis unter den Kommunikationspartnern sichergestellt wird. Das Grounding-Kriterium stellt für die kooperative Fallbearbeitung die Basis dar, um ein gegenseitiges Verständnis beim gemeinsamen Problemlösen des Falles zu gewährleisten. Dieses kann über die Kohärenz des Diskurses erreicht werden (Crow, 1983; Paechter, 2003). Dabei kann zwischen *globaler und lokaler Kohärenz* unterschieden werden:

(1) *Globale Kohärenz* ist dann gegeben, wenn die Kommunikationspartner ein Thema über längere Zeit beibehalten (Schegloff, 1990).

(2) Von *lokaler Kohärenz* spricht man, wenn Äußerungen auf der inhaltlichen Ebene oder durch gegenseitige Verweise miteinander verbunden sind (Tomlin, Forrest, Pu & Kim, 1997).

In der vorliegenden Arbeit soll die Sicherung der lokalen Kohärenz erfasst werden (Paechter, Weidenmann & Schweizer, 2002). Eine solche Möglichkeit stellen explizite inhaltliche Bezugnahmen auf einen vorhergegangenen Diskursbeitrag dar. Diese können dann vorliegen, wenn sich ein Kommunikations- bzw. Kooperationspartner auf einen vorhergehenden Beitrag bezieht, indem er den Namen des „Sprechers" nennt, Teile einer Nachricht paraphrasiert, eine Frage zu einem Beitrag stellt oder eine Antwort auf eine Frage gibt (siehe dazu Kapitel 8.5.2).

Durch das Erreichen des Grounding-Kriteriums ist noch nicht gewährleistet, dass eine Gruppe eine Aufgabe erfolgreich bearbeitet (vgl. Paechter, 2003). Dafür sind weitere Prozesse von Relevanz. Im Folgenden werden die inhaltsbezogenen und die koordinationsbezogenen Problemlöseaktivitäten bei der kooperativen Fallbearbeitung einer näheren Betrachtung unterzogen.

4.3.3 Inhaltsbezogene Problemlöseaktivitäten

Mit inhaltsbezogenen Problemlöseaktivitäten sind diejenigen Aktivitäten gemeint, die sich auf die inhaltliche Diskussion bei der kooperativen Fallbearbeitung beziehen (Fischer, Bruhn, Gräsel & Mandl, 2002). Verschiedene Untersuchungen belegen einen positiven Zusammenhang zwischen der Häufigkeit der inhaltsbezogenen Beiträge und dem Lernerfolg der kooperierenden Individuen (vgl. Cohen, 1984, 1994; Poulsen, Abrami, Kouros & Chambers, 1993). Damit kann ein hoher Anteil an inhaltlichen Beiträgen zur Fallbearbeitung als Prädiktor für den Lernerfolg verstanden werden. Zudem bestätigen Untersuchungen, dass vor allem Lernende in virtuellen asynchronen Lernumgebungen sehr stark inhaltlich diskutieren und wenig off-task Diskussionen stattfinden (vgl. Kiesler & Sproull, 1992; Woodruff, 1995). Als nicht-inhaltsbezogene Aktivitäten gelten alle off-task Beiträge wie z.B. social talk, die sich nicht auf die Bewältigung der Fallaufgabe beziehen (Weinberger, 2003).

Die Bewältigung komplexer Aufgaben in Gruppen, wie dies auch auf kooperative Fallaufgaben zutrifft, kann als Problemlöseprozess verstanden werden, der mehrere Schritte umfasst, die die Gruppenmitglieder erfüllen müssen, um ihre Aufgabe erfolgreich zu bearbeiten. Hier wird die Verbindung zu den bereits in Kapitel 3.6.2 herausgearbeiteten Arbeitsschritten beim komplexen Problemlösen in Gruppen (Wetzel, 1995) deutlich. Was die zentralen inhaltsbezogenen Problemlöseaktivitäten anbetrifft, handelt es sich hier um die *Informationsaufbereitung* und die *Lösungsentwicklung*.

Die *Informationsaufbereitung* ist eine wesentliche Voraussetzung für die Aufgabenbearbeitung und den Erfolg einer Gruppe. So konnten Mabry und Attridge (1990) in einer Studie zeigen, dass die Häufigkeit der Gesprächsbeiträge, in denen Informationen erfragt oder gegeben wurden, in einem positiven Zusammenhang mit der Qualität der Gruppenentscheidung stand. Häufig findet aber in Gruppen ein nicht optimaler Informationsaustausch statt. Das zeigt sich dadurch, dass hauptsächlich Informationen mitgeteilt werden, die den Gruppenmitgliedern bereits bekannt sind und weniger Informationen ausgetauscht werden, die ungeteilt sind (Stasser, Titus, 1985; 1987; Wittenbaum & Stasser, 1996). Dies ist vor allem dann von Bedeutung, wenn es eine qualitativ höherwertige Lösung gibt, deren Existenz sich die Gruppenmitglieder nicht bewusst sind und weshalb die Gruppe in ihrer Leistung unter ihrem Optimum bleibt. Stasser (1988) spricht in diesem Zusammenhang von einem „Hidden Profile". Neben dem Mitteilen von Informationen ist es darüber hinaus wichtig, dass Informationen erfragt und auf Verständlichkeit überprüft werden (Ross & Cousins, 1995).

Weiterhin geht es darum, die vorhandenen und aufbereiteten Informationen auszuarbeiten und im Prozess der gemeinsamen *Lösungsentwicklung* zu einer Entscheidung bzw. Problemlösung zu gelangen (Gruenfeld & Hollingshead, 1993; Resnick, Salomon, Zeitz, Wathen & Holowchak, 1993). Dabei ist auch das Komplexitätsniveau, auf dem ein Diskurs geführt wird, für die Gruppenleistung von Relevanz. Dies betrifft beispielsweise inhaltliche Erklärungen, das Aufstellen von Hypothesen und die Kontrolle der Lösungsschritte (Barnes & Todd, 1977; Peterson & Swing, 1985). Nicht zuletzt spielt es bei der Entscheidungsfindung eine Rolle, dass durch den Austausch verteilter Informationen während des kooperativen Lernprozesses ein Wissensstand erworben wird, der es der Gruppe ermöglicht, eine adäquate Entscheidung treffen zu können. Vertreter kooperativer Lehr-Lernarrangements sehen in einem verteilten Vorwissen und der Möglichkeit des Einbringens multipler Perspektiven auf ein Problem einen potentiellen Vorteil der Gruppe (Johnson, Johnson & Smith, 1991). Wird das verteilte Wissen aber nicht eingebracht, verschwindet dieser Prozessgewinn zu Lasten eines stärker ins Gewicht fallenden Prozessverlustes.

Neben den inhaltsbezogenen Problemlöseaktivitäten, die über Äußerungen zur inhaltlichen Diskussion bei der Fallbearbeitung erfasst werden (siehe dazu Kapitel 8.5.3.1), sind im Rahmen dieser Arbeit die Beiträge zur Koordination der Fallbearbeitung von Relevanz. Diese sollen deshalb im Folgenden näher betrachtet werden.

4.3.4 Koordinationsbezogene Problemlöseaktivitäten

Unter die koordinationsbezogenen Problemlöseaktivitäten fallen alle Beiträge, die der Koordination der Gruppenmitglieder bei der Fallbearbeitung dienen (Reiserer, 2003; Schnurer, 2005). Sie erfasst die Abstimmung der Lernpartner in Bezug auf die Planung der Aufgabenbearbeitung sowie die Entwicklung einer Strategie zur Aufgabenbewältigung (Fischer, Bruhn, Gräsel & Mandl, 2000). Paechter (2003) betont die Bedeutung der Koordination beim Problemlösen in Gruppen: „Im Vergleich zum individuellen Problemlösen stellt insbesondere die Koordination erhöhte Anforderungen, denn es muss nicht nur die Ausführung einzelner Lösungsschritte, sondern auch die Interaktion der Gruppenmitglieder koordiniert werden (S.104).“ Die Verfolgung einer erfolgsversprechenden Strategie bedarf bei der Bearbeitung und Lösung komplexer Aufgaben neben der *Planung der Vorgehensweise* zu Beginn des Aufgabenbearbeitungsprozesses einer *prozessbegleitenden Steuerung* (Wetzel, 1995; vgl. Kap. 3.6.2).

Bei der *Planung der Vorgehensweise* geht es darum, dass sich die Gruppenmitglieder gemeinsam hinsichtlich Aufgabenverteilung und zeitlicher Planung der Aufgabenbearbeitung abstimmen (Brettschneider, 2000).

Die *Steuerung des Prozesses* umfasst Aktivitäten der Gruppenmitglieder wie die gegenseitige Information zum Vorgehen im Prozess der Aufgabenbearbeitung, um möglichst Prozessverluste bei der Koordination zu vermeiden (Fischer & Waibel, 2002).

Empirische Untersuchungen konnten zeigen, dass die verbale Koordination mit zunehmend gemeinsamer Erfahrung der Gruppenmitglieder einen immer geringeren Anteil am Diskurs ausmacht. In der Gruppe entwickeln sich im Laufe der Zeit Arbeitsroutinen, die immer weniger verbalisiert werden müssen. Dies kann zum einen durch die Entwicklung einer „Stillen Koordination", der „Tacit Coordination", erklärt werden (Wegner, 1987) und zum anderen dadurch, dass das Wissen über Koordinationsroutinen, über die Expertise der Gruppenmitglieder sowie über die Aufgabe in einem sog. Gruppengedächtnis, dem „Collective Memory", gespeichert wird (Wittenbaum, Stasser & Merry, 1996).

Es stellt sich an dieser Stelle die Frage, wodurch sich die Koordination in virtuellen Gruppen von der in face-to-face Gruppen unterscheidet. Generell wird in virtuellen Gruppen von einem erhöhten Koordinationsaufwand ausgegangen (Fischer & Mandl, 2002). Die Begründung liegt in einer fehlenden Themenkohärenz (Boos & Cornelius, 2001). Gemeint ist damit eine fehlende Nachrichtenverbundenheit, wie sie in virtuellen Räumen häufiger beobachtbar ist (Fischer & Mandl, 2002). Weiterhin ist der erhöhte Koordinationsaufwand auf das Fehlen nonverbaler und paraverbaler Hinweisreize zurückzuführen. So müssen beispielsweise Bejahungen in schriftlicher Form erfolgen und können nicht durch Kopfnicken beantwortet werden, wie dies in face-to-face Situationen möglich ist (Gräsel, Fischer, Bruhn & Mandl, 1997). Dies betrifft vor allem virtuelle textbasierte Lernumgebungen, wo im Gegensatz zu Videokonferenzen keine Möglichkeit des Blickkontakts besteht.

Was die Bedeutung der Koordination für den Lernerfolg anbetrifft, gibt es unterschiedliche Perspektiven. Eine Sichtweise betrachtet die koordinativen Aktivitäten in dem Sinne als Störvariable, als dass durch sie nicht mehr ausreichend Ressourcen für die eigentliche Aufgabenbearbeitung zur Verfügung stehen (Cannon-Bowers & Salas, 1998). Die andere Auffassung betrachtet die Koordination positiver, da durch sie die Gruppenmitglieder Strategien zur Aufgabenbearbeitung und metakognitive Fertigkeiten erwerben können (Rogoff, 1991). Kooperatives fallorientiertes Lernen in virtuellen Lernumgebungen erfordert ein Mindestmaß an Koordination, um die Handlungen der einzelnen Gruppenmitglieder bei der Fallbearbeitung aufeinander abzustimmen. Deshalb wird die Koordination im Kontext dieser Arbeit als ein wesentlicher Aspekt des Lernerfolgs betrachtet (vgl. Greeno, 1997; Schnurer 2005) und neben den inhaltsbezogenen Problemlöseaktivitäten in die Untersuchung miteinbezogen (siehe dazu Kapitel 8.5.3.2).

Nachdem die einzelnen Aspekte, die für die Untersuchung der Prozessaktivitäten im Rahmen dieser Arbeit von Relevanz sind, betrachtet wurden, soll unter dem nächsten Punkt auf den Lernerfolg als Prozessergebnis der kooperativen virtuellen Fallbearbeitung eingegangen werden.

4.4 Lernerfolg als Prozessergebnis bei der kooperativen virtuellen Fallbearbeitung

Nachdem eine detaillierte Betrachtung der wichtigsten lernprozessrelevanten Aspekte bei der kooperativen virtuellen Fallbearbeitung erfolgt ist, liegt der Fokus im folgenden Abschnitt auf dem Lernerfolg als Prozessergebnis. Dabei wird zunächst der *Lernerfolg auf individueller und kooperativer Ebene* einer näheren Betrachtung unterzogen. Anschließend werden die verschiedenen *Wissensarten und -qualitäten zur Messung des Lernerfolgs* diskutiert.

4.4.1 Kooperativer und individueller Lernerfolg

Beim *individuellen Lernerfolg* steht primär die individuelle Veränderung kognitiver Strukturen im Fokus. Dies ermöglicht es, das in der Kooperation erworbene Wissen des Einzelnen zu messen und zu zeigen, inwiefern der Einzelne das Gelernte wie z.B. das konzeptuelle Wissen oder die Problemlösestrategien selbständig auf eine neue Situation transferieren kann. Salomon und Perkins (1998) sprechen in diesem Zusammenhang von „effects of". Dieser Begriff ist eng mit Überlegungen zur Messung des individuellen Lernerfolgs verbunden und bezieht sich auf Ergebnismaße, die nicht unmittelbar mit der Kooperationssituation in Verbindung stehen, sondern den späteren Transfer des Gelernten untersuchen.

Die Messung des individuellen Lernerfolgs kann je nach Zielsetzung mittels unterschiedlicher Verfahren erfolgen. Dies kann beispielsweise über freie Reproduktionstests geschehen, in denen es darum geht, die gelernten Inhalte so umfassend und korrekt wie möglich wiederzugeben oder mittels sog. Cued-Recall Tests (Brooks & Danserau, 1983), die Aufgaben mit Antwortvorgaben beinhalten. Hierbei finden hauptsächlich Satzergänzungs- und Multiple-Choice-Aufgaben Anwendung (Ertl, 2003; O'Donnell & Danserau, 2000; O'Donnell, Danserau, Hall, Skaggs, Lambiotte, Hythecker & Young, 1988; Reiserer, 2003). Dabei geht es aber meist um die Wiedergabe relevanter Inhalte und nicht um die Anwendung des Gelernten in komplexen Problemzusammenhängen. Hierfür müssen Aufgaben zur Messung des individuellen Lernerfolgs entwickelt werden, bei denen die Bewältigung komplexer Probleme im Vordergrund stehen und die es ermöglichen, beispielsweise durch die Bearbeitung von Fällen, das individuelle Anwendungswissen zu überprüfen (Bruhn, 2000; Kopp, 2005).

Der *kooperative Lernerfolg* ist besonders im Rahmen von Lernarrangements von Bedeutung, die die kooperative Bearbeitung von komplexen Problemstellungen vorsehen, wie dies z.B. bei der kooperativen Bearbeitung von Fällen in virtuellen Lernumgebungen zutrifft. Hierbei wird angenommen, dass eine kooperative Problemlösung nicht durch die kognitive

Aktivität des einzelnen Individuums erstellt wird, sondern durch eine gemeinsame Sprache, Aktivität und Situation kooperativ entsteht (vgl. Kopp, 2005; Roschelle & Teasley, 1995). Salomon und Perkins (1998) sprechen in diesem Kontext von „effects with“ und meinen dabei Effekte, die mit Hilfe des Computers unter der Annahme, dass durch diesen die kognitive Belastung reduziert und die meta-kognitive Überwachung der Kooperationspartner erleichtert wird, erreicht werden. Das heißt, dass anhand der Qualität eines gemeinsamen Gruppenprodukts die Effekte gemessen werden, die der untersuchten Kooperationssituation und dem Computer als Hilfsmittel hinsichtlich der Güte der Aufgabenlösung zukommen.

Als Verfahren zur Messung des kooperativen Lernerfolgs können neben kooperativ zu bearbeitenden Tests die während der Kooperation von den Gruppenmitgliedern erstellten Falllösungen dienen (vgl. Fischer et al., 2000; Schnurer, 2005; Teasley & Roschelle, 1993). Auf die Analysemöglichkeiten kooperativer Falllösungen wird unter Kapitel 5.4 im Detail eingegangen.

Im Folgenden sollen die verschiedenen Wissensarten und -qualitäten, die bei der Bewertung des Lernerfolges herangezogen werden können, diskutiert werden.

4.4.2 Lernerfolgsmaße

Es gibt verschiedene Möglichkeiten, den Lernerfolg zu messen und je nach Art des zu erwerbenden Wissens zu klassifizieren. Die Prominenteste ist die Einteilung in deklaratives und prozedurales Wissen. Damit ist zum einen das Wissen über Objekte und Fakten und zum anderen das Wissen über die Ausführung kognitiver Handlungen gemeint (Anderson, 1996; Strube, 1996). Eine differenziertere Einteilung der Wissensarten nehmen De Jong und Ferguson-Hessler (1996) vor. Sie unterscheiden in konzeptuelles, situatives, prozedurales und strategisches Wissen.

Konzeptuelles Wissen meint nach De Jong und Ferguson-Hessler (1996) Wissen, Fakten und Konzepte innerhalb einer bestimmten inhaltlichen Domäne. Das konzeptuelle Wissen kommt dem deklarativen Wissen gleich und wird häufig zur Lösung von Problemen herangezogen.

Situatives Wissen wird definiert als Wissen, das sich auf bestimmte Problemsituationen bezieht. Dadurch ist der Lernende in der Lage, die für die Problemlösung relevanten Aspekte zu erkennen sowie diese auf ähnlich gelagerte Problemsituationen zu abstrahieren und anzuwenden.

Prozedurales Wissen ist durch die Kenntnis bestimmter Handlungen und Prozeduren gekennzeichnet. Dieses Wissen kann vom Lernenden unmittelbar im jeweiligen Kontext umgesetzt werden. Es kann den Lernenden aber auch je nach Spezifitätsgrad des prozeduralen Wissens die Übertragung von bestimmten Abläufen auf ein ähnliches Problem ermöglichen.

Strategisches Wissen unterstützt den Lernenden in dem konkreten Vorgehen der einzelnen Schritte zur Lösung des Problems. Es beinhaltet einen generellen Handlungsplan, der die einzelnen Sequenzen für die Problemlösung umfasst.

Über die Einteilung in die verschiedenen Wissensarten hinaus unterscheiden De Jong und Ferguson-Hessler (1996) die *Qualität des Wissens*. Dabei wird zwischen Tiefe der Elaboration (*Level of Knowledge*), Differenziertheit der Wissensstruktur (*Structure of Knowledge*), Grad des Automatismus für die Ausführung von Handlungen (*Automation of Knowledge*), Verankerung des Wissens im Gedächtnis (*Modality of Knowledge*) und Grad der Generalisierbarkeit (*Generality of Knowledge*) unterschieden.

Die *Tiefe der Elaboration* beschreibt den Grad der Verarbeitungstiefe beim Lernenden. Wissen kann beim Lernenden tief oder nur oberflächlich elaboriert sein. Damit verbunden ist auch die Fähigkeit, Inhalte zu abstrahieren und zu evaluieren sowie Kausalzusammenhänge begründen und verschiedene Perspektiven einnehmen zu können.

Die *Differenziertheit der Wissensstruktur* beinhaltet die Repräsentation des Wissens beim Lernenden sowie das Zusammenfügen von Informationen zu einer größeren zusammenhängenden Bedeutungseinheit. Zu nennen sind hierbei kognitive Schemata, die einen leichten Zugriff zu bestimmten Wissenseinheiten ermöglichen. Level und Struktur sind dabei nicht unabhängig voneinander zu betrachten, da die Verarbeitungstiefe der Wissensinhalte die Ausdifferenzierung der dazugehörigen Wissensstruktur bestimmt.

Mit dem *Grad des Automatismus* wird beschrieben, wie automatisiert bestimmte Prozeduren und Handlungen von einer Person durchgeführt werden. Hierbei ist zwischen einem Novizen und einem Experten zu unterscheiden, die bei der Ausführung einzelner Schritte bei der Bearbeitung eines Problems unterschiedlich viel Zeit benötigen. Experten nehmen häufig automatisierte Handlungen vor und sind in ihrem Zugriff auf vorhandene Wissensstrukturen flexibler, wogegen Novizen von einer eingeschlagenen Strategie selten abweichen (Robertson, 1996).

Bei der *Verankerung des Wissens im Gedächtnis* geht es darum, wie Wissen im Gedächtnis gespeichert wird. Hierbei kann es sich um verbalanalytische oder um piktoral-analoge Repräsentationen handeln, was wiederum den Wissenserwerb und die Behaltensleistung beeinflussen kann.

Der *Grad der Generalisierbarkeit* besagt, inwiefern das Wissen eines Lernenden domänenspezifisch oder domänenübergreifend ist, wobei hier keine Aussage darüber gemacht werden kann, welches von beiden lernförderlicher ist.

Die Wissenstaxonomie von De Jong und Ferguson-Hessler (1996) sowie ihre Einteilung in verschiedene Qualitäten von Wissen sind im Bereich der Pädagogik und Psychologie einer der differenziertesten Ansätze. Dennoch ist ihre Zuordnung zueinander nicht unproblematisch, da die verschiedenen Qualitäten von Wissen nicht unabhängig voneinander zu betrachten sind und nicht eindeutig einer bestimmten Wissensart zugeordnet werden können. Was der Ansatz aber ermöglicht, ist eine Definitionsgrundlage für den unspezifischen Begriff des Anwendungswissens, welches gerade in fallorientierten Lernumgebungen gefordert wird (Gräsel & Mandl, 1993; Kopp, 2005; Weinberger 2003). Beim Anwendungswissen können nach De Jong und Ferguson-Hessler (1996) eine Vielzahl verschiedener

Wissensarten und -qualitäten eine Rolle spielen. Für eine Operationalisierung des Anwendungswissens sind genauere Überlegungen erforderlich.

Um Fälle erfolgreich bearbeiten und lösen zu können, ist das konzeptuelle Wissen, welches das Fakten- und Konzeptwissen repräsentiert, von zentraler Bedeutung. Darüber hinaus wird situatives Wissen benötigt, um die für die Problemlösung relevanten Aspekte zu erkennen. Prozedurales Wissen ist in der Hinsicht erforderlich, als dass es dem Lernenden die Kenntnis bestimmter Handlungen und Prozeduren liefert. Das strategische Wissen bildet eine weitere Komponente des Anwendungswissens dadurch, dass es den Lernenden beim Vorgehen der einzelnen Schritte zur Lösung des Problems hilft. Was die Qualität des Wissens anbetrifft, sind hier vor allem die Tiefe der Elaboration und die Differenziertheit der Wissensstruktur zu nennen. Die Wissensanwendung setzt eine kognitive Verarbeitung und Elaboration der inhaltlichen Konzepte sowie eine Strukturierung der Inhalte voraus, um auf die relevanten Inhalte zugreifen zu können, die für die Bearbeitung und Lösung des jeweiligen Falles erforderlich sind (Kopp, 2005; Stark, Bürg & Mandl, 2002). Welche Wissensarten und -qualitäten letztendlich bei der Bewertung des Lernerfolges herangezogen werden sollen, hängt von der Zielsetzung der jeweiligen Weiterbildungsmaßnahme ab. Im Rahmen der vorliegenden Arbeit spielen das konzeptuelle und situative Wissen eine zentrale Rolle, die einer Untersuchung unterzogen werden (siehe dazu Kapitel 8.4.2).

In den vorangegangen Abschnitten wurden die relevanten Prozessaktivitäten kooperativen fallorientierten Lernens sowie der Lernerfolg als Prozessergebnis betrachtet. Es stellt sich nun die Frage, wie man den Lernprozess bei der kooperativen virtuellen Fallbearbeitung durch bestimmte Interventionen unterstützen und dadurch den Lernerfolg optimieren kann. Diese Möglichkeiten sollen im Folgenden diskutiert werden.

4.5 Unterstützungsmöglichkeiten kooperativer virtueller Fallbearbeitung

Um kooperatives Lernen in virtuellen Gruppen zu unterstützen, gibt es unterschiedliche Möglichkeiten. Zwei zentrale Unterstützungselemente, die auch für die virtuelle kooperative Fallbearbeitung von zentraler Bedeutung sind, sollen im Folgenden vorgestellt werden. Dabei werden die *Unterstützung durch Skripts* sowie die *tutorielle Unterstützung* einer näheren Betrachtung unterzogen. Zudem wird ihre jeweilige Relevanz für die kooperative Fallbearbeitung herausgestellt.

4.5.1 Unterstützung durch den Einsatz von Skripts

Eine Möglichkeit virtuelle kooperative Fallbearbeitung zu unterstützen, stellen Skripts dar, die bereits vielfach sowohl in face-to-face als auch in virtuellen Lernumgebungen eingesetzt und untersucht wurden. Dabei können diese je nach Intention optional oder verbindlich angeboten werden (Kollar, Fischer & Hesse, 2003).

Skripts beschreiben einen fest definierten Prozess oder den Ablauf eines Ereignisses und geben damit die Reihenfolge einzelner Ablaufschritte bzw. Sequenzen in einem bestimmten Kontext vor (Dansereau, 1995; Schank & Abelson, 1977). Skripts können zur Unterstützung des Wissenserwerbs durch Vorgabe von Strategien in unterschiedlicher Art und Weise umgesetzt werden (vgl. Kopp, 2005). Zum einen können sie zur Unterstützung der Verbalisierung der eigenen Strategien eingesetzt werden und zum anderen können sie von Experten vorgegeben sein, anschließend vor dem jeweiligen Einsatz trainiert und in die Lernumgebung direkt integriert werden. Dabei ist darauf zu achten, dass der Einsatz von Skripts nicht zu einem sog. Overscripting-effect (Dillenbourg, 2002) führt, wodurch infolge einer Überstrukturierung der Kooperation die positiven Selbststeuerungseffekte einer Gruppe reduziert würden (vgl. Schnurer, 2005). Skripts können zum besseren Textverständnis sowie zur Unterstützung des Problem- und

Falllösens eingesetzt werden und sowohl sozio-kognitive Aktivitäten als auch strategische Vorgehensweisen unterstützen.

Studien, die den Einsatz von Skripts zur Förderung des Problem- bzw. Falllösens untersuchten, kamen zu unterschiedlichen Ergebnissen. So konnten Stark, Gruber, Renkl und Mandl (1998) zeigen, dass Lernende, die mit einem Problemlöseskript arbeiteten, erfolgreicher waren als Lernende ohne ein solches Skript. Dagegen zeigten andere Studien, dass das Training von Skripts nicht immer einen positiven Einfluss auf objektive Testmaße hat (Dörner et al., 1983). In einer weiteren Studie erhielten Lernende ein Skript zur Unterstützung des Lösens medizinischer Fälle (Fischer, Gräsel, Kittel & Mandl, 1996). Die Lernenden erhielten dabei ein Skript mit Ablaufschritten, das der Förderung ihrer Falllösungen diente. Die Studie konnte zeigen, dass sich das Skript in drei von vier Phasen des Falllösens positiv auswirkte und zudem als förderlich für die Diagnosequalität erwies. Kopp (2005) konnte in einer experimentellen Studie nachweisen, dass das Skript bei der Bearbeitung von Fällen auf die argumentative Aktivität der Lernenden sowie auf den individuellen als auch auf den kooperativen Lernerfolg eine lernförderliche Wirkung zeigte. Das Skript unterstützte die Lernenden vor allem darin, die relevanten Informationen aus den zu bearbeitenden Fällen zu extrahieren und in Verbindung zu Theoriekonzepten zu bringen. Damit ist es gelungen, den Lernenden mit Hilfe eines solchen Skripts eine spezifische Falllösungsstrategie an die Hand zu geben. Diese Studien könnten um weitere Untersuchungen im Feld ergänzt werden, die der Frage nach den Effekten von Skripts in virtuellen Lehr-Lernszenarien vor allem auch im betrieblichen Kontext nachgehen. Dies ist jedoch nicht Zielsetzung der vorliegenden Arbeit.

4.5.2 Tutorielle Unterstützung

Was den Einsatz von Tutoren zur Unterstützung virtuellen Lernens anbetrifft, gibt es hierzu bisher wenige Studien, obwohl das E-Tutoring in der Praxis breite Anwendung findet. Dabei kann der E-Tutor verschiedene Aufgaben bzw. Rollen übernehmen. Er kann Moderator der Gruppenarbeit bei

Kommunikationsprozessen und Koordinationsproblemen sein (Reinmann-Rothmeier & Mandl, 2002), Berater bei technischen und organisatorischen Fragen sowie inhaltlicher Experte. Vor allem bei komplexen Aufgaben wie beim kooperativen Lernen mit Fällen ist eine Online-Moderation empfehlenswert, um sowohl bei inhaltlichen Fragen als auch bei Konfliktsituationen in der Gruppe eine Ansprechperson zu haben.
Hesse und Kollegen (2002) benennen vier Funktionen, die ein Online-Tutor einnehmen kann. Zu diesen gehören:

(1) die Organisations- und Administrationsfunktion, die die Verantwortlichkeit für die Gestaltung der Arbeitsabläufe beinhaltet.

(2) die Motivationsfunktion, die die Förderung eines positiven und kommunikationsförderndes Klimas umfasst.

(3) die Vermittlungsfunktion in Form von didaktischer und inhaltlicher Unterstützung der Teilnehmer.

(4) die Expertenfunktion zur Sicherung der Qualität des netzbasierten, virtuellen Lernens.

Studien konnten zeigen, dass die Moderatorenrolle einen signifikanten Einfluss auf den Erfolg der Interaktion hat (Zhu, 1998; Howell-Richardson & Mellar, 1996). In einer weiteren empirischen Untersuchung konnte Paechter (2000) nachweisen, dass Studierende in einem virtuellen Seminar bei vorhandener sozialer Präsenz des Tutors einen höheren Lernerfolg zeigten.

Im Zusammenhang mit der Rolle des E-Tutors spielt auch das Feedback als ein wesentliches Unterstützungselement kooperativen fallorientierten Lernens eine wichtige Rolle. Hier geht es darum, dass die Lernenden nach Bearbeitung der kooperativ zu lösenden Fälle eine Rückmeldung zu der Qualität ihres gemeinsamen Gruppenprodukts erhalten. Gruppenfeedback bezeichnet in diesem Zusammenhang die Rückmeldung an die kooperativ arbeitenden Kleingruppen (Krause, Stark & Mandl, 2003). Untersuchungen zum individuellen Feedback belegen positive Effekte von Feedback auf den Lernerfolg (Jacobs, 2002) sowie eine Erhöhung der intrinsischen Motivation bei einem nicht-kontrollierend eingesetzten Feedback (Sansone, 1986). Hierbei ist jedoch zu beachten, dass das Feedback immer einen informativen Charakter aufweisen sollte, da dies für den Lernerfolg wirksamer (Narciss, 2001) und von den Lernenden häufiger rezipiert wird als nicht-informatives Feedback (Jacoby, Troutman, Mazursky & Kuss, 1984).

Es ist offensichtlich, dass das E-Tutoring bestimmte Kompetenzen wie inhaltliches Fachwissen, technisches Verständnis sowie pädagogisches Wissen über die Kommunikation in virtuellen Lehr-Lernszenarien erfordert (Kerres, Euler, Seufert, Hasanbegovic & Voss, 2005). Wie aber genau sich bestimmte Rollen und Stile eines E-Tutors auf den Lernprozess und Lernerfolg einer virtuell arbeitenden Gruppe auswirken können, ist bis dato noch unklar.

4.6 Zusammenfassung: Prozessaktivitäten und Prozessergebnisse kooperativer virtueller Fallbearbeitung

Im Zentrum kooperativen fallorientierten Lernens und Problemlösens steht die *gemeinsame Wissenskonstruktion* (Fischer, 2002). Diese erfolgt dabei über die soziale Aushandlung im Diskurs der Lernenden.

Das Funktionieren der Kooperation sowie der kooperative Lernerfolg hängen von verschiedenen *Einflussfaktoren* ab. Diese umfassen die *Charakteristika der Lernenden*, die *Struktur der Aufgabe*, die *Gruppengröße* und den organisatorischen Rahmen.

Was die *Prozessaktivitäten beim kooperativen fallorientierten Lernen* anbetrifft, spielen die *Partizipation der Gruppenmitglieder* (u.a. Buder & Creß, 2001), das *Grounding als Basis des fortlaufenden Verständnisses* (u.a. Clark, 1996; Clark & Brennan, 1991) sowie die *inhaltsbezogenen Problemlöseaktivitäten* und die *koordinationsbezogenen Problemlöseaktivitäten* (Wetzel, 1995) eine zentrale Rolle bei der kooperativen Fallbearbeitung (siehe dazu Kapitel 8.5).

Die Wissenstaxonomie sowie die Einteilung in die verschiedenen Qualitäten von Wissen nach De Jong und Ferguson-Hessler (1996) stellen im Bereich der Pädagogik und Psychologie eines der differenziertesten Ansätze zur Messung des Lernerfolgs dar. Welche Wissensarten und -qualitäten letztendlich herangezogen werden hängt dabei von der Zielsetzung der jeweiligen Weiterbildungsmaßnahme ab. In der vorliegenden Arbeit werden das *konzeptuelle Wissen* und das *situative Wissen* als Lernerfolgsmaße herangezogen (siehe dazu Kapitel 6.2 und Kapitel 8.4.2).

Die einzelnen Prozessaktivitäten und der Lernerfolg als Prozessergebnis kooperativer virtueller Fallbearbeitung werden in folgender Grafik zusammenfassend dargestellt:

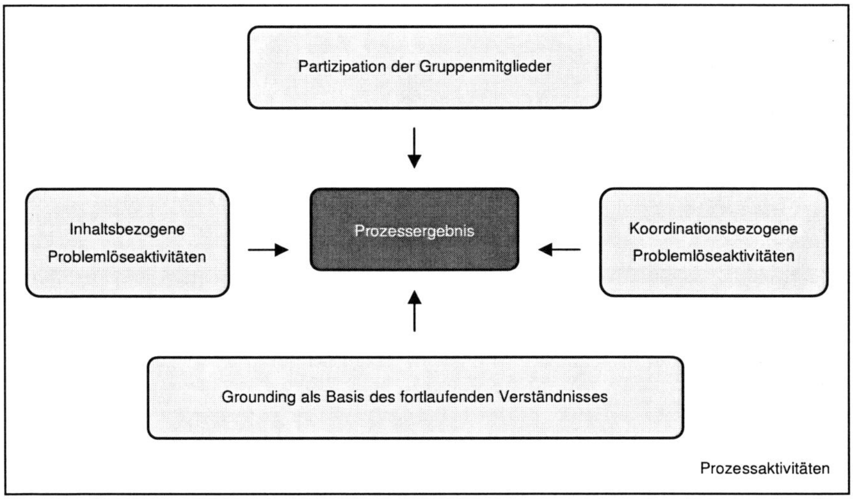

Abb. 3: Prozessaktivitäten und Prozessergebnis kooperativer virtueller Fallbearbeitung

Zentrale *Unterstützungsmöglichkeiten für die kooperative virtuelle Fallbearbeitung* stellen der *Einsatz von Skripts* (Kopp, 2005) und die *tutorielle Betreuung* der Lernenden (Reinmann-Rothmeier & Mandl, 2002) dar.

Bevor im Folgenden der Gegenstandsbereich und die Fragestellungen der Untersuchung vorgestellt werden, sollen zunächst die für die vorliegende Arbeit relevanten methodischen Überlegungen zur Untersuchung des kooperativen fallorientierten Lernens näher betrachtet werden.

5. Methodische Überlegungen

In diesem Kapitel geht es zunächst unter dem Abschnitt 5.1 darum, sowohl quantitative als auch qualitative Forschungsansätze zu betrachten, bevor unter dem Punkt 5.2 eine Integration dieser beiden Paradigmen vor allem im Rahmen der Fallstudienforschung diskutiert wird. Weiterhin werden Möglichkeiten zur Analyse des Diskurses bei der kooperativen Fallbearbeitung (Abschnitt 5.3) sowie die Analysemöglichkeiten der kooperativen Falllösungen (Abschnitt 5.4) vorgestellt und deren Relevanz für die vorliegende Arbeit herausgearbeitet.

5.1 Quantitative und qualitative Forschungsansätze

Was die Unterscheidung in quantitative und qualitative Forschungsansätze anbetrifft, hängt die Wahl des jeweiligen methodischen Ansatzes von den Fragestellungen sowie den Rahmenbedingungen der Untersuchung ab. Einige Untersuchungen haben die Überprüfung einer genau formulierten Hypothese zum Ziel und sind deshalb für den quantitativen Ansatz prädestiniert. Bei anderen Untersuchungen geht es primär um die Darstellung von Begründungszusammenhängen oder darum, ein tieferes Verständnis für ein Problem zu erhalten. Hier ist eher ein qualitativer Ansatz geeignet.

Bei den *quantitativ-orientierten Forschungsansätzen* werden über die Quantifizierung von Sachverhalten mit Hilfe statistischer Verfahren Hypothesen überprüft (Bortz & Döring, 2003). Ein typisches Verfahren ist das Laborexperiment. Weitere Methoden sind die quantitative Befragung mittels Fragebogen, die strukturierte Beobachtung und die quantitative Inhaltsanalyse. Im Rahmen quantitativer Untersuchungen virtuell kooperativer Lernprozesse werden häufig Fragebogenuntersuchungen oder Diskursanalysen über Ratingverfahren durchgeführt (vgl. Schnurer, 2005). Beispiele für quantitative Untersuchungen zum netzbasierten und kooperativen Lernen liefern Evaluationsstudien, die auf Fragebogenanalysen basieren (Koppenhöfer, Böhmann & Krcmar, 2000; Konradt, Marsula & Rakuljic, 2002). Eine weitere Möglichkeit stellen Diskursanalysen dar, wie sie beispielsweise im Rahmen der Forschung zum argumentativen Diskurs durchgeführt wurden (Kopp, 2005; Kuhn, 1991; Toulmin, 2003).

Qualitativ-orientierte Forschungsansätze sind dagegen eher daten- als theoriegeleitet und weisen im Gegensatz zur quantitativen Forschung meist eine geringe Standardisierung auf. Hier geht es in erster Linie darum, qualitative Daten zu erzeugen und interpretativ zu verarbeiten, um dadurch neue Effekte zu entdecken, ein Forschungsgebiet zu explorieren oder auch Hypothesen zu entwickeln (Bortz & Döring, 2003). In diesem Zusammenhang ist auch die Grounded Theory zu nennen, die versucht auf der Basis vorliegender Daten interpretativ eine Theorie zu entwickeln (Glaser & Strauss, 1998). Als klassische Instrumente qualitativer Forschung gelten die Einzelfallstudie, narrative, offene Interviews sowie gering strukturierte Beobachtungen und qualitative Inhaltanalysen. Beispiele zur qualitativen Untersuchung kooperativen Lernens liefern Jordan und Henderson (1995), die die Interaktion zwischen Lernenden auf der Basis von Videodaten induktiv analysieren sowie Mäkitalo, Salo, Häkkinen und Järvelä (2001), die ihre erhobenen Daten zur Untersuchung der Kooperation in virtuellen Gruppen mit Hilfe eines grafischen Verfahrens untersuchen und anschließend interpretieren. Weinberger (2003) ergänzt seine quantitative Studie durch zusätzliche Fallstudien, bei denen er ebenfalls ein grafisches Analyseverfahren einsetzt.

Letztes Beispiel weist daraufhin, dass bei aller Unterschiedlichkeit des quantitativen und qualitativen Ansatzes, die Differenz der beiden Forschungsansätze nicht zu unvereinbaren Gegensätzen stilisiert werden muss. Dieser Aspekt soll im Folgenden betrachtet werden.

5.2 Integrative Forschungsansätze im Rahmen der Fallstudienforschung

Immer mehr Forschungsansätze vor allem in der praxisorientierten Forschung gehen dazu über, sowohl quantitative als auch qualitative Elemente in ihren Untersuchungen zu verwenden (Mayring, 2001). Beispielsweise werden qualitative Erhebungen bei der Auswertung quantifiziert und quantitative Befragungen können mittels Fragebogen zusätzlich durch unstrukturierte Gespräche inhaltlich angereichert werden. Einem gemischten Untersuchungsdesign geht beispielsweise Schrire (2002) bei ihren Fallanalysen von Diskussionen in asynchronen Computerkonferenzen nach. Zum einen führt sie eine quantitativ-theoriegeleitete Analyse einzelner Turns durch und zum anderen erstellt sie deskriptive Karten von Interaktionsmustern, die sie anschließend interpretiert.

Fallstudien sind im Rahmen integrativer Designs ein oft genutzter Ansatz. Sie sind eine der ältesten Formen der Sozialforschung und ein zentraler Bestandteil der traditionellen Feldforschung. Stake (1995) definiert die Fallstudien-Forschung als „the study of the particularity and complexity of a single case, coming to understand its activity within important circumstances" (S.11). Nach Yin (1994) basiert die Feldstudienforschung auf einer Vielzahl an Datenquellen. Dabei sollten sich die Daten triangulär ergänzen. Damit soll sichergestellt werden, dass nicht nur eine Sichtweise des Falles, sondern möglichst alle Daten- und Informationsquellen miteinbezogen werden (Feagin, Orum & Sjoberg, 1991). Unter Triangulation wird verstanden, dass ein Gegenstand aus möglichst vielen verschiedenen Perspektiven betrachtet werden soll, um somit die Qualität der Daten und die Validität der Studie zu verbessern (Yin, Bateman & Moore, 1983). Dies impliziert auch den Einbezug unterschiedlicher methodischer Verfahren von quantitativer und qualitativer Natur. Zudem gibt es die Möglichkeit, mehrere Fälle (multiple-case-studies) oder Einzelfälle (single-case-studies) zu untersuchen. Einzelfälle können vor allem herangezogen werden, um Extremfälle zu beschreiben oder um eine Theorie zu stützen (Yin, 1994). Nach Stake (1994) können Einzelfälle sowohl Besonderheiten des Einzelfalles herausstellen als auch allgemeine Aspekte beschreiben, die repräsentativ für andere Fälle sind.

Kritiker der Fallstudien bemängeln, dass gerade Einzelfälle keine Basis für Reliabilität und Generalisierbarkeit bieten (Soy, 1997). Aus diesem Grund werden immer mehr standardisierte Verfahren eingesetzt, um Fallstudien hinsichtlich Objektivität, Reliabilität und Validität zu optimieren. Fallstudien finden trotz dieser Kritik vermehrt als erfolgreiche Forschungsmethode zur Untersuchung realer Problemfelder ihren Einsatz insbesondere in der Feldforschung (vgl. Yin, 1993; Tellis, 1997).

5.3 Analysemöglichkeiten des Diskurses bei der kooperativen virtuellen Fallbearbeitung

Im Rahmen des virtuellen kooperativen Lernens ist es üblich, zur Analyse der kooperativen Prozesse Diskursanalysen durchzuführen. Insbesondere im Zusammenhang mit einer gemäßigt konstruktivistischen Auffassung vom Lernen wird die verbale Interaktion im Rahmen des Diskurses als zentral betrachtet und somit „[...] zu einem konstitutiven Merkmal des Lernens“ (Bruhn, 2000, S. 28). Die automatische Archivierungsmöglichkeit bei der computervermittelten Kommunikation, wie es auch bei virtuellen Diskussionsforen der Fall ist, erleichtert dabei die Analyse insofern, als die Beiträge der Gruppenmitglieder im Gegensatz zur face-to-face Kommunikation nicht verschriftlicht und transkribiert werden müssen.

Die *Diskursanalyse* basiert im Wesentlichen auf einer Inhaltsanalyse der einzelnen Beiträge der Teilnehmer zur Analyse der kooperativen virtuellen Lernprozesse (vgl. Henri, 1992). Mayring (2000) unterscheidet zwei Vorgehensweisen bei der Inhaltsanalyse: die induktive und die deduktive Kategorienanwendung. Bei der induktiven Kategorienbildung (Mayring, 2000) wird ausgehend vom Gegenstand und der Fragestellung der Untersuchung ein Definitionskriterium festgelegt, nach dem das Material gesich-

tet wird und schrittweise eine induktive Kategorienbildung aus dem Material heraus erfolgt. Die entwickelten Kategorien werden in einer Rückkopplungsschleife überarbeitet und zunächst einer formativen Reliabilitätsprüfung unterzogen, bevor nach einem endgültigen Materialdurchgang eine summative Reliabilitätsprüfung durchgeführt wird. Bei der deduktiven Kategorienanwendung (Mayring, 2000) geht es darum, theoretisch begründete Auswertungsaspekte an das Material heranzutragen. Wiederum ausgehend vom Gegenstand und der Fragestellung der Untersuchung werden zunächst theoriegeleitet Haupt- und ggf. Unterkategorien festgelegt. Daran anschließend erfolgt die Formulierung von Definitionen, Ankerbeispielen und Kodierregeln, die in einem Kodierleitfaden zusammengefasst werden. In einer formativen Reliabilitätsprüfung werden sowohl die Kategorien als auch der Kodierleitfaden überarbeitet. Nach dem endgültigen Materialdurchgang erfolgt die summative Reliabilitätsprüfung.
Eine anschließende Auswertung kann bei beiden Verfahren mittels einer quantitativen Analyse beispielsweise über Häufigkeiten erfolgen.

Zur Erfassung der kooperativen Lernprozesse im Diskurs wurden bereits verschiedene Kategorienschemata entwickelt (Bruhn, Gräsel, Fischer & Mandl, 1997; Kopp 2005; Paechter, 2003; Reiserer, 2003; Schnurer, 2005; Weinberger, Fischer & Mandl, 2002). Die Ansätze von Bruhn und Kollegen (1997) sowie Weinberger und Kollegen (2002) bauen auf kognitiven Ansätzen auf und ziehen für die funktionale Analyse psycholinguistische und sprechakttheoretische Ansätze heran. Dabei ist zum einen die epistemische Dimension von Relevanz, die sich auf aufgabenbezogene Aktivitäten im Diskurs bezieht und zum anderen die funktionale Dimension, mit Hilfe derer analysiert werden kann, wie eine einzelne epistemische Aktivität durchgeführt wird. Diese Art der Analyse ermöglicht es, neben der Analyse der aufgabenbezogenen Dimension eine funktionale Analyse des Diskurses zu berücksichtigen. Äußerungen werden danach unterschieden, ob sie der *inhaltlichen Diskussion* (vgl. Kapitel 4.3.3) oder dem Zweck der *aufgabenbezogenen Koordination* (vgl. Kapitel 4.3.4) dienen oder keinen Bezug zur Aufgabenbearbeitung aufzeigen. So definiert Weinberger (2003) als epistemische Prozesse die Aspekte, die sich auf den Problemraum oder auf den konzeptuellen Raum beziehen. Reiserer (2003) unterscheidet in seiner Untersuchung zum Peer-Teaching in Videokonferenzen zur Erfassung der Diskursinhalte die Kategorien: themenbezogene Inhalte, koordinationsbezogene Inhalte und nicht-aufgabenbezogene Inhalte. Ähnlich macht Schnurer (2005) zum einen eine Unterscheidung in epistemische Aktivitäten, worunter sie sowohl inhaltliche als auch koordinative Beiträge fasst, und zum anderen in nicht-epistemische Aktivitäten. Die Diskurse beim kooperativen Lernen in virtuellen Gruppen wurden bereits unter verschiedenen Aspekten und in unterschiedlichen Lernszenarien analysiert (u.a. Kopp, 2005; Paechter, 2003; Reiserer, 2003; Schnurer, 2005; Weinberger, 2003).

Was bisher noch nicht erfolgt ist, ist eine *Analyse des Problemlösevorgehens bei der virtuellen kooperativen Fallbearbeitung*. In Kapitel 3.6.2 wurde bereits die Bedeutung des komplexen Problemlösens in Gruppen für das fallorientierte Lernen herausgearbeitet. Es stellt sich die Frage, inwieweit einzelne Schritte des kooperativen Problemlösens während der Fallbearbeitung in virtuellen Gruppen auftreten (vgl. Kapitel 4.3.3 und 4.3.4). Für die Analyse kann auf Kategoriensysteme aus der Sozialpsychologie zurückgegriffen werden, um die Problemlöseaktivitäten bei den kooperativen Fallbearbeitungen zu untersuchen. Zur Analyse von Prozessen beim Problemlösen und bei der Entscheidungsfindung in Gruppen sind in der Sozialpsychologie eine Reihe von Kategoriensystemen entwickelt worden (Bales, 1950; Boos, Scharpf & Fisch, 1991; Fisch, 1994; Stempfle & Badke-Schaub, 2000; Wetzel, 1995).

Wetzel (1995) hat unter Bezugnahme auf bewährte Beobachtungsinstrumente (u.a. Bales, 1950; Boos et al., 1991; Fisch, 1989) ein Kategoriensystem entwickelt, das sich eng an sein *Modell zum kooperativen Problemlösen* anlehnt (vgl. Kap. 3.6.2). Er unterscheidet dabei folgende vier Kategorienblöcke: *(1) Informationsaufbereitung*, *(2) inhaltliche Vorschläge zur Problemlösung*, *(3) Vorgehensweise planen und (4) Interaktionsprozess steuern*. Innerhalb dieser Kategorienblöcke sind die eigentlichen Beobach-

tungskategorien angeordnet wie beispielsweise für den Kategorienblock *„Informationsaufbereitung“* die Kategorien *„Informationen erfragen“* und *„Informationen geben“*.
Das für die vorliegende Arbeit gewählte Kategoriensystem lehnt sich methodisch an das von Wetzel (1995) vorgeschlagene an und adaptiert dieses für die spezifischen Untersuchungszwecke dieser Arbeit, vor allem unter Berücksichtigung der virtuell ablaufenden Prozesse bei der kooperativen Fallbearbeitung (vgl. Kapitel 8.5.3).

5.4 Analysemöglichkeiten kooperativer Falllösungen

Wie bereits unter Kapitel 4.4.1 erläutert, stellen objektive Wissenstests eine Möglichkeit dar, zu überprüfen, inwiefern die fachlichen Inhalte von den Lernenden wiedergegeben werden können und inwieweit sie verstanden wurden. Dadurch ist es möglich, das konzeptuelle Wissen abzufragen sowie die Tiefe der Elaboration des Wissens (De Jong & Ferguson-Hessler, 1996) festzustellen. Daneben gibt es auch subjektive Verfahren, bei denen die Lernenden ihren Lernerfolg bzw. ihr erworbenes Wissen subjektiv einschätzen. Diese Verfahren, die oft als methodisch mangelhaft bezeichnet werden, dienen meist der Korrektur der erhobenen objektiven Daten und werden immer häufiger herangezogen, da sie einen zusätzlichen Erkenntnisgewinn liefern können (Marsh & Roche, 1997; Greenwald & Gillmore, 1997).

Problematischer wird es, wenn die *Lösungen komplexer Fallaufgaben* hinsichtlich ihrer Qualität bewertet werden sollen. Dabei geht es beim fallorientierten Lernen darum, theoretische Konzepte auf einen konkreten Fall anzuwenden. Ziel fallbasierter Unterrichtsdesigns ist nicht nur die Vermittlung von konzeptuellem Wissen, sondern auch die Entwicklung von situativen Wissen, das einerseits auf eine bestimmte Problemsituation angewendet und von dem andererseits auf andere Fälle abstrahiert werden kann (Schnurer, 2005). Die Problematik ergibt sich dadurch, dass die Qualität der Ergebnisse schwer einheitlich bestimmt werden kann. Dennoch gibt es

Ansätze vor allem in der Medizin, die den Lernerfolg mittels der Bewertung von Falllösungen bestimmen (Gräsel, 1997, Mandl et al., 1999). Mandl und Kollegen (1999) ziehen dafür ein Expertenschema heran, das auf dem Konsens zweier medizinischer Expertenlösungen basiert und die relevanten medizinischen Begriffe und Konzepte enthält. Dabei gehen sie so vor, dass die Falllösungen dahingehend überprüft werden, ob die korrekten Begriffe und Konzepte in der Lösung auftauchen. Anschließend werden diese mit der entsprechenden Punktzahl versehen. Dieses Verfahren ermöglicht eine Überprüfung und *Bewertung des konzeptuellen Wissens*. Eine weitere Möglichkeit, anwendbares Wissen zu überprüfen, besteht darin, die Anzahl adäquater Bezüge zwischen Fallinformationen und Theoriekonzepten zu berechnen (Kopp, 2005; Weinberger 2003). Dieser Weg liefert jedoch keine Möglichkeit, das situative Wissen zu bewerten.

Eine Methode zur *Bewertung des situativen Wissens* bei der Analyse von Falllösungen stellt das Expertenrating dar, bei dem mindestens zwei Experten jeweils eine Einschätzung über die Qualität der schriftlichen Fallbearbeitungen abgeben (Mandl et al., 1999; Schnurer, 2005). Hierbei handelt es sich um ein hoch inferentes Verfahren, wobei durch das Heranziehen mehrerer Experten die Subjektivität der Raterbeurteilungen relativiert werden kann. Expertenratings haben den Nachteil, dass sie weniger objektive Daten liefern als niedrig inferente Verfahren, die eine höhere Reliabilität mit sich bringen. Der Vorteil liegt jedoch darin, dass sie es ermöglichen, den situativen Aspekt der Falllösungen zu berücksichtigen und diesen zu bewerten.
In der vorliegenden Arbeit erfolgt sowohl eine Analyse des konzeptuellen als auch des situativen Wissens (vgl. Kapitel 8.4.2).

5.5 Zusammenfassung: Methodische Überlegungen

Fallstudien finden zunehmend vor allem im Rahmen *integrativer Forschungsansätze* ihren Einsatz in der Feldforschung (u.a. Yin, 1993; Tellis,

1997). Sie stellen eine Forschungsmethode zur Untersuchung realer Problemfelder dar, wie dies auch in der vorliegenden Arbeit der Fall ist.

Was die *Analyse des Diskurses* anbetrifft, sind bereits verschiedene Kategorienschemata zur Analyse kooperativer Lernprozesse entwickelt worden (u.a. Kopp, 2005; Paechter, 2003; Reiserer, 2003). Für die Erfassung der kooperativen Problemlöseprozesse bei der virtuellen kooperativen Fallbearbeitung kann das Kategoriensystem nach Wetzel (1995) herangezogen und für die vorliegende Untersuchung entsprechend adaptiert werden.

Hinsichtlich der *Analyse des kooperativen Lernerfolges* stellen Expertenschemata und Expertenratings (u.a. Mandl et al., 1999) eine Möglichkeit dar, das konzeptuelle Wissen sowie das situative Wissen im Sinne von De Jong und Ferguson-Hessler (1996) zu erheben.

Im Folgenden soll nun der Gegenstand der Untersuchung „Der virtuelle Kurs in der betrieblichen Weiterbildung" vorgestellt werden, bevor auf die Fragestellungen und die methodische Vorgehensweise der Untersuchung eingegangen wird.

6. Der virtuelle Kurs in der betrieblichen Weiterbildung

Gegenstand der Analyse des kooperativen fallorientierten Lernens ist ein virtueller Wissensmanagementkurs, der im Rahmen der betrieblichen Weiterbildung von Fach- und Führungskräften eines Automobilkonzerns stattgefunden hat. Im Folgenden werden zur detaillierten Beschreibung des Gegenstandsbereichs die Rahmenbedingungen des virtuellen Kurses (6.1) sowie die Ziele und Inhalte (6.2) vorgestellt. Danach wird auf den Ablauf und das didaktische Design des virtuellen Kurses eingegangen (6.3), bevor das eingesetzte Fallmaterial und die Aufgabenstellungen beschrieben werden (6.4). Schließlich wird die technische Umsetzung des virtuellen Kurses (6.5) beschrieben.

6.1 Rahmenbedingungen

Der virtuelle Wissensmanagementkurs wurde in Kooperation zwischen dem Lehrstuhl für Pädagogische Psychologie und Empirische Pädagogik der Ludwig-Maximilians-Universität und einem Automobilkonzern konzipiert und durchgeführt. Er steht im Kontext der Entwicklung eines Masterstudienganges „Managing Intellectual Capital“ und wurde als Pilotkurs durchgeführt. Es handelt sich hierbei um ein Weiterbildungsangebot für Fach- und Führungskräfte des Automobilkonzerns. Der virtuelle Kurs hatte zum Ziel, theoretische Ansätze und praxisorientiertes Wissen zum Themengebiet Wissensmanagement zu vermitteln. Die Kursdurchführung erfolgte in einem Zeitraum von zweieinhalb Monaten. Die tutorielle Betreuung übernahmen zwei wissenschaftliche Mitarbeiterinnen der Ludwig-Maximilians-Universität und eine pädagogische Mitarbeiterin aus dem Automobilkonzern. Nach erfolgreicher und regelmäßiger Teilnahme am Kurs erhielten die Teilnehmer ein Teilnahmezertifikat gemeinsam ausgestellt von der Ludwig-Maximilians-Universität und dem Automobilkonzern.

6.2 Ziele und Inhalte

Folgende zwei Ziele standen bei der Konzeption des Kurses im Vordergrund:

(1) Den Teilnehmern sollte grundlegendes Wissen zum Themengebiet Wissensmanagement vermittelt werden. Im Sinne von De Jong und Ferguson-Hessler (1996) handelt es sich hierbei um den Erwerb *konzeptuellen Wissens* (vgl. Kap. 4.4.2). Gemeint sind damit theoretische Konzepte zur inhaltlichen Domäne Wissensmanagement.

(2) Die Teilnehmer sollten zudem *situatives Wissen* (De Jong & Ferguson-Hessler, 1996; vgl. Kap. 4.4.2) zum Lösen praxisrelevanter Probleme im Bereich Wissensmanagement erwerben. Gemeint ist hiermit das Anwendungswissen, das sich auf bestimmte Problemsituationen zum Wissensmanagement bezieht.

Inhalt des virtuellen Kurses ist das Themengebiet Wissensmanagement. Unter Wissensmanagement versteht man grundsätzlich den bewussten, verantwortungsvollen und systematischen Umgang mit der Ressource Wissen und den zielgerichteten Einsatz von Wissen in Organisationen (vgl. Bullinger, Wörner & Prieto, 1998). Die Fähigkeit, mit Wissen strategisch und intelligent umzugehen, ist ein wesentlicher Erfolgsfaktor für die Unternehmen (Reinmann-Rothmeier, Mandl, Erlach, Neubauer, 2001). Wissen wird dabei häufig auch als vierter Produktionsfaktor bezeichnet (Stewart, 1998). Zum Themenbereich Wissensmanagement existieren verschiedene theoretische Ansätze und Modelle sowie Instrumente. Um einen Überblick über dieses komplexe Themengebiet zu erlangen, sollten den Teilnehmern verschiedene theoretische Ansätze vorgestellt werden. Was verschiedene Wissensmanagement-Modelle anbetrifft, lag der Fokus auf folgenden vier Modellen: dem *Genfer Wissensmanagement-Modell* (Probst, Raub & Romhardt, 2000), dem *Münchener Wissensmanagement-Modell* (Reinmann-Rothmeier & Mandl, 1999b), dem *Modell nach Nonaka und Takeuchi* (1997) sowie dem *Grazer Modell nach Schneider* (2001).

Das *Genfer Modell* stellt das im deutschsprachigen Raum am weitest verbreitete Modell zum Wissensmanagement dar (Schön, 2001). Es beinhaltet sechs Kernprozesse: Wissensidentifikation, Wissenserwerb, Wissensentwicklung, Wissens(ver)teilung, Wissensnutzung und Wissensbewahrung. Die Bausteine Wissensziele und Wissensbewertung bauen die einzelnen Prozesse zu einem Regelkreis aus.

Das *Münchener Wissensmanagement-Modell*, das sich am Genfer Modell orientiert, stellt durch die stärkere Bündelung der Wissensmanagement-Prozesse ein vereinfachtes Rahmenmodell dar. Dies umfasst die vier Prozessbereiche Wissensgenerierung, -repräsentation, -kommunikation und -nutzung. Zielsetzung und Evaluation bilden dabei Anfangs- und Endpunkt des Wissensmanagement-Regelkreises. Darüber hinaus bezieht das Modell neben dem organisationalen Wissensmanagement auch das individuelle Wissensmanagement mit ein. Mensch, Organisation und Technik bilden in diesem Modell die drei zentralen Standbeine des Wissensmanagements (Reinmann-Rothemeier & Mandl, 1999b).

Das *Modell nach Nonaka und Takeuchi* (1997) ist ein Prozessmodell, in dem die Wissensprozesse als so genannte „Wissensspirale" dargestellt werden. Nonaka und Takeuchi (1997) haben dieses Modell auf der Basis von empirischen Untersuchungen in japanischen Unternehmen entwickelt. Dabei handelt es sich um einen dynamischen Transformationsprozess zwischen explizitem und implizitem Wissen.

In dem *Grazer Wissensmanagementmodell* werden die drei Dimensionen Wissensverständnis, Managementverständnis und Zielfokus miteinander kombiniert (Schneider, 2001). Das Modell erlaubt damit entlang der drei Dimensionen eine Positionierungshilfe für Wissensmanagementaktivitäten in Unternehmen. Zwei zentrale sowie gegensätzliche Auffassungen dieses Modells sind das „Tayloristische Wissensmanagement" und die „Lernende Organisation".

Darüber hinaus gibt es verschiedene Wissensmanagement-instrumente, über die individuelles und organisationales Wissensmanagement gesteuert werden können. Diese umfassen unter anderem die Wissenslandkarte (Eppler, 1997), Datenbanken (Koch & Mandl, 1999), die Story Telling-Methode (Kleiner & Roth, 1998), Communities of Practice (Wenger, 1999) sowie Lessons Learned (Reinmann-Rothmeier et al., 2001).

Weiterhin sind bei der Implementation von Wissensmanagement in Unternehmen verschiedene psychologische Aspekte zu berücksichtigen, um bei den Beteiligten Reaktanz zu vermeiden und gleichzeitig eine Steigerung der Akzeptanz zu erzielen (Reiß 1997, 1999; Tarlatt, 2001; v. Rosenstiel, 2000). Winkler und Mandl (2004) empfehlen dementsprechend in Anlehnung an Tarlatt (2001) ein Vorgehensmodell zur mitarbeiterzentrierten Implementation von Wissensmanagement.

Nachdem die Ziele und Inhalte des virtuellen Kurses vorgestellt wurden, soll nun die Frage beantwortet werden, wie sich der Ablauf und das didaktisches Design des Kurses gestalteten.

6.3 Ablauf und didaktisches Design des virtuellen Kurses

Im Folgenden werden der Ablauf des virtuellen Kurses mit den jeweiligen Inhalten und verwendeten Materialien (6.3.1) sowie das didaktische Design des Kurses (6.3.2) vorgestellt.

6.3.1 Ablauf des virtuellen Kurses

Der Ablauf des virtuellen Kurses orientiert sich an den Inhalten des Wissensmanagementkurses und teilte sich zunächst in zwei individuelle Phasen, in denen die Teilnehmer die Aufgabe hatten, die Wissensmanagementinhalte, die in Form von Online-Lernmodulen aufbereitet worden sind, selbstgesteuert durchzuarbeiten. Die individuellen Phasen wurden ergänzt durch zwei kooperative Phasen, in denen die Teilnehmer zwei unterschiedliche Fälle vor dem Wissensmanagementhintergrund in ihren Gruppen bearbeiten und lösen sollten (siehe dazu ausführlich Abschnitt 6.4). Darüber hinaus gab es eine virtuelle Einführung in den Kurs sowie einen Abschluss des virtuellen Kurses. Der virtuelle Kurs teilte sich im Detail insgesamt in sechs folgende Blöcke auf:

(1) Die *Einführung* nahm 8 Tage in Anspruch. Die Teilnehmer wurden zunächst mit einem Film virtuell begrüßt und erhielten anschließend eine Online-Einführung in die Lernplattform. Zudem hatten sie die Möglichkeit, sich mittels eines Fragebogens im Kennenlern-Forum vorzustellen.

(2) Danach folgte der *Inhaltsblock I* mit den zwei Themenblöcken *Einführung und Vertiefung ins Wissensmanagement*, der insgesamt 12 Tage umfasste. Zunächst erhielten die Teilnehmer eine Einführung in das Thema, indem sie Expertenmeinungen zur Bedeutung von Wissensmanagement, eine Begriffsdefinition, die Unterscheidung in Daten, Information und Wissen sowie zwei Wissensmanagementmodelle kennen lernten. Den Teilnehmern wurden zudem das Genfer Modell und das Münchener Modell zum Wissensmanagement vorgestellt. Im Anschluss an die Einführung erhielten die Teilnehmer eine Vertiefung in die Thematik. Das Wissen der Teilnehmer zum Münchener Wissensmanagementmodell wurde anhand eines Praxisbeispiels vertieft. Zudem wurden zwei weitere Wissensmanagementmodelle, das Modell nach Nonaka und Takeuchi sowie das Grazer Modell nach Schneider, vorgestellt und anhand von Praxisbeispielen veranschaulicht. Dabei arbeiteten die Teilnehmer die Inhalte selbstgesteuert anhand von Online-Lernmodulen durch.

(3) Für die Bearbeitung des anschließenden *kooperativen Falles I* erhielten die Teilnehmer 10 Tage Zeit. Hier hatten die Teilnehmer die Aufgabe, einen „Unternehmensfall aus der Metallindustrie" (siehe dazu Abschnitt 6.4.1) kooperativ zu bearbeiten und eine Lösung vor dem Wissensmanagementhintergrund zu entwickeln.

(4) Danach folgte der *Inhaltsblock II* mit den Themen *Instrumente zum Wissensmanagement und Implementation von Wissensmanagement* mit einem Zeitraum von 15 Tagen. Da die Inhalte hier etwas umfangreicher waren, umfasste dieser Block drei Tage mehr als der

erste Inhaltsblock. Die Teilnehmer lernten zunächst eine Auswahl an verschiedenen Wissensmanagementinstrumenten kennen. Zudem erhielten sie einen Einblick in Wissensmanagementinstrumente aus ihrem eigenen Automobilkonzern. Darüber hinaus wurde ihnen die Anwendung einzelner Instrumente anhand von Beispielen aus der Unternehmenspraxis vorgestellt wie beispielsweise das Siemens Sharenet und die DaimlerChrysler TechClubs. Den Teilnehmern wurden anschließend die psychologischen Aspekte vermittelt, die bei der Implementation von Wissensmanagement zu berücksichtigen sind. Weiterhin wurde ihnen das Vorgehensmodell zur mitarbeiterzentrierten Implementation von Wissensmanagement vorgestellt und anhand eines konkreten Unternehmensbeispiels veranschaulicht. Auch hier bearbeiten die Teilnehmer die einzelnen in Online-Lernmodulen aufbereiteten Inhalte selbstgesteuert.

(5) Im Anschluss an diesen weiteren Inhaltsblock hatten die Teilnehmer für die Bearbeitung des *kooperativen Falles II* (Real-Case, siehe dazu Abschnitt 6.4.2) 20 Tage Zeit. Bei den „Real-Cases“ handelte es sich um von den einzelnen Gruppen selbst ausgewählte Fälle bzw. Projekte aus dem Arbeitsfeld der Teilnehmer. Diese sollten wiederum in den jeweiligen Kleingruppen bearbeitet und Lösungswege entwickelt werden.

(6) Zum *Abschluss* des virtuellen Kurses erfolgten eine asynchrone Diskussion mit dem betreuenden Professor sowie eine Leitfragen-Diskussion zur Reflexion des Kurses, wofür 4 Tage zur Verfügung standen.

Der Fokus der Untersuchung im Rahmen dieser Arbeit liegt dabei auf den kooperativen Fallaufgaben (siehe dazu Abschnitt 6.4) des virtuellen Kurses.

6.3.2 Didaktisches Design des virtuellen Kurses

In dem virtuellen Kurs sollte den Teilnehmern, wie bereits erläutert, zum einen das komplexe Themengebiet Wissensmanagement näher gebracht werden und zum anderen sollte es ihnen ermöglicht werden, ihr erworbenes Wissen in praktischen Situationen anzuwenden.

Der Fokus lag im Rahmen einer problemorientierten Lernumgebung auf dem kooperativen Lernen mit Fällen. Aus der Sicht des konstruktivistischen Lernverständnisses ist die Lernmethode des fallorientierten Lernens in besonderer Weise geeignet, die Lernenden mit komplexen, realitätsnahen Problemen zu konfrontieren. Die Methode des fallorientierten Lernens wird, wie bereits in Kapitel 3.3 und 3.4 herausgearbeitet, den Anforderungen an ein situiertes und authentisches Lernen in hohem Maße gerecht. Die problemorientierten Merkmale (*Authentizität, multiple Perspektiven und Kontexte sowie das Lernen im sozialen Kontext und instruktionale Unterstützung*) wurden dabei in dem virtuellen Kurs wie folgt umgesetzt:

- Das *Prinzip der Authentizität* und das *Lernen im sozialen Kontext* wurden in der Form umgesetzt, dass die Teilnehmer authentische Unternehmensfälle vor dem Wissensmanagementhintergrund kooperativ zu bearbeiten und zu lösen hatten.

- Die Aufgabenstellungen der zu bearbeitenden Fälle erforderten das Einnehmen *multipler Perspektiven* für die gemeinsame Falllösung beispielsweise durch die Berücksichtigung von psychologischen als auch von organisatorischen Maßnahmen bei der Konzepterstellung.

- *Multiple Kontexte* lernten die Teilnehmer in dem virtuellen Kurs durch die Darstellung der Wissensmanagementansätze und Wissensmanagementmethoden in unterschiedlichen Situationen und Kontexten kennen.

- Die *instruktionale Unterstützung* erfolgte in dem Distanzkurs durch die tutorielle Betreuung, die schriftliche Anleitung zur Aufgabenbearbeitung sowie die feste zeitliche Taktung der Aufgaben und das elaborierte Feedback nach Bearbeitung der Fallaufgaben. Zudem standen die Tutoren den Teilnehmern bei allen Fragen inhaltlicher und organisatorischer Art zur Verfügung.

Die Fälle und deren Aufgabenstellungen sollen unter dem nächsten Abschnitt näher erläutert werden.

6.4 Fälle und Aufgabenstellungen

Die Fälle und deren Aufgabenstellungen stellten die Grundlage für die kooperativen Fallbearbeitungen dar. Was die Auswahl und Entwicklung der Fälle anbetrifft, erfolgte hierbei eine Berücksichtigung der Gestaltungskriterien nach Reetz (1988, 1996), welche die situative und wissenschaftliche Repräsentation sowie die subjektive Bedeutsamkeit und Adäquanz bei der Entwicklung von Fällen umfassen (vgl. Kapitel 3.7.2).
Die Teilnehmer hatten die Aufgabe, in ihren Gruppen jeweils zwei Fälle zu bearbeiten, die unter den folgenden Abschnitten vorgestellt werden.

6.4.1 Fall „Metallina“

Bei dem ersten Fall, einem Unternehmensfall aus der Metallindustrie, handelte es sich um eine Case-Problem-Method (vgl. Kapitel. 3.7.1), bei dem das Problem benannt war, die Informationen vorgegeben waren und die Lernenden die Aufgabe hatten, auf dieser Basis eine gemeinsame Problemlösung zu entwickeln. Was den Komplexitätsgrad des Falles und seiner Aufgabenstellung betrifft, handelte es sich um einen „engen Fall“ (vgl. Kapitel 3.7.3). Die Lernenden erhielten eine detaillierte Arbeitsanweisung und Leitfragen zur Bearbeitung des Falles.

Die Fallaufgabe gestaltete sich wie folgt: Den Teilnehmern wurde ein fiktives Unternehmen aus der metallverarbeitenden Industrie vorgestellt. Die Teilnehmer erhielten bei diesem ersten Fall Informationen zum Unternehmen sowie die Problemstellung des Falles. Hierbei handelte es sich um ein Problem aus dem Wissensmanagementkontext. Die Teilnehmer hatten die Aufgabe vor dem Wissensmanagementhintergrund ein Konzept zur Verbesserung der Wartungsplanung des Unternehmens zu erstellen. Dabei wurden ihnen konkrete Hinweise gegeben, was sie bei der Konzepterstellung berücksichtigen sollten wie z.B. beteiligte Personen, psychologische und organisatorische Maßnahmen sowie Barrieren bei der Konzeptumsetzung. Zudem hatten sie die Aufgabe, sich bei der Konzepterstellung auf ein theoretisches Rahmenmodell zu beziehen, das sie bereits aus dem ersten Theorieteil des virtuellen Wissensmanagementkurses kannten. Darüber hinaus hatten sie auch die Möglichkeit, Instrumente und Vorgehensweisen zum Wissensmanagement aus ihrem Arbeitsumfeld mit in ihre Lösung einzubeziehen.

6.4.2 Real-Case

Bei dem zweiten Fall handelte es sich um einen realen Fall aus dem Arbeitsumfeld der Teilnehmer. Dieser Fall entspricht der „Project-Method" bzw. der „Live-Case Method" (vgl. Kap. 3.7.1). Bei dem Real-Case mussten die Informationen zum Fall sowie die Problemstellung selbständig von Teilnehmern eingebracht werden. Die Gruppen wählten jeweils einen Fall aus ihrem Arbeitsumfeld, der ein Wissensmanagementproblem darstellte. Wie bei dem ersten Fall hatten die Teilnehmer die Aufgabe, eine gemeinsame Problemlösung zu entwickeln.

Die Fallaufgabe gestaltete sich dabei wie folgt: Die Teilnehmer erhielten die offen formulierte Aufgabenstellung, Problemfelder und Barrieren des von ihnen gewählten Beispiels aus ihrer Unternehmenspraxis heraus zu bearbeiten und eine gemeinsame Lösung vor dem Wissensmanagementhintergrund zu entwickeln („offener Fall", vgl. Kap. 3.7.3). Die Lernenden sollten sich dabei an Instrumenten und Ansätzen zum Wissensmanagement orientieren, die ihnen bereits aus dem Theorieteil des virtuellen Kurses bekannt waren und diese zur Lösung des Problems heranziehen. Zudem hatten sie auch die Möglichkeit, sich zusätzlich auf Instrumente und Vorgehensweisen zum Wissensmanagement aus ihrem Berufsumfeld zu beziehen und diese in ihre Problemlösung zu integrieren.

Die Fallaufgaben mit den jeweiligen Instruktionen sind im Anhang zu finden.

6.5 Technische Umsetzung

Was die technische Realisierung anbelangt, wurde der Online-Kurs auf einer webbasierten Wissens- und Lernumgebung umgesetzt, die auf der softwaretechnischen Lösung CLIX (**C**orporate **L**earning **I**nformation e**X**-change), einem Learning Management System der „imc information multimedia communication AG“ (Schulmeister, 2003), basiert. Diese ist über das World Wide Web und einem persönlichen Login für jeden Teilnehmer zugänglich. Nach erfolgreichem Login gelangten die Teilnehmer auf ihr Kursangebot sowie zu ihren jeweiligen Lerngruppen (vgl. Abbildung 4).

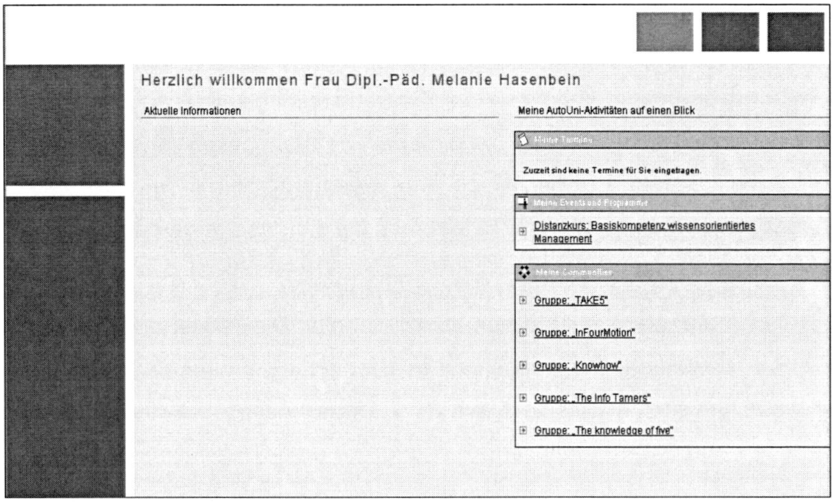

Abb. 4: Einstiegsseite des virtuellen Kurses

Auf der Lernplattform konnten den Teilnehmer verschiedene Lernunterlagen wie Dokumente und Tutorials sowie Audios und Videos zur Verfügung gestellt werden. Diese befanden sich im Bereich „Curriculum“ des virtuellen Kurses, wo die Teilnehmer den Ablauf- und Zeitplan sowie die einzelnen Lernelemente der jeweiligen Blöcke des Kurses fanden (vgl. Abbildung 5).

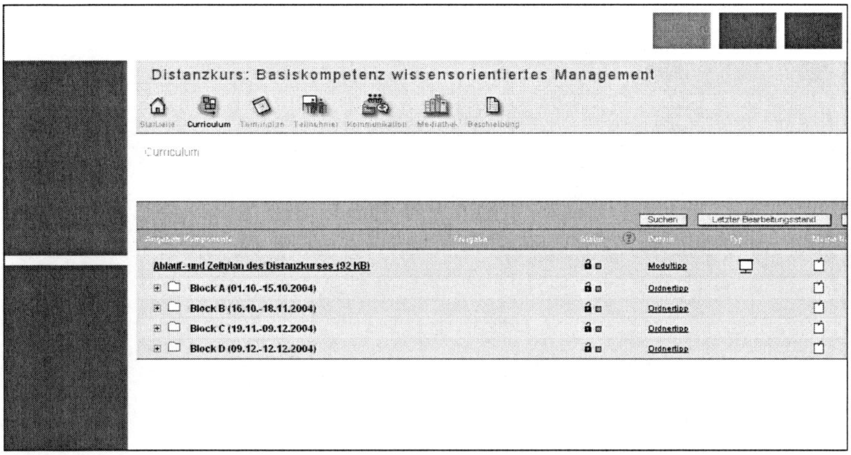

Abb. 5: „Curriculum“ des virtuellen Kurses

Weiterhin gab es einen geschützten Arbeitsbereich „Meine Communities“, der eine virtuelle Gruppenarbeit ermöglichte und nur für die Teilnehmer einer fest definierten Gruppe zugänglich war (vgl. Abbildung 6). Hier wurden die Fallaufgaben eingestellt und hier konnten sich die Teilnehmer über ihr Gruppenforum austauschen und ihre Fallaufgaben virtuell bearbeiten.

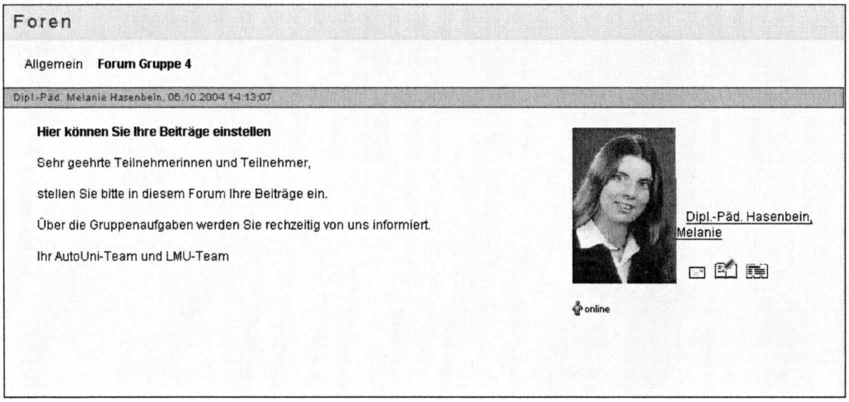

Abb. 6: Beispiel eines Gruppenforums des virtuellen Kurses

Im Anschluss an diese detaillierte Darstellung des Gegenstandsbereiches sollen im Folgenden die Fragestellungen der Untersuchung hergeleitet werden.

7. Fragestellungen

Die Partizipation der Gruppenmitglieder, das Grounding als Basis eines fortlaufenden Verständnisses und die kooperativen Problemlöseaktivitäten stellen wie in Kapitel 4 herausgearbeitet zentrale Lernprozessaspekte für die kooperative Fallbearbeitung dar. Die vorliegende Studie dient der ausführlichen deskriptiven Analyse der Prozessaktivitäten in den einzelnen Gruppen während der jeweiligen Fallbearbeitungen. Dabei sollen die Unterschiede und Gemeinsamkeiten in den virtuellen Gruppen herausgearbeitet werden. Weiterhin wird untersucht, inwieweit sich die Prozessaktivitäten in Abhängigkeit vom Komplexitätsgrad der jeweiligen Fallaufgabe unterscheiden. Schließlich wird auch der Lernerfolg als Prozessergebnis der kooperativen Fallbearbeitungen betrachtet. Es soll ein Vergleich der kooperativen Lernerfolge bei den zwei verschiedenen Fallaufgaben erfolgen. Weiterhin sollen Gruppen mit unterschiedlich hohem Lernerfolg auf Unterschiede hinsichtlich der einzelnen Prozessaktivitäten untersucht werden.

7.1 Prozessaktivitäten bei den Fallaufgaben in den virtuellen Gruppen

Zur Analyse des Lernprozesses in den virtuellen Gruppen sollen folgende Aktivitäten während der kooperativen Fallbearbeitungen untersucht werden: die *Partizipation der Gruppenmitglieder*, die *Gewährleistung des fortlaufenden Verständnisses in den Gruppen* sowie die *kooperativen Problemlöseaktivitäten.*

7.1.1 Partizipation der Gruppenmitglieder bei den kooperativen Fallaufgaben

Hierbei geht es um die Frage, wie sich die Beiträge in den virtuellen Gruppen über die einzelnen Gruppenmitglieder im Diskurs verteilen. Dabei gilt die aktive Partizipation als wichtige Voraussetzung für die gemeinsame

Konstruktion von Wissen (Vygotsky, 1978), wie dies auch für die kooperative Fallbearbeitung angenommen wird (vgl. Kap. 4.3.1). Hinsichtlich der Beteiligung der Gruppenmitglieder sind zwei Extreme möglich, nämlich dass sich alle Gruppenmitglieder gleichermaßen beteiligen oder dass alle Beiträge auf einen einzigen Teilnehmer zurückzuführen sind.
Die folgenden Fragestellungen sollen hinsichtlich der Partizipation der Gruppenmitglieder in dieser Arbeit untersucht werden.

7.1.1.1 Inwieweit partizipieren die Gruppenmitglieder am Prozess der kooperativen Fallaufgaben?

Aufgaben sollten so beschaffen sein, dass sie Kooperation erforderlich machen (Cohen, 1994) und dementsprechend komplex sein, damit jedes Gruppenmitglied seinen Teil zur Aufgabenbearbeitung beitragen kann. Bei den Fällen in dieser Studie handelt es sich zwar um komplexe Problemlösungsaufgaben, eine Beteiligung aller Gruppenmitglieder wird aber nicht durch eine klar definierte sowie verbindliche Aufgabenteilung zur Bedingung für die Fallbearbeitung gemacht. Es liegt im Sinne von Johnson und Johnson (1998) keine Ziel- und Ressourceninterdependenz bei der Aufgabenbearbeitung vor. Untersuchungen in virtuell kooperativen Lernszenarien belegen zudem häufig eine nicht ausreichende sowie heterogene Partizipation der Lernenden (Friedrich, 2001; Fries, 1995; Hesse & Giovis, 1997; Mandl et al., 1996; Weinberger & Mandl, 2001). Dementsprechend wird von folgender Annahme ausgegangen:

- *Annahme*: Die Partizipation der Gruppenmitglieder am Prozess der kooperativen Fallaufgaben ist heterogen.

7.1.1.2 Inwieweit unterscheiden sich der Fall „Metallina“ und der Real-Case hinsichtlich der Partizipation der Gruppenmitglieder?

Für die vorliegende Arbeit wird angenommen, dass der komplexere Real-Case eine umfangreichere Einbeziehung verschiedener Perspektiven der Gruppenmitglieder erfordert als der Fall „Metallina“. Denn bei dem Real Case, der aus dem realen beruflichen Kontext der Lernenden stammt, sind sowohl die Problemstellung als auch die Informationen zum Fall von den Lernenden selbst einzubringen (vgl. Kap. 6.4.2). Wohingegen beim Fall „Metallina“ das Problem und die Fallinformationen vorgegeben sind und die Lernenden konkrete Leitfragen zur Bearbeitung des Falles erhalten (vgl. Kap. 6.4.1). Zudem zeichnen sich authentische Aufgaben mit einem hohen Komplexitätsgrad in der Regel dadurch aus, dass sie oft mehr intrinsische Anreize für Kooperationsprozesse haben (Cohen, 1994; Reinmann-Rothmeier & Mandl, 2002). Deshalb wird folgende Annahme formuliert:

- *Annahme*: Die Partizipation der Gruppenmitglieder ist beim Real-Case höher als beim Fall „Metallina“.

7.1.2 Gewährleistung des fortlaufenden Verständnisses bei den kooperativen Fallaufgaben

Zur Sicherstellung des fortlaufenden Verständnisses unter den Gruppenmitgliedern wurde in Kapitel 4.3.2 das Grounding-Kriterium bestimmt (Clark, 1996; Clark & Brennan, 1991), das die Basis des fortlaufenden Verständnisses bei den kooperativen Fallbearbeitungen darstellt. Um dies zu gewährleisten, müssen die Gruppenmitglieder ihre Äußerungen im Kommunikationsprozess aufeinander abstimmen. Da im Rahmen der netzbasierten schriftlichen Kommunikation keine nonverbalen Signale übermittelbar sind, sind die Lernenden für ihr Grounding darauf angewiesen, sich ausschließlich schriftlich abzustimmen (Paechter, 2003; Weinberger, 2003). Im Folgenden werden diesbezüglich zwei Fragestellungen formuliert.

7.1.2.1 Inwieweit gewährleisten die Gruppen bei den kooperativen Fallaufgaben das fortlaufende Verständnis?

Die Gewährleistung des fortlaufenden Verständnisses wird in der vorliegenden Arbeit über die lokale Kohärenz erfasst (siehe dazu Kap. 4.3.2; vgl. Tomlin et al., 1997). Gemeint sind damit die expliziten inhaltlichen Bezugnahmen auf einen vorhergegangenen Diskursbeitrag. Auch wenn das Erreichen des Grounding-Kriteriums noch nicht gewährleistet, dass eine Gruppe eine Aufgabe erfolgreich bearbeitet, stellt dieses dennoch eine Basis zur Gewährleistung des gemeinsamen Problemlösens bei der Fallbearbeitung dar. So konnten Untersuchungen zeigen, dass in computervermittelten Kommunikationsumgebungen die Kommunikationspartner mehr Ressourcen auf die Abstimmung ihrer Beiträge verwenden müssen als in face-to-face Situationen (Light, Light & Wright, 2000; Olson, Olson & Meader, 1997). Dementsprechend wird von folgender Annahme ausgegangen.

- *Annahme:* Die Gruppenmitglieder nehmen bei den kooperativen Fallaufgaben explizit Bezug zueinander.

7.1.2.2 Inwieweit unterscheiden sich der Fall „Metallina“ und der Real-Case hinsichtlich der Anzahl der expliziten Bezugnahmen in den Gruppen?

Da es sich bei dem Real-Case um einen Fall aus dem realen beruflichen Kontext der Lernenden mit einer weitgehend offenen Aufgabenstellung handelt, wird hier im Vergleich zum ersten Fall „Metallina“ analog zur Fragestellung unter 7.1.1.2 von einem höheren Komplexitätsgrad ausgegangen. Ein solch größerer Handlungsspielraum der Aufgabe erfordert mehr Abstimmungsprozesse der Lernenden (Cohen, 1994; Tschan, 2000). Deshalb wird hinsichtlich der unterschiedlich komplexen Fälle, was das Grounding-Kriterium anbetrifft, folgende Annahme zugrunde gelegt:

- *Annahme*: Die Anzahl der expliziten Bezugnahmen ist beim Real-Case höher als beim Fall „Metallina“.

7.1.3 Problemlöseaktivitäten bei den kooperativen Fallaufgaben

In Kapitel 3.6 wurde die Bedeutung der kooperativen Problemlöseprozesse für das fallorientierte Lernen herausgearbeitet. Zur Abbildung der Anforderungen, die sich dem Problemlöser bei einer komplexen Problemstellung stellen, dienen normative Problemlösemodelle (u.a. Dörner et al., 1983; Wetzel, 1995). Verschiedene Untersuchungen in face-to-face Situationen konnten den Kern bestimmter Aktivitäten im Problemlöseprozess belegen (vgl. u.a. Stempfle & Badke-Schaub, 2002). Bisher wurden diese noch nicht in virtuellen Gruppen untersucht. Im Folgenden werden für die vorliegende Studie hinsichtlich des kooperativen Problemlösevorgehens bei den virtuellen Fallaufgaben zwei Fragestellungen formuliert.

7.1.3.1 Inwieweit bringen die Gruppen bei den kooperativen Fallaufgaben inhaltsbezogene und koordinationsbezogene Problemlöseaktivitäten ein?

Wetzel (1995) berücksichtigt in seinem Modell zum kooperativen Problemlösen (vgl. Kap. 3.6.2) Problemlösungsaktivitäten auf der inhaltlichen Ebene, die die *Informationsaufbereitung* und die *Lösungsentwicklung* umfassen, sowie koordinative Problemlösungsaktivitäten, die die *Planung der Vorgehensweise* und die *Steuerung des Prozesses* der Gruppenmitglieder beinhalten (vgl. Kap. 4.3.3 und 4.3.4). Die vorliegende Studie geht davon aus, dass kooperativ Lernende auch im virtuellen Raum den Kern bestimmter Aktivitäten beim gemeinsamen Problemlösen aufzeigen. Dementsprechend wird für die virtuellen Gruppenprozesse bei den kooperativen Fallbearbeitungen von folgender Annahme ausgegangen:

- *Annahme:* Die Gruppen bringen bei den virtuell zu bearbeitenden Fallaufgaben sowohl inhaltsbezogene als auch koordinationsbezogene Problemlöseaktivitäten ein.

7.1.3.2 Inwieweit unterscheiden sich der Fall „Metallina" und der Real-Case hinsichtlich des Einbringens von inhaltsbezogenen und koordinationsbezogenen Problemlöseaktivitäten in den Gruppen?

Aufgrund des höheren Komplexitätsgrades des Real-Cases, zum einen bedingt durch die offene Aufgabenstellung und zum anderen bedingt dadurch, dass es sich beim Real-Case im Sinne von Dörner (1989) um einen Ausschnitt der Realität mit vielen voneinander abhängigen Merkmalen handelt, wird davon ausgegangen, dass dieser Fall sowohl auf der inhaltlichen als auch auf der koordinativen Ebene mehr Aktivitäten beim kooperativen Problemlösen erfordert. Beim ersten Fall „Metallina", bei dem die Problemstellung sowie die Informationen zum Fall vorgegeben sind und die

Lernenden zur Bearbeitung detaillierte Arbeitsanleitungen erhalten, wird dementsprechend eine geringeres Ausmaß hinsichtlich der Problemlöseaktivitäten erwartet. Die Annahme lautet wie folgt:

- *Annahme:* Die Gruppen bringen beim Real-Case sowohl mehr inhaltsbezogene als auch koordinationsbezogene Problemlöseaktivitäten ein als beim Fall „Metallina“.

7.2 Prozessergebnisse der Fallaufgaben in den virtuellen Gruppen

Weiterhin ist im Rahmen dieser Studie von Interesse, wie erfolgreich die Fälle von den virtuellen Gruppen bearbeitet werden. Als Indikatoren für den kooperativen Lernerfolg werden zum einen die korrekten theoretischen Bezüge und zum anderen der Grad der Problemlösung herangezogen. Bei theoretischen Bezügen geht es darum, das *konzeptuelle Wissen* (DeJong & Ferguson-Hessler, 1996) zu untersuchen. Bei dem Grad der Problemlösung, welches dem *situativen Wissen* nach DeJong und Ferguson-Hessler (1996) entspricht, geht es darum, zu überprüfen, inwiefern die Falllösungen das zugrunde liegende Problem lösen. Dabei soll zum einen ein Vergleich der kooperativen Lernerfolge bei den zwei verschiedenen Fallaufgaben erfolgen. Zum anderen soll bezogen auf den Lernerfolg, der als Prozessergebnis der kooperativen Fallbearbeitungen verstanden wird (vgl. Kapitel 4.4), der Frage nachgegangen werden, inwieweit sich bei Gruppen mit unterschiedlich hohem Lernerfolg Unterschiede hinsichtlich der einzelnen Prozessaktivitäten zeigen.

7.2.1 Inwieweit unterscheiden sich der Fall „Metallina“ und der Real-Case hinsichtlich des Lernerfolges in den Gruppen?

Bedingt durch den höheren Komplexitätsgrad und die offenere Aufgabenstellung des Real-Cases werden bei diesem Fall höhere Anforderungen an die Lernenden gestellt als beim Fall „Metallina“, bei dem der Lernprozess durch eine detailliertere Arbeitsanweisung, vorgegebene Problemstellung und Informationen zum Fall mehr strukturiert ist (vgl. Kap. 3.7.3). Die Gruppen müssen diesen Anforderungen begegnen, um eine gute Leistung zu erbringen. Denn eine höhere Komplexität der Aufgabe erfordert eine entsprechende kognitive Komplexität auf Gruppenebene (vgl. Gruenfeld & Hollingshead, 1993). Zudem ist beim Real-Case von unterschiedlichen Ausgangsbedingungen auszugehen, da die Gruppen jeweils ihren eigenen Fall einbringen sollen (vgl. Kap. 6.4.2). Dagegen finden die Gruppen beim vorgegebenen Fall „Metallina", was die Aufgabenanforderungen anbetrifft, die gleichen Bedingungen vor (vgl. Kap. 6.4.1). Deshalb wird hinsichtlich des Lernerfolges von folgender Annahme bei den zwei unterschiedlichen Fällen ausgegangen:

- *Annahme*: Der Lernerfolg fällt beim Real-Case über die Gruppen betrachtet heterogener aus als beim Fall „Metallina".

7.2.2 Inwieweit zeigen sich für Gruppen mit unterschiedlich hohem Lernerfolg Unterschiede hinsichtlich der Partizipation der Gruppenmitglieder?

Wie in Kapitel 4.3.1 erläutert, stellt die aktive Partizipation eine wichtige Voraussetzung für die gemeinsame Konstruktion von Wissen, wie dies auch für die kooperative Fallbearbeitung angenommen wird, dar (vgl. auch Abschnitt 7.1.1). Untersuchungen konnten zeigen, dass die Quantität der Partizipation positiv zum Lernerfolg beiträgt (vgl. Barab & Duffy, 2000; Cohen et al., 1989; Cohen & Lotan, 1995). Damit verbunden ist die Annahme, dass eine höhere Partizipationsrate zu einer tieferen Elaboration und Reflexion der Beiträge führt und somit zu einem besseren Lernerfolg beitragen kann. Deshalb wird in der vorliegenden Studie folgendes angenommen:

- *Annahme*: In Gruppen mit einem höheren Lernerfolg ist die Partizipation der Gruppenmitglieder höher als bei weniger erfolgreichen Gruppen.

7.2.3 Inwieweit zeigen sich für Gruppen mit unterschiedlich hohem Lernerfolg Unterschiede hinsichtlich der Gewährleistung des fortlaufenden Verständnisses?

Auch wenn das Erreichen des Grounding-Kriteriums allein noch nicht gewährleistet, dass eine Gruppe eine Aufgabe erfolgreich bearbeitet, stellt dieses dennoch eine wichtige Voraussetzung für die gemeinsame Fallbearbeitung dar (vgl. Abschnitt 7.1.2). Eine Kommunikation und Zusammenarbeit kann nur gelingen, wenn die mitgeteilten Informationen auch verstanden werden, also das Grounding-Kriterium gewährleistet ist (u.a. Clark, 1996). Explizite Bezugnahmen weisen darauf hin, dass die Lernpartner ihre mitgeteilten Informationen aufeinander abstimmen, um so ein gemeinsames Verstehen zu gewährleisten. Dies sollte in erfolgreicheren Gruppen eher der Fall sein als in weniger erfolgreichen Gruppen. Dementsprechend wird folgende Annahme formuliert:

- *Annahme*: In Gruppen mit einem höheren Lernerfolg ist die Anzahl der expliziten Bezugnahmen höher als in weniger erfolgreichen Gruppen.

7.2.4 Inwieweit zeigen sich für Gruppen mit unterschiedlich hohem Lernerfolg Unterschiede hinsichtlich des Einbringens von Problemlöseaktivitäten?

In Kapitel 4.3.3 und 4.3.4 wurde die Relevanz der inhaltsbezogenen Problemlöseaktivitäten (Informationsaufbereitung und Lösungsentwicklung) sowie der koordinationsbezogenen Problemlöseaktivitäten (Planung der Vorgehensweise und Steuerung des Prozesses) für die kooperative Fallbearbeitung herausgestellt (vgl. auch Abschnitt 7.1.3). Auf der inhaltlichen Ebene spielt die Informationsaufbereitung eine wesentliche Voraussetzung für Aufgabenbearbeitung und den Erfolg einer Gruppe (vgl. Mabry & Attridge, 1990). Weiterhin ist die Lösungsentwicklung von entscheidender Bedeutung für die Gruppe, um zu einer Problemlösung zu gelangen (Gruenfeld & Hollingshead, 1993; Resnick et al., 1993). Die Planung der Vorgehensweise und die Steuerung des Prozesses stellen koordinative Aktivitäten dar, die zudem als wesentliche Aspekte für ein erfolgreiches kooperatives Problemlösen betrachtet werden (vgl. Paechter, 2003; Wetzel, 1995). Demzufolge wird von folgender Annahme ausgegangen:

- *Annahme*: In Gruppen mit einem höheren Lernerfolg ist die Häufigkeit der inhaltsbezogenen als auch der koordinationsbezogenen Problemlöseaktivitäten höher als in weniger erfolgreichen Gruppen.

8. Methode

8.1 Stichprobe

Die Untersuchung im Rahmen dieser Arbeit bezieht sich auf die Teilnehmer eines virtuellen Kurses zum Thema Wissensmanagement für Fach- und Führungskräfte eines Automobilkonzerns.

Am Kurs nahmen zu Beginn 24 Personen teil. Die Teilnehmer wurden in fünf Arbeitsgruppen eingeteilt. Die Einteilung der Gruppen erfolgte zufällig durch eine Tutorin des Online-Kurses. Gruppe 1 bis Gruppe 4 setzten sich zu Beginn des Kurses aus je fünf Personen und Gruppe 5 aus vier Personen zusammen. Diese Aufteilung entspricht dem allgemeinen Standard für die Gruppenarbeit, der besagt, dass eine Gruppe sich nicht aus mehr als 5 Personen zusammensetzen sollte (Cohen, 1993). Die Teilnehmergröße verringerte sich durch einen Drop-out von 6 Personen in den ersten Tagen des virtuellen Kurses.

Somit ergab sich für diese Untersuchung eine Teilnehmergröße von n=18. Von den Teilnehmern waren 14 männlichen und 4 weiblichen Geschlechts. Das Durchschnittsalter lag bei 38 Jahren. Alle Teilnehmer hatten einen Hochschul- bzw. Fachhochschulabschluss. Zum Zeitpunkt der Untersuchung umfassten aufgrund des Dropouts die Gruppen 1, 4 und 5 jeweils 3 Personen. Die Gruppe 2 setze sich aus 5 Personen und die Gruppe 3 aus 4 Personen zusammen. Der Real-Case wurde nur von vier Gruppen bearbeitet. Gruppe 5 bearbeitete diesen Fall aus Gründen der zeitlich-beruflichen Auslastung nicht.

Aus methodischen Gesichtspunkten ist zu berücksichtigen, dass die Untersuchung auf Gruppenebene mit einer sehr geringen Stichprobengröße durchgeführt wurde.

8.2 Kooperative Fallaufgaben

Die Teilnehmer hatten in dem virtuellen Wissensmanagementkurs zwei Fälle kooperativ zu bearbeiten und zu lösen (vgl. Kap. 6.4).

Beim ersten Fall „Metallina" (Unternehmensfall aus der Metallindustrie; vgl. Kap. 6.4.1 und Anhang) hatten die Gruppen die Aufgabe, vor dem Wissensmanagementhintergrund ein Konzept zur Verbesserung der Wartungsplanung zu entwickeln und dabei theoretische Konzepte zur Lösung heranzuziehen.

Beim zweiten Fall waren die Gruppen dazu aufgefordert, einen eigenen Fall aus ihrem betrieblichen Umfeld (Real-Case, vgl. Kap. 6.4.2 und Anhang), der auch im Wissensmanagementkontext steht, einzubringen und diesen wiederum anhand von ihnen bekannten theoretischen Modellen und Instrumenten zu lösen.

Die Bearbeitung der Fälle erfolgte ausschließlich virtuell. Jede Gruppe hatte dafür ein eigenes Gruppenforum, in dem sie asynchron kommunizieren und Dokumente anhängen und bearbeiten konnte (vgl. Kap. 6.5). Die Beiträge der Gruppen und ihre erarbeiteten Lösungen sind in den Gruppenforen gespeichert und bilden die Basis für die Analyse der kooperativen Prozessaktivitäten und Prozessergebnisse.

8.3 Untersuchungsablauf

Die Untersuchung des kooperativen fallorientierten Lernens wurde in einer Feldstudie durchgeführt. Dafür wurde zur Kontrolle der Gruppenvergleichbarkeit eine *Fragebogenuntersuchung* zu vier verschiedenen Messzeitpunkten eingesetzt: vor Beginn des virtuellen Kurses, nach Bearbeitung des ersten Falles („Metallina") sowie nach Bearbeitung des zweiten Falles (Real-Case) und nach Abschluss des virtuellen Kurses.

Zur *Erfassung der kooperativen Prozessaktivitäten* wurde nach Bearbeitung der Fälle jeweils eine *Diskursanalyse* der Forenbeiträge zum Fall „Metallina" und zum Real-Case durchgeführt.

Weiterhin erfolgte zur *Erfassung der kooperativen Prozessergebnisse* jeweils nach den Fallbearbeitungen „Metallina" und Real-Case eine *Analyse der Falllösungen.*

8.4 Instrumente

Im Folgenden werden die in der Untersuchung eingesetzten Instrumente vorgestellt. Es wird auf die Fragebögen und die Erhebungsverfahren zur Erfassung der kooperativen Prozessergebnisse eingegangen. Da die Diskursanalyse eine zentrale Rolle in der Auswertung einnimmt, wird dieser ein eigener Kapitelabschnitt gewidmet.

8.4.1 Fragebögen

Für die Untersuchung wurden vier Fragebögen, die der Kontrolle der Gruppenvergleichbarkeit dienten und die jeweils aus geschlossenen Fragen auf einer Likertskala von 1-5 („trifft nicht zu" – „trifft zu") bestanden, eingesetzt. Die Fragebögen wurden per E-Mail an die Teilnehmer verschickt und von diesen per E-Mail mit einer 100%-tigen Rücklaufquote wieder zurückgesendet.

Fragebogen zur Erfassung der Lernvoraussetzungen (vgl. Anhang). Zur Erfassung der *„Sicherheit im Umgang mit dem Computer"* sowie der *„Einstellung zum Computer als Arbeitsmittel"* wurden Items aus den Fragebögen INCOBI (Inventar zur Computerbildung) von Naumann und Richter (2001) herangezogen. Die Skalen umfassten je drei Items. Die Reliabilität lag bei .88 (Cronbachs Alpha) und bei .61 (Cronbachs Alpha). Das *„Interesse am Thema Wissensmanagement"* und *„Interesse am Lernen mit Neuen Medien"* wurde in Anlehnung an Stark und Mandl (2002) über jeweils zwei Items erhoben. Die Reliabilität lag bei .60 (Cronbachs Alpha) und bei .68 (Cronbachs Alpha).

Fragebogen zum Fall „Metallina" und zum Real-Case (vgl. Anhang). Hierbei handelte es sich um eigens für die Untersuchung konstruierte Fragebögen, die die gleichen Items bezogen auf den jeweiligen Fall enthielten und nach Bearbeitung jedes Falles eingesetzt wurden. So bestand der Fragebogen zum Fall „Metallina" aus drei Items zur *Akzeptanz des Falles „Metallina"* (Cronbach's Alpha = .76) sowie aus vier Items zur *Einschätzung der Gruppenzusammenarbeit* (Cronbach's Alpha = .68). Analog dazu setzte sich der Fragebogen zum Real-Case aus drei Items zur *Akzeptanz des Real-Cases* (Cronbach's Alpha = .84) sowie aus vier Items zur *Einschätzung der Gruppenzusammenarbeit* (Cronbach's Alpha = .86) zusammen.

Fragebogen nach Abschluss des virtuellen Kurses (vgl. Anhang). Der Abschlussfragebogen, der am Ende des Kurses eingesetzt und für die vorliegende Untersuchung konstruiert wurde, umfasste drei Items zur *Akzeptanz der Fälle im Kurs* (Cronbach's Alpha = .82) sowie sechs Items zur *Akzeptanz des fallorientierten Lernens* (Cronbach's Alpha = .84).

Die geschlossenen Fragen wurden mit Hilfe des Statistikprogramms SPSS 13.0 ausgewertet. Die Berechnung der Unterschiede zwischen den Gruppen und deren Signifikanzen erfolgte auf Grund der kleinen Stichprobe mittels eines nonparametrischen Verfahrens, dem Kruskal-Wallis-Test für k unabhängige Stichproben (Bortz & Lienert, 2003).

8.4.2 Erhebungsverfahren zur Erfassung der Prozessergebnisse der kooperativen Fallaufgaben

Nach Bearbeitung der Fälle wurde jeweils eine *Analyse der Falllösungen* zur Bestimmung des kooperativen Lernerfolges durchgeführt. Die Falllösungen wurden im Hinblick auf die korrekten *theoretischen Bezüge* und den *Grad der Problemlösung* von zwei Experten analysiert. Dabei wurde das *konzeptuelle Wissen* (vgl. Kap. 4.4.2) über die *theoretischen Bezüge*, d.h. über die korrekte Aufführung theoretischer Konzepte bei der Falllösung, gemessen. Das *situative Wissen* (vgl. Kap. 4.4.2) wurde über den *Grad der Problemlösung* beurteilt, indem die Passung der aufgeführten theoretischen Konzepte mit der Problemstellung des Falles bewertet wurde. Es wurden dafür zwei Erhebungsverfahren eingesetzt:

Zur Bewertung der *theoretischen Bezüge* wurde für jede Fallaufgabe ein Analyseschema entwickelt sowie ein Raterleitfaden (vgl. Anhang) geschrieben, mit deren Hilfe zwei inhaltliche Experten die Falllösungen beurteilen sollten. Das Vorgehen beim ersten Fall sah so aus, dass für jeden korrekt genannten theoretischen Aspekt ein Punkt vergeben wurde. Auch für jeden korrekt aufgeführten Aspekt, der nicht in der Expertenlösung auftauchte, wurde ein Punkt vergeben. Am Ende wurde die Gesamtpunktzahl errechnet. Für den zweiten Fall, der eine offene Aufgabenstellung beinhaltete, konnte nur ein begrenztes Spektrum an möglichen richtigen Antworten bereitgestellt werden. Dafür wurden die den Teilnehmern aus der Theorie bekannten Instrumente und Verfahren zugrunde gelegt. Darüber hinaus wurden von den Experten weitere theoretische Aspekte hinsichtlich ihrer inhaltlichen Korrektheit überprüft. Hierbei konnte es sich beispielsweise um weitere Instrumente und Vorgehensweisen handeln, die nicht Inhalt des Kurses aber dennoch inhaltlich korrekt waren. Auch hier wurde am Ende die Gesamtpunktzahl errechnet. Die Interraterreliabilität betrug .96.

Als zweites Verfahren wurde ein Rating-Instrument verwendet, bei dem die zwei Experten den *Grad der Problemlösung* anhand einer Skala von 0 bis 5 (*„nicht gelöst“ – „genau gelöst“*) einschätzen sollten (siehe Raterleitfäden; vgl. Anhang). Bei der Bewertung des Grades der Problemlösung geht es darum, zu beurteilen, inwiefern die Falllösungen geeignet sind, das jeweils vorliegende Problem zu lösen. Hierfür wurden schließlich Punkte vergeben. So konnten für eine Fallaufgabe hinsichtlich des Grades der Problemlösung maximal 5 Punkte erreicht werden. Das Vorgehen war bei beiden Fällen das Gleiche. Neben der Interraterreliabilität, die .98 betrug, wurden keine weiteren Verfahren zur Minimierung der methodischen Probleme, die hochinferente Einschätzungen mit sich bringen, eingesetzt.

8.5 Diskursanalyse zur Erfassung der Prozessaktivitäten bei den kooperativen Fallaufgaben

Zur Erfassung der kooperativen Prozessaktivitäten bei den Fallbearbeitungen erfolgte eine *Diskursanalyse*. Die Analyse bezog sich dabei auf die *Partizipation der Gruppenmitglieder*, die *Gewährleistung des fortlaufenden Verständnisses* sowie die *kooperativen Problemlöseaktivitäten.*

Als Daten für die Diskursanalyse dienten die während der kooperativen Fallbearbeitung produzierten asynchronen Beiträge in den jeweiligen Gruppenforen. Es lagen insgesamt für die Analyse 13063 Wörter vor, die sich auf 76 Beiträge verteilten.

Die Beiträge wurden von der Lernplattform in ein Textverarbeitungsprogramm kopiert und in eine chronologische Reihenfolge gebracht. Zeitpunkt der Nachricht sowie Betreff und Autor wurden vermerkt. Anschließend wurden Begrüßungen und Verabschiedungen sowie nichtaufgabenbezogene Äußerungen wie z.B. social talk entfernt, da diese für die Auswertung nicht von Relevanz waren. Analyseeinheit bildeten inhaltliche Aussagen. So konnte ein Beitrag eines Teilnehmers mehrere inhaltliche Aussagen beinhalten, die dementsprechend kategorisiert wurden. Die aufbereiteten Daten wurden zwei Ratern vorgelegt. Für die Analyse der Daten wurden als Hilfsmittel Raterleitfäden erstellt (vgl. Anhang).

8.5.1 Erfassung der Partizipation der Gruppenmitglieder

Die Partizipation der einzelnen Gruppenmitglieder wird unter einem quantitativen Aspekt als Umfang der Teilnahme zwischen den Gruppenmitgliedern verstanden (Buder & Creß, 2001; vgl. Kap. 4.3.1). Es wird dabei die Häufigkeit erfasst, die sich die einzelnen Mitglieder in ihrer Gruppe am Prozess der kooperativen Fallaufgabe beteiligt haben. Dafür wurde für jeden Gruppenteilnehmer pro Fall ausgezählt, wie viele Beiträge er in den Diskurs eingebracht hat.

8.5.2 Erfassung der Gewährleistung des fortlaufenden Verständnisses

Die Erfassung der Gewährleistung des fortlaufenden Verständnisses erfolgte über die lokale Kohärenz (Tomlin et al., 1997; Kap. 4.3.2). Für jeden Gruppenteilnehmer wurde die Anzahl der expliziten Bezugnahmen im Diskurs der jeweiligen Fallbearbeitung ausgezählt. Eine explizite Bezugnahme lag vor, wenn ein Teilnehmer sich auf einen vorhergehenden Beitrag dadurch bezog, indem der Name des Absenders explizit genannt wurde (siehe Tabelle 1) oder eine Frage zu einem Beitrag gestellt bzw. eine Antwort auf eine Frage gegeben wurde (siehe Tabelle 2).

Tabelle 1: Diskursbeispiel 1 „explizite Bezugnahme"

Teilnehmer:	*„Winfried, super dein Aufschlag zur Fallbearbeitung."*

Tabelle 2: Diskursbeispiel 2 „explizite Bezugnahme"

Teilnehmer:	Frage: *"Aber, welchen Input könnten wir leisten?"* Antwort: *„Eine Möglichkeit wäre das praktische Beispiel in den theoretischen Kontext des bisher Gelernten zu integrieren."*

Als Maß für die Interraterreliabilität wurde Cohens Kappa berechnet. Die Beobachterübereinstimmung betrug .94.

8.5.3 Erfassung der kooperativen Problemlöseaktivitäten

Was die Analyse der kooperativen Problemlöseaktivitäten bei der virtuellen Fallbearbeitung anbetrifft, erfolgt eine Orientierung an dem Kategoriensystem nach Wetzel (1995). Dabei werden die Problemlöseaktivitäten bei der kooperativen Fallbearbeitung in Kategorienblöcke unterteilt, denen das bereits im theoretischen Kapitel 3.6.2 dargestellte Modell des Problemlösens in Gruppen zugrunde liegt. Das Kategoriensystem stellt eine Fortentwicklung bereits eingesetzter Kategoriensysteme dar (vgl. Kap. 5.3). Es wird im Rahmen dieser Arbeit auf virtuelle Prozesse beim kooperativen Problemlösen angewendet und hierfür adaptiert. Die Analyseeinheit ist die einzelne Äußerung. Dabei wird auf der Basis der bereits dargestellten theoretischen Überlegungen in „inhaltsbezogene Problemlöseaktivitäten" und „koordinationsbezogene Problemlöseaktivitäten" differenziert (vgl. Kap. 4.3.3 und 4.3.4).

8.5.3.1 Inhaltsbezogene Problemlöseaktivitäten

Unter die inhaltsbezogenen Problemlöseaktivitäten fallen alle Äußerungen, die sich auf die inhaltliche Diskussion der Fallbearbeitung beziehen (Fischer et al., 2002; vgl. Kap. 4.3.3). Es wird in Anlehnung an Wetzel (1995) in die Kategorienblöcke *Informationsaufbereitung und Lösungsentwicklung* unterschieden.

Bei dem Kategorienblock *„Informationsaufbereitung"* geht es darum, die für die Fallbearbeitung erforderlichen Informationen zu analysieren und aufzubereiten. Dieser Kategorienblock umfasst die Kategorien *„Anfordern von Informationen"* und *„Einbringen von Informationen"* (siehe Tabelle 3).

Tabelle 3: Kategorienblock „Informationsaufbereitung"

Informationsaufbereitung	
	Anfordern von Informationen
	Einbringen von Informationen

Anfordern von Informationen. Unter diese Kategorie fallen Äußerungen, mit denen Informationen zur gemeinsamen Fallbearbeitung explizit angefordert werden oder inhaltliche Fragen auf die jeweilige Fallbearbeitung bezogen gestellt werden (siehe Tabelle 4).

Tabelle 4: Diskursbeispiel „Anfordern von Informationen"

Teilnehmer:	„Was genau meinst Du hiermit, Winfried?"

Einbringen von Informationen. Bei dieser Kategorie geht es um das Einbringen von inhaltlichen Informationen, die sich auf die gemeinsame Fallbearbeitung beziehen. Dabei kann es sich entweder um eine durch ein anderes Gruppenmitglied angeforderte Information oder um die Beantwortung einer Verstehensfrage sowie um eine Information, die ohne Anforderung selbständig in den Diskurs eingebracht wurde, handeln (siehe Tabelle 5).

Tabelle 5: Diskursbeispiel „Einbringen von Informationen“

Teilnehmer:	„Besonderen Fokus lege ich auf die betroffenen Gruppen.“

Bei dem Kategorienblock *„Lösungsentwicklung“* geht es darum, Lösungsvorschläge in den Prozess der Fallbearbeitung einzubringen, diese zu bewerten und weiter zu entwickeln. Hierunter fallen die Kategorien *„Einbringen von Lösungsvorschlag“*, *„Bewertung von Lösungsvorschlag“* und *„Modifikation von Lösungsvorschlag“* (siehe Tabelle 6).

Tabelle 6: Kategorienblock „Lösungsentwicklung“

Lösungsentwicklung	
	Einbringen von Lösungsvorschlag
	Bewertung von Lösungsvorschlag
	Modifikation von Lösungsvorschlag

Einbringen von Lösungsvorschlag. Diese Kategorie beinhaltet das Einbringen von inhaltlichen Vorschlägen zur gemeinsamen Falllösung (siehe Tabelle 7).

Tabelle 7: Diskursbeispiel „Einbringen von Lösungsvorschlag“

Teilnehmer:	„Mein Vorschlag für einen aktuellen Fall bei mir: Organisation einer Rufbereitschaftsregelung für Fertigungs- und Logistiksysteme.“

Bewertung von Lösungsvorschlag. Unter diese Kategorie fallen Fragen nach der Bewertung bzw. der Meinung zu bereits in den Prozess der gemeinsamen Fallbearbeitung eingebrachten Vorschlägen (siehe Tabelle 8) sowie Aussagen, die eine positive oder negative Bewertung bzw. Zustimmung oder Ablehnung von Lösungsvorschlägen beinhalten (siehe Tabelle 9).

Tabelle 8:	Diskursbeispiel „Frage nach Bewertung zu Lösungsvorschlag“
Teilnehmer:	„Taugt diese erste Gliederung für unser Konzeptpapier?“

Tabelle 9:	Diskursbeispiel „Bewertung von Lösungsvorschlag“
Teilnehmer:	„Ich finde deinen Vorschlag gut.“

Modifikation von Lösungsvorschlag. Als Überarbeitung von inhaltlichen Vorschlägen gelten alle Beiträge, mit denen der Inhalt im gemeinsamen Textdokument, der als Lösungsvorschlag eingebracht wurde, abgewandelt oder ergänzt wird (siehe Tabelle 10).

Tabelle 10:	Diskursbeispiel „Modifikation von Lösungsvorschlag“
Teilnehmer:	„An der Einführung beteiligt sind jeweils unterschiedliche Parteien“ anstatt: „Beteiligung jeweils unterschiedlicher Parteien an der Einführung“

8.5.3.2 Koordinationsbezogene Problemlöseaktivitäten

Auch für die koordinativen Prozessaktivitäten beim gemeinsamen Problemlösen erfolgt eine Orientierung an Wetzel (1995). Hierzu zählen alle Äußerungen, die der Koordination der Gruppenmitglieder bei der Fallbearbeitung dienen (Reiserer, 2003; Schnurer, 2005; vgl. Kap. 4.3.4). Diese Kategorie beinhaltet die Abstimmung der Lernpartner, was das gemeinsame Vorgehen sowie die Erstellung des gemeinsamen Textdokuments anbetrifft. Dafür werden die koordinativen Prozessaktivitäten in Anlehnung an Wetzel (1995) in die Kategorienblöcke *„Planung der Vorgehensweise“* und *„Steuerung des Prozesses“* unterteilt.

Der Kategorienblock *„Planung der Vorgehensweise“* hat zum Ziel, eine gemeinsame Vorgehensweise zur Fallbearbeitung hinsichtlich Aufgabenverteilung und zeitlicher Planung festzulegen. Hierunter fallen die Kategorien *„Einbringen von Vorschlag zum Vorgehen“*, *„Frage zum Vorgehen“* sowie *„Antwort zum Vorgehen“* (siehe Tabelle 11).

Tabelle 11: Kategorienblock „Planung der Vorgehensweise“

Planung der gemeinsamen Vorgehensweise
Einbringen von Vorschlag zum Vorgehen
Frage zum Vorgehen
Antwort zum Vorgehen

Einbringen von Vorschlag zum Vorgehen. Diese Kategorie beinhaltet das Einbringen von Vorschlägen zum gemeinsamen Vorgehen (siehe Tabelle 12).

Tabelle 12: Diskursbeispiel „Einbringen von Vorschlag zum Vorgehen“

Teilnehmer:	„Wir sollten dann: Gliederung festlegen, Themen der Gliederung auf uns aufteilen und Bearbeitungsende festlegen.“

Frage zum Vorgehen. Unter diese Kategorie fallen Äußerungen, mit denen Fragen zum gemeinsamen Vorgehen gestellt werden (siehe Tabelle 13).

Tabelle 13: Diskursbeispiel „Frage zum Vorgehen“

Teilnehmer:	„Wer bearbeitet welchen Teil?“

Antwort zum Vorgehen. Diese Kategorie beinhaltet Äußerungen, die eine Frage bezogen auf das gemeinsame Vorgehen beantworten (siehe Tabelle 14).

Tabelle 14: Diskursbeispiel „Antwort zum Vorgehen“

Teilnehmer:	„Ich werde Dienstag in das Dokument reinschauen und meinen Input geben.“

Der Kategorienblock *„Steuerung des Prozesses“* umfasst die Aktivitäten der Gruppenmitglieder zur gemeinsamen Steuerung der kooperativen Fallbearbeitung und beinhaltet die Kategorien *„Einbringen von Information zum*

Prozess", *„Aufforderung des Lernpartners"* und *„Bewertung des Prozesses"* (siehe Tabelle 15).

Tabelle 15: Kategorienblock „Steuerung des Prozesses"

Steuerung des Prozesses
Einbringen von Informationen zum Prozess
Aufforderung des Lernpartners
Bewertung des Prozesses

Einbringen von Informationen zum Prozess. Hier geht es darum, die anderen Gruppenmitglieder über das eigene Vorgehen und die erledigten Aufgaben im Prozess der Fallbearbeitung zu informieren (siehe Tabelle 16).

Tabelle 16: Diskursbeispiel „Einbringen von Informationen zum Prozess"

Teilnehmer:	„Ich habe das Konzeptpapier durchgeschaut, Anmerkungen hatte ich keine mehr."

Aufforderung des Lernpartners. Als Aufforderung gelten alle Äußerungen, die den Lernpartner dazu veranlassen sollen, eine bestimmte Handlung im Prozess der Fallbearbeitung vorzunehmen (siehe Tabelle 17).

Tabelle 17: Diskursbeispiel „Aufforderung des Lernpartners"

Teilnehmer:	„Wäre schön, wenn Ihr das Papier noch anreichern würdet."

Bewertung des Prozesses. Bei dieser Kategorie geht es um Aussagen, die eine positive oder negative Bewertung des gemeinsamen Prozesses bei der kooperativen Fallbearbeitung beinhalten (siehe Tabelle 18).

Tabelle 18: Diskursbeispiel „Bewertung des Prozesses"

Teilnehmer:	„Mal sehen ob wir bis morgen etwas Brauchbares zusammen bekommen oder ob wir zum Gespött des Kurses werden."

Es wurden pro Gruppe und Fallaufgabe die Anzahl der Äußerungen innerhalb jeder Kategorie ausgezählt. Die Interraterreliabilität betrug .84.

Im folgenden Kapitel werden die Ergebnisse der Feldstudie dargestellt. Dabei handelt es sich um eine deskriptive Untersuchung zu den Prozessaktivitäten und den Prozessergebnissen bei zwei kooperativ zu bearbeitenden Fallaufgaben.

9. Ergebnisse

Im Folgenden werden die Ergebnisse der Analyse der Prozessaktivitäten und der Prozessergebnisse bei den kooperativen Fallbearbeitungen in dem virtuellen Kurs der betrieblichen Weiterbildung dargestellt. Im ersten Schritt erfolgt die Darstellung der Ergebnisse zur Gruppenvergleichbarkeit (Abschnitt 9.1). Anschließend wird die deskriptive Analyse der Prozessaktivitäten und der Prozessergebnisse der kooperativen Fallbearbeitungen dargestellt (Abschnitt 9.2 und Abschnitt 9.3). Die Ergebnisse werden für die zwei Fälle, „Metallina" und Real-Case, über fünf bzw. vier Gruppen veranschaulicht (der zweite Fall wurde nur von vier Gruppen bearbeitet; Gruppe 5 bearbeitete diesen Fall aus Gründen der zeitlich-beruflichen Auslastung nicht). Dabei erfolgt nach jedem Abschnitt eine Zusammenfassung und Diskussion der Ergebnisse.

9.1 Vergleichbarkeit der virtuellen Gruppen

Bevor die Gruppen hinsichtlich der Prozessvariablen und der Prozessergebnisse untersucht werden, soll der Frage nachgegangen werden, inwiefern sich die Gruppen in bestimmten Merkmalen ähneln. Um die Gruppen miteinander vergleichen zu können, sollten sie sich in den zentralen Tendenzen der untersuchten Variablen nicht signifikant voneinander unterscheiden. Die Untersuchung zum Gruppenvergleich erfolgte in dieser Studie zu vier verschiedenen Messzeitpunkten: vor Beginn des virtuellen Kurses, nach der ersten sowie nach der zweiten kooperativen Fallbearbeitung und nach Abschluss des virtuellen Kurses.

9.1.1 Gruppenvergleich zu den Lernvoraussetzungen

Vor Beginn des virtuellen Kurses wurden die *Sicherheit im Umgang mit dem Computer*, die *Einstellung zum Computer als Arbeitsmittel* sowie das

Interesse am Thema Wissensmanagement und das *Interesse am Lernen mit Neuen Medien* erhoben.

Die Ergebnisse belegen, dass sich die Gruppen (n1= 3; n2= 5; n3= 4; n4= 3; n5= 3) in den erhobenen Variablen nicht signifikant voneinander unterscheiden. Die Tabelle 19 zeigt die Mittelwerte und Standardabweichungen der einzelnen Gruppen sowie die χ^2-Werte (Kruskal-Wallis für k unabhängige Stichproben). Hierbei ist zu berücksichtigen, dass die Darstellung der Mittelwerte und Standardabweichungen der Veranschaulichung dient, da die Ergebnisse aufgrund der geringen Stichprobengröße keine statistische Aussagekraft besitzen.

Tabelle 19: Gruppenvergleich zu den Lernvoraussetzungen

	Gruppe 1 M (SD)	Gruppe 2 M (SD)	Gruppe 3 M (SD)	Gruppe 4 M (SD)	Gruppe 5 M (SD)	χ^2 *(df=4)*	p
Sicherheit im Umgang mit dem Computer	4.67 (0.33)	4.93 (0.15)	4.33 (0.67)	4.89 (0.19)	3.56 (1.26)	6.71	.15
Einstellung zum Computer als Arbeitsmittel	4.56 (0.51)	4.40 (0.68)	4.58 (0.50)	4.67 (0.58)	4.22 (0.39)	1.83	.77
Interesse am Thema Wissensmanagement	3.83 (0.29)	4.50 (0.71)	4.50 (0.71)	4.83 (0.29)	4.67 (0.58)	4.67	.32
Interesse am Lernen mit Neuen Medien	4.50 (0.50)	4.70 (0.45)	5.00 (0.00)	4.67 (0.58)	4.50 (0.50)	3.78	.44

Anmerkungen: Wertebereich 1-5; Zweiseitige Signifikanzprüfung

Insgesamt betrachtet schätzen die Gruppen die Sicherheit im Umgang mit dem Computer sowie die Einstellung zum Computer als Arbeitsmittel hoch ein. Die Einschätzungen zum Interesse am Thema Wissensmanagement sind hoch bis sehr hoch. Das Interesse am Lernen mit Neuen Medien wird von allen Gruppen sehr hoch eingeschätzt.

9.1.2 Gruppenvergleich zur Einschätzung des Falles „Metallina"

Nach der Bearbeitung des ersten Falles wurden die Variablen *Akzeptanz des Falles „Metallina"* sowie die *Einschätzung der Gruppenzusammenar-*

beit abgefragt. Die Tabelle 20 zeigt die Mittelwerte und Standardabweichungen der einzelnen Gruppen sowie die χ^2-Werte im Überblick. Diese dienen wiederum der Veranschaulichung.

Tabelle 20: Gruppenvergleich zur Einschätzung des Falles „Metallina"

	Gruppe 1 M (SD)	Gruppe 2 M (SD)	Gruppe 3 M (SD)	Gruppe 4 M (SD)	Gruppe 5 M (SD)	χ^2 *(df=4)*	p
Akzeptanz des Falles „Metallina"	4.11 (0.51)	3.92 (0.42)	4.89 (0.19)	4.00 (0.88)	4.22 (0.39)	5.63	.23
Einschätzung der Gruppenzusammenarbeit	1.33 (0.14)	2.50 (0.74)	1.87 (0.88)	2.17 (0.88)	1.67 (0.95)	3.62	.46

Anmerkungen: Wertebereich 1-5; Zweiseitige Signifikanzprüfung

Die Ergebnisse zeigen, dass die Akzeptanz des Falles in allen Gruppen hohe Einschätzungen erhält. Dagegen erhält die Einschätzung der Gruppenzusammenarbeit in allen Gruppen bis auf Gruppe 2, dessen Bewertung im Mittel der möglichen Einschätzungen liegt, niedrige Bewertungen. Die Gruppen unterscheiden sich auch hier in keiner der untersuchten Variablen signifikant.

9.1.3 Gruppenvergleich zur Einschätzung des Real-Cases

Nach der Bearbeitung des zweiten Falles wurden die *Akzeptanz des Real-Cases* sowie die *Einschätzung der Gruppenzusammenarbeit* untersucht. In der Tabelle 21 sind wieder die Mittelwerte, Standardabweichungen und die χ^2-Werte dargestellt.

Tabelle 21: Gruppenvergleich zur Einschätzung des Real-Cases

	Gruppe 1 M (SD)	Gruppe 2 M (SD)	Gruppe 3 M (SD)	Gruppe 4 M (SD)	Gruppe 5 M (SD)	χ^2 *(df=3)*	p
Akzeptanz des Real-Cases	3.56 (0.69)	3.93 (0.49)	3.67 (0.67)	4.50 (0.71)	-	2.66	.45
Einschätzung der Gruppenzusammenarbeit	1.25 (0.25)	2.75 (1.04)	1.17 (0.14)	2.13 (1.24)	-	6.71	.08

Anmerkungen: Wertebereich 1-5; Zweiseitige Signifikanzprüfung

Die Akzeptanz des Real-Cases wurde von allen Gruppen hoch eingeschätzt. Die Einschätzung der Gruppenzusammenarbeit wurde auch hier wie beim ersten Fall von fast allen Gruppen niedrig bewertet. Nur die Bewertung von Gruppe 2 liegt wie beim ersten Fall „Metallina" im mittleren Bereich der Einschätzungsmöglichkeiten. Bezüglich der Einschätzung der Gruppenzusammenarbeit sind die größten Unterschiede zwischen den Gruppen festzustellen. Der Unterschied ist auf einem 10%-Niveau signifikant. Der in dieser Kontrollvariable gefundene Unterschied wurde im Hinblick auf seinen Einfluss auf den Lernerfolg untersucht. Es konnte diesbezüglich kein Zusammenhang festgestellt werden.

9.1.4 Gruppenvergleich zur Akzeptanz der Fälle im Kurs und des fallorientierten Lernens

Der letzte Gruppenvergleich erfolgte nach Abschluss des virtuellen Kurses zu den Variablen *Akzeptanz der Fälle im Kurs* und *Akzeptanz fallorientierten Lernens*. Tabelle 22 zeigt die Ergebnisse der Mittelwerte sowie die Standardabweichungen und die χ^2-Werte, die wie auch zuvor der Veranschaulichung dienen.

Tabelle 22: Gruppenvergleich zur Akzeptanz der Fälle im Kurs und des fallorientierten Lernens

	Gruppe 1 M (SD)	Gruppe 2 M (SD)	Gruppe 3 M (SD)	Gruppe 4 M (SD)	Gruppe 5 M (SD)	χ^2 *(df=4)*	p
Akzeptanz der Fälle im Kurs	4.22 (0.39)	4.20 (0.18)	4.33 (0.90)	4.44 (0.51)	3.83 (1.18)	1.76	.78
Akzeptanz des fallorientierten Lernens	4.28 (0.51)	4.77 (0.22)	4.25 (0.80)	4.44 (0.51)	4.50 (0.71)	2.37	.67

Anmerkungen: Wertebereich 1-5; Zweiseitige Signifikanzprüfung

Die Akzeptanz der Fälle im Kurs erhält durch alle Gruppen hohe Bewertungen. Die Akzeptanz fallorientierten Lernens wird von den Gruppen hoch bis sehr hoch eingeschätzt. Die Gruppen unterscheiden sich in keiner der untersuchten Variablen signifikant voneinander.

9.1.5 Zusammenfassung der Ergebnisse zur Gruppenvergleichbarkeit

Insgesamt kann festgehalten werden, dass die vorliegenden Daten für eine Vergleichbarkeit der Gruppen sprechen. Zum ersten Messzeitpunkt zur Untersuchung der Lernvoraussetzungen wurden alle Variablen hoch bis sehr hoch eingeschätzt. Was die Akzeptanz der Fälle anbetrifft, die jeweils nach den einzelnen Fallbearbeitungen (Messzeitpunkt 2 und 3) abgefragt wurde, erhielt diese durchweg von allen Gruppen hohe Bewertungen. Die Einschätzung der Gruppenzusammenarbeit wurde zu beiden Messzeitpunkten von allen Gruppen bis auf Gruppe 2 niedrig bewertet. Lediglich in Bezug auf die Einschätzung der Gruppenzusammenarbeit beim Real-Case ergab sich ein kleiner Effekt auf dem 10%-Niveau. Es konnte aber kein Zusammenhang mit dem Lernerfolg festgestellt werden. Die Akzeptanz der Fälle im Kurs insgesamt und die Akzeptanz des fallorientierten Lernens zum letzten Messzeitpunkt erhielten hohe bis sehr hohe Einschätzungen.

Im Folgenden werden die Ergebnisse der deskriptiven Analyse der kooperativen Prozessaktivitäten und Prozessergebnisse dargestellt.

9.2 Prozessaktivitäten bei den Fallaufgaben in den virtuellen Gruppen

Zunächst wird der Frage nachgegangen, wie sich die Prozessaktivitäten in den virtuellen Gruppen bei den Fallaufgaben gestalteten. Die Ergebnisse werden für jeden Fall dargestellt. Dabei erfolgt für den ersten Fall „Metallina“ die Darstellung für die Gruppen 1 bis 5. Für den zweiten Fall (Real-Case) kann eine Ergebnisdarstellung nur für die Gruppen 1 bis 4 erfolgen, da dieser von Gruppe 5 wie bereits erläutert aus Gründen der zeitlich-beruflichen Auslastung nicht bearbeitet wurde.

Im ersten Schritt erfolgt die Darstellung der Partizipation der Gruppenmitglieder am Prozess der Fallbearbeitungen (Abschnitt 9.2.1). Anschließend werden die Gruppenergebnisse zur Gewährleistung des fortlaufenden Verständnisses bei den Fallaufgaben beschrieben (Abschnitt 9.2.2), bevor die Problemlöseaktivitäten in den Gruppen bei den zwei kooperativ zu bearbeitenden Fällen dargestellt werden (Abschnitt 9.2.3). Nach jedem einzelnen Abschnitt werden die Ergebnisse zusammengefasst und diskutiert.

9.2.1 Partizipation der Gruppenmitglieder am Prozess der kooperativen Fallaufgaben

Im Rahmen der Untersuchung der kooperativen Prozessaktivitäten des virtuellen Kurses interessiert zunächst die Frage, wie die Teilnehmer in den einzelnen Gruppen am Prozess der kooperativen Fallaufgaben partizipieren. Dafür wurde die Anzahl der Beiträge erfasst, die jeder einzelne Teilnehmer in den Diskurs der Fallbearbeitungen eingebracht hat. Der folgende Abschnitt gibt einen Einblick in die Partizipationsaktivitäten der Teilnehmer in den einzelnen Gruppen.

9.2.1.1 Anzahl der Teilnehmerbeiträge beim Fall „Metallina" und beim Real-Case

Was die Verteilung der Beiträge in den einzelnen Gruppen anbetrifft, wird zum einen angenommen, dass die Partizipation unter den Gruppenmitgliedern bei beiden Fällen ungleichmäßig verteilt ist. Zum anderen wird von der Annahme ausgegangen, dass die Partizipation in den Gruppen beim Real-Case höher ausfällt als beim Fall „Metallina".

Die folgenden Tabellen 23 bis 27 zeigen die Anzahl der Beiträge der einzelnen Teilnehmer pro Gruppe und kooperativ zu bearbeitenden Fall.

Tabelle 23: Anzahl Beiträge pro Teilnehmer in Gruppe 1 beim Fall „Metallina" und beim Real-Case

	Teilnehmer 1	Teilnehmer 2	Teilnehmer 3	Gesamt
Anzahl Beiträge Fall „Metallina"	5	2	3	10
Anzahl Beiträge Real-Case	4	2	6	12

Der Tabelle 23 ist zu entnehmen, dass in Gruppe 1 alle drei Teilnehmer sowohl an der Fallbearbeitung „Metallina“ als auch am Real-Case partizipieren. Dabei gibt es bei beiden Fällen jeweils einen Teilnehmer, der sich am häufigsten an der Fallbearbeitung beteiligt. Beim „Metallina“-Fall ist dies Teilnehmer 1 und beim Real-Case bringt Teilnehmer 3 die meisten Beiträge ein. Teilnehmer 1 partizipiert beim Fall „Metallina“ mit fünf und beim Real-Case mit vier Beiträgen. Teilnehmer 2 bringt bei beiden Fallbearbeitungen zwei Beiträge ein und Teilnehmer 3 beteiligt sich beim ersten Fall mit drei und beim zweiten Fall mit sechs Beiträgen.
Insgesamt betrachtet zeigt sich bei beiden Fällen eine Ungleichverteilung der Teilnehmerbeträge am Prozess der kooperativen Fallbearbeitungen.

Bei einem Vergleich der beiden Fallaufgaben ist festzustellen, dass die Partizipation beim Real-Case mit insgesamt 12 Beiträgen um zwei Beträge höher ausfällt als beim Fall „Metallina“, bei dem zehn Beiträge eingebracht werden.

Tabelle 24: Anzahl Beiträge pro Teilnehmer in Gruppe 2 beim Fall „Metallina“ und beim Real-Case

	Teilnehmer 1	Teilnehmer 2	Teilnehmer 3	Teilnehmer 4	Teilnehmer 5	Gesamt
Anzahl Beiträge Fall „Metallina“	3	1	1	0	0	5
Anzahl Beiträge Real-Case	4	2	0	2	1	9

Die Tabelle 24 zeigt, dass beim Fall „Metallina“ in Gruppe 2 drei von fünf Teilnehmern am Prozess der Fallbearbeitung partizipieren. Teilnehmer 1 bringt drei Beiträge ein und Teilnehmer 2 und 3 beteiligen sich mit jeweils einem Beitrag. Teilnehmer 4 und 5 bringen beim „Metallina“-Fall keinen Beitrag ein. Beim Real-Case beteiligen sich vier von den fünf Gruppenteilnehmern. Teilnehmer 1 bringt vier Beträge ein, Teilnehmer 2 und Teilnehmer 4 beteiligen sich mit jeweils zwei Beiträgen und Teilnehmer 5 bringt einen Beitrag ein. Teilnehmer 3 partizipiert nicht am Real-Case. Bei beiden Fällen zeigt sich für Gruppe 2 ein heterogenes Bild, was die Partizipation der Gruppenmitglieder anbetrifft.

Bei einer Betrachtung der beiden Fälle im Vergleich ist festzustellen, dass sowohl beim Fall „Metallina“ als auch beim Real-Case Teilnehmer 1 am häufigsten am Prozess der Fallbearbeitungen partizipiert. Zudem fällt die Beteiligung beim Real-Case über alle Gruppenmitglieder mit insgesamt neun Beiträgen annährend doppelt so hoch aus wie beim Fall „Metallina“.

Tabelle 25: Anzahl Beiträge pro Teilnehmer in Gruppe 3 beim Fall „Metallina“ und beim Real-Case

	Teilnehmer 1	Teilnehmer 2	Teilnehmer 3	Teilnehmer 4	Gesamt
Anzahl Beiträge Fall „Metallina“	2	2	2	0	6
Anzahl Beiträge Real-Case	2	3	4	0	9

Betrachtet man die Partizipation der Gruppenmitglieder beim Fall „Metallina“ für Gruppe 3 zeigt sich mit jeweils zwei Beiträgen eine Gleichverteilung der Beiträge über die Teilnehmer 1 bis 3 (vgl. Tabelle 25). Teilnehmer 4 partizipiert nicht am ersten Fall. Die Tabelle 25 zeigt, dass beim Real-Case die Teilnehmerpartizipation heterogener ausfällt. Teilnehmer 1 bringt zwei Beiträge ein, Teilnehmer 2 beteiligt sich mit drei und Teilnehmer 3 mit vier Beiträgen. Teilnehmer 4 bringt auch beim zweiten Fall keinen Beitrag ein.

Bei einem Vergleich der beiden Fälle ist zu sehen, dass die Partizipation insgesamt beim Real-Case mit neun Beiträgen höher ausfällt als beim Fall „Metallina“, bei dem sechs Beiträge von den Teilnehmern eingebracht werden.

Tabelle 26: Anzahl Beiträge pro Teilnehmer in Gruppe 4 beim Fall „Metallina“ und beim Real-Case

	Teilnehmer 1	Teilnehmer 2	Teilnehmer 3	Gesamt
Anzahl Beiträge Fall „Metallina“	6	3	2	11
Anzahl Beiträge Real-Case	4	4	0	8

Bei Betrachtung der Tabelle 26 zeigt sich ein heterogenes Bild, was die Partizipation der Mitglieder von Gruppe 4 beim Fall „Metallina" anbetrifft. Teilnehmer 1 fällt dabei mit sechs Beiträgen ins Auge. Teilnehmer 2 beteiligt sich mit drei und Teilnehmer 3 mit zwei Beiträgen. Die Tabelle 26 zeigt beim Real-Case eine homogene Verteilung der Teilnehmerbeiträge über Teilnehmer 1 und 2 mit jeweils vier Beiträgen. Teilnehmer 3 partizipiert nicht am Real-Case.

Betrachtet man beide Fälle im Vergleich wird deutlich, dass die Partizipation beim Fall „Metallina" mit insgesamt elf Beiträgen höher ausfällt als beim Real-Case, bei dem acht Beiträge zur Fallbearbeitung eingebracht werden.

Tabelle 27: Anzahl Beiträge pro Teilnehmer in Gruppe 5 beim Fall „Metallina" und beim Real-Case

	Teilnehmer 1	Teilnehmer 2	Teilnehmer 3	Gesamt
Anzahl Beiträge Fall „Metallina"	4	2	0	6
Anzahl Beiträge Real-Case	-	-	-	-

Die Tabelle 27 zeigt, dass sich die drei Teilnehmer aus Gruppe 5 beim Fall „Metallina" ungleichmäßig beteiligen. Teilnehmer 1 partizipiert mit vier und Teilnehmer 2 mit zwei Beiträgen an der Fallbearbeitung. Teilnehmer 3 bringt keinen Beitrag zum Fall „Metallina" ein. Der Real Case wurde von Gruppe 5 wie bereits erläutert aus Gründen der zeitlich-beruflichen Auslastung nicht bearbeitet.

9.2.1.2 Zusammenfassung und Diskussion der Ergebnisse zur Partizipation der Gruppenmitglieder

Was die Partizipation der einzelnen Gruppenmitglieder am Prozess der Fallbearbeitungen betrifft, wurde angenommen, dass diese bei beiden Fällen ungleichmäßig über die Gruppenteilnehmer verteilt ist. Diese Annahme kann im Rahmen dieser Untersuchung bestätigt werden. Eine Heterogenität der Partizipation liegt dahingehend vor, dass sich die Teilnehmer in allen Gruppen bei beiden Fällen in unterschiedlich hohem Maße beteiligen. Lediglich liegt in Gruppe 3 beim Fall „Metallina“ und in Gruppe 4 beim Real-Case eine Gleichverteilung der Teilnehmerbeiträge vor. Jedoch ist hier zu berücksichtigen, dass jeweils ein Teilnehmer gar nicht am Prozess der Fallbearbeitung partizipiert. Weiterhin ist in allen Gruppen bis auf Gruppe 1 festzustellen, dass sich nicht alle Teilnehmer an beiden Fallbearbeitungen beteiligen. Dieses Ergebnis geht konform mit anderen Befunden zum kooperativen Lernen, die eine Unausgewogenheit der Partizipation in kooperativen Lernszenarien belegen (vgl. u.a. Fries 1995; Hesse & Giovis, 1997; Mandl et al., 1996). Paechter (2003) konnte in ihren Untersuchungen zudem zeigen, dass vor allem in asynchronen, auf schriftlichem Austausch basierenden Kommunikationssettings eine geringe Teilnehmerbeteiligung auftritt. Eine Begründung könnte in der visuellen Anonymität eines rein virtuellen Kurses liegen, die social-loafing Effekte wie das „lurking“ oder „freeriding“ begünstigen kann (Karau & Williams, 1993; Kiesler & Sproull, 1986). Die unausgewogene Partizipation könnte weiterhin in einer fehlenden Zielinterdependenz und Ressourcenverteilung (Johnson & Johnson, 1998) bei den Fallaufgaben begründet sein. Ein weiterer Grund für die geringe Partizipation einzelner Gruppenmitglieder könnte auch in einer höheren Arbeitsbelastung der Teilnehmer liegen, bedingt dadurch, dass der virtuelle Weiterbildungskurs von den Lernenden parallel zur beruflichen Tätigkeit absolviert wurde.

Weiterhin wurde angenommen, dass die Partizipation der Gruppenmitglieder beim Real-Case aufgrund seines höheren Komplexitätsgrades höher ausfällt als beim Fall „Metallina“ (vgl. Kap. 3.7.3 und 6.4). Dies kann zum großen Teil bestätigt werden. So zeigt sich in allen Gruppen bis auf Gruppe 4 ein Anstieg der Partizipation beim Real-Case. Dabei ist zu berücksichtigen, dass dies nur auf Gruppenebene zutrifft, jedoch nicht auf jedes einzelne Gruppenmitglied. Das Ergebnis könnte dafür sprechen, dass komplexe Fallaufgaben aus dem beruflichen Kontext der Lernenden mehr intrinsische Anreize bieten, sich am Kooperationsprozess zu beteiligen (Cohen, 1994; Reinmann-Rothmeier & Mandl, 2002). Inwiefern dies zutrifft und ob ein höherer Komplexitätsgrad einer Fallaufgabe tatsächlich zu einer Steigerung der Partizipation der Gruppenteilnehmer führt, sollte in weiteren Untersuchungen mit einer größeren Anzahl von Gruppen überprüft werden.

9.2.2 Gewährleistung des fortlaufenden Verständnisses bei den kooperativen Fallaufgaben

Das Grounding stellt die Basis des fortlaufenden Verständnisses bei den kooperativen Fallbearbeitungen dar. Dieses wurde über die expliziten Bezugnahmen zur Herstellung von Kohärenz im Diskurs ermittelt. Hinsichtlich der Gewährleistung des fortlaufenden Verständnisses in den Gruppen, soll der Frage nachgegangen werden, inwiefern die Teilnehmer in den Gruppen explizit Bezug zueinander nehmen.

9.2.2.1 Anzahl expliziter Bezugnahmen beim Fall „Metallina" und beim Real-Case

Was die Anzahl der expliziten Bezugnahmen in den Gruppen betrifft, wird von der Annahme ausgegangen, dass die Gruppenmitglieder zur Gewährleistung des fortlaufenden Verständnisses bei beiden kooperativen Fallbearbeitungen explizit Bezug zueinander nehmen. Des Weiteren wird angenommen, dass die Anzahl der expliziten Bezugnahmen beim komplexeren Real-Case höher ist als beim Fall „Metallina".

Die folgende Tabelle 28 zeigt die Anzahl der expliziten Bezugnahmen in den einzelnen Gruppen bei beiden Fallaufgaben.

Tabelle 28: Anzahl expliziter Bezugnahmen beim Fall „Metallina" und beim Real-Case

	Gruppe 1	Gruppe 2	Gruppe 3	Gruppe 4	Gruppe 5
Explizite Bezugnahmen Fall „Metallina"	10	4	8	5	3
Explizite Bezugnahmen Real-Case	18	6	6	4	-

Anhand der Tabelle 28 wird zunächst deutlich, dass alle Gruppen bei beiden Fällen explizit Bezug zueinander nehmen (auch hier ist wieder zu berücksichtigen, dass der Real-Case von Gruppe 5 nicht bearbeitet wurde).

Bei einer Einzelbetrachtung fällt Gruppe 1 ins Auge, die bei beiden Fällen im Vergleich zu den anderen Gruppen am häufigsten explizit Bezug zueinander nimmt (zehn explizite Bezugnahmen beim Fall „Metallina" und 18 explizite Bezugnahmen beim Real-Case). Die wenigsten expliziten Referenzierungen sind in Gruppe 5 beim Fall „Metallina" zu verzeichnen. Gruppe 3 nimmt beim ersten Fall acht Mal explizit Bezug zueinander, gefolgt von Gruppe 4 mit fünf und von Gruppe 2 mit vier expliziten Bezügen. Beim Real-Case beziehen sich Gruppe 2 und Gruppe 3 sechs Mal explizit zueinander. Bei Gruppe 4 sind vier explizite Bezugnahmen zu verzeichnen.

Bei einem Vergleich der beiden Fälle ist festzustellen, dass die Teilnehmer der Gruppe 1 und Gruppe 2 beim Real-Case öfter explizit Bezug zueinander nehmen als beim Fall „Metallina". Bei Gruppe 3 und 4 sind beim Fall „Metallina" mehr explizite Bezugnahmen zu verzeichnen.

9.2.2.2 Zusammenfassung und Diskussion der Ergebnisse zur Gewährleistung des fortlaufenden Verständnisses

Hinsichtlich der Gewährleistung des fortlaufenden Verständnisses, das über die expliziten Bezugnahmen erfasst wurde, wurde erwartet, dass die Gruppen bei den zwei Fällen explizit Bezug zueinander nehmen. Diese Erwartung kann für alle Gruppen und beide Fälle bestätigt werden. Alle Gruppen nehmen bei den zwei Fallaufgaben explizit Bezug zueinander. Dies spricht für die theoretische Annahme, dass die Gewährleistung des fortlaufenden Verständnisses eine wichtige Basis für das gemeinsame Problemlösen bei der Fallbearbeitung darstellt (vgl. Kap. 4.3.1; Clark, 1996; Clark & Brennan, 1991).

Es zeigt sich jedoch, was die Anzahl der expliziten Bezugnahmen betrifft, über alle Gruppen und bei beiden Fällen ein sehr heterogenes Bild. In Gruppe 1 sind die meisten expliziten Referenzierungen bei beiden Fallaufgaben festzustellen. Beim Fall „Metallina" nimmt Gruppe 5 am wenigsten explizit Bezug zueinander. Beim Real-Case sind die wenigsten expliziten Bezugnahmen in Gruppe 4 zu verzeichnen. Die geringe Anzahl expliziter Bezüge in Gruppe 4 und Gruppe 5 könnte darin begründet sein, dass zu diesen Zeitpunkten nur jeweils zwei Teilnehmer in den Gruppen an den Fallbearbeitungen partizipierten und deshalb womöglich ein geringerer Bedarf an gegenseitiger Abstimmung bestand als in den anderen Gruppen.

Zudem wurde angenommen, dass die Anzahl der expliziten Bezugnahmen beim Real-Case höher ausfällt als beim Fall „Metallina". Diese Annahme kann nicht für alle Gruppen bestätigt werden. So nehmen Gruppe 1 und 2 beim Real-Case häufiger explizit Bezug zueinander, wohingegen Gruppe 3 und 4 beim Fall „Metallina" mehr explizite Bezugnahmen zu verzeichnen haben. Dies würde bedeuten, dass entgegen der Annahme ein größerer Handlungsspielraum bei Aufgaben (Grohmann, 1997; Heimerl & Loisel, 2005) nicht automatisch mehr Abstimmungsprozesse unter den Lernenden erfordert. Hierbei ist auch zu berücksichtigen, dass sich die frei zu wählenden Real-Cases bedingt durch den Inhalt einzelner Fälle noch mal in ihrem jeweiligen Komplexitätsgrad voneinander unterschieden. Dies könnte ein Grund dafür sein, dass bei einzelnen Fällen gegenseitige Abstimmungsprozesse nicht in erhöhtem Maße erforderlich waren. Eine weitere Begründung könnte sein, dass die Teilnehmer in Gruppe 3 und 4 beim Real-Case aufgrund zusätzlicher Arbeitsbelastung in ihrer beruflichen Tätigkeit nicht mehr soviel Zeit in die gemeinsame Fallbearbeitung und in die damit verbundenen Abstimmungsprozesse investieren konnten.

9.2.3 Problemlöseaktivitäten bei den kooperativen Fallaufgaben

Hinsichtlich der kooperativen Problemlöseaktivitäten wird, wie in Kapitel 4.3.3 und 4.3.4 herausgearbeitet, in inhaltsbezogene Aktivitäten (Informationsaufbereitung und Lösungsentwicklung) und koordinationsbezogene Aktivitäten (Planung der Vorgehensweise und Steuerung des Prozesses) beim gemeinsamen Problemlösen der Fälle unterschieden. Hierbei geht es um die Frage, inwieweit die einzelnen Problemlöseaktivitäten bei den zwei kooperativen Fallaufgaben festzustellen sind und welche Unterschiede und

Gemeinsamkeiten sich diesbezüglich in den virtuellen Gruppen zeigen. Die Auswertung erfolgte dabei über die einzelne Äußerung eines Lernenden.

9.2.3.1 Anteil inhaltsbezogener und koordinationsbezogener Problemlöseaktivitäten beim Fall „Metallina" und beim Real-Case

Was die inhaltsbezogenen und die koordinationsbezogenen Problemlöseaktivitäten anbetrifft, wird angenommen, dass auch beim Problemlösen im virtuellen Raum die kooperativ Lernenden den Kern bestimmter Problemlöseaktivitäten aufzeigen.

Die Abbildung 7 zeigt die Verteilung der koordinationsbezogenen und inhaltsbezogenen Problemlöseaktivitäten in den Gruppen 1 bis 5 beim Fall „Metallina".

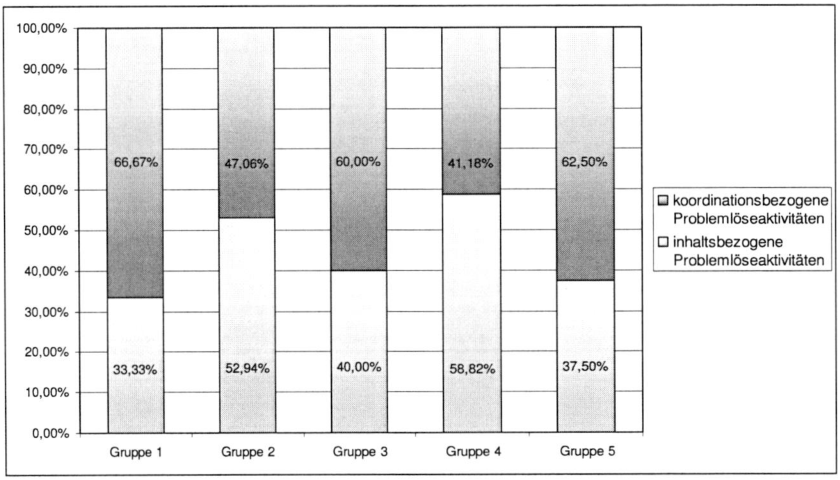

Abb. 7: Anteil inhaltsbezogener und koordinationsbezogener Problemlöseaktivitäten beim Fall „Metallina"

Bei den Gruppen 1, 3 und 5 zeigt sich ein vergleichbares Bild, was die Verteilung der Problemlöseaktivitäten anbetrifft. Auf die koordinationsbezogenen Aktivitäten fallen 60,00% bis 66,67% der Äußerungen im Prozess der Fallbearbeitung. Die inhaltsbezogenen Problemlöseaktivitäten liegen zwischen 33,33% und 40,00%.

Weiterhin ist bei den Gruppen 2 und 4 ein ähnliches Bild festzustellen, was die Problemlöseaktivitäten anbetrifft. 52,94% und 58,82% der Äußerungen fallen auf die inhaltsbezogenen Aktivitäten. Die koordinationsbezogenen Aktivitäten liegen bei 47,06% und 41,18%.

Der Abbildung 8 sind die differenzierten inhaltsbezogenen Problemlöseaktivitäten (Informationsaufbereitung und Lösungsentwicklung) und die koordinationsbezogenen Problemlöseaktivitäten (Planung der Vorgehensweise und Steuerung des Prozesses) beim Fall „Metallina“ zu entnehmen.

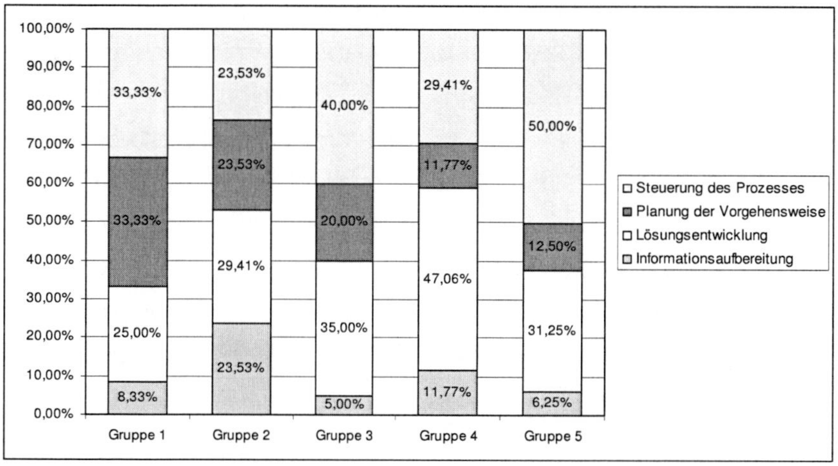

Abb. 8: Anteil der Einzelaktivitäten beim kooperativen Problemlösen des Falles „Metallina“

Es zeigt sich zunächst bei den inhaltsbezogenen Aktivitäten, dass die Lösungsentwicklung in allen Gruppen im Vergleich zur Informationsaufbereitung den größten Anteil einnimmt. Die Anteilswerte liegen zwischen 25,00% und 47,06%. Bei den koordinationsbezogenen Problemlöseaktivitäten nehmen im Vergleich zur Planung der Vorgehensweise die Aktivitäten zur Steuerung des Prozesses in den Gruppen 3, 4 und 5 den größten Anteil ein. Die Anteilswerte liegen hier zwischen 29,41% und 50,00%. In der Gruppe 1 und Gruppe 2 verteilen sich die Anteile der koordinationsbezogenen Äußerungen gleichmäßig über die Aktivitäten zur Planung der Vorgehensweise und zur Steuerung des Prozesses mit jeweils 23,53% in Gruppe 2 und 33,33% in Gruppe 1.

Bei einer Einzelbetrachtung der Gruppen ist festzustellen, dass in Gruppe 1 die Hauptanteile der Problemlöseaktivitäten mit jeweils gleichen Anteilen (à 33,33%) bei der Planung der Vorgehensweise und der Steuerung des Prozesses liegen, gefolgt von der Lösungsentwicklung (25,00%). Der geringste Anteil der Äußerungen ist in dieser Gruppe bei der Informationsaufbereitung (8,33%) zu verzeichnen. Bei Gruppe 2 entfällt der größte Anteil der Häufigkeitsverteilung auf die Lösungsentwicklung (29,41%). Die anderen drei Einzelaktivitäten beim Problemlösen des Falles verteilen sich zu gleichen Anteilen mit jeweils 22,53%. Auch in Gruppe 4 nimmt die Lösungsentwicklung den größten Raum ein (47,06%). Danach folgt die Steuerung des Prozesses (29,41%). Die Planung der Vorgehensweise und die Informationsaufbereitung verteilen sich zu gleichen Teilen (à 11,77%) auf die gesamten Problemlöseaktivitäten. In Gruppe 3 und 5 liegt der größte Anteil der Problemlöseaktivitäten jeweils auf der Steuerung des Prozesses (40,00% und 50,00%), gefolgt von den Äußerungen zur Lösungsentwicklung (35,00% und 31,25%). Daran schließt sich die Planung der Vorgehensweise (20,00% und 12,50%) und letztlich die Informationsaufbereitung mit dem geringsten Anteil (5,00% und 6,25%) an.

Die Abbildung 9 auf der folgenden Seite zeigt die inhaltsbezogenen und koordinationsbezogenen Problemlöseaktivitäten der Gruppen 1 bis 4 beim Real-Case (wie bereits erläutert hat Gruppe 5 den Real-Case nicht bearbeitet).

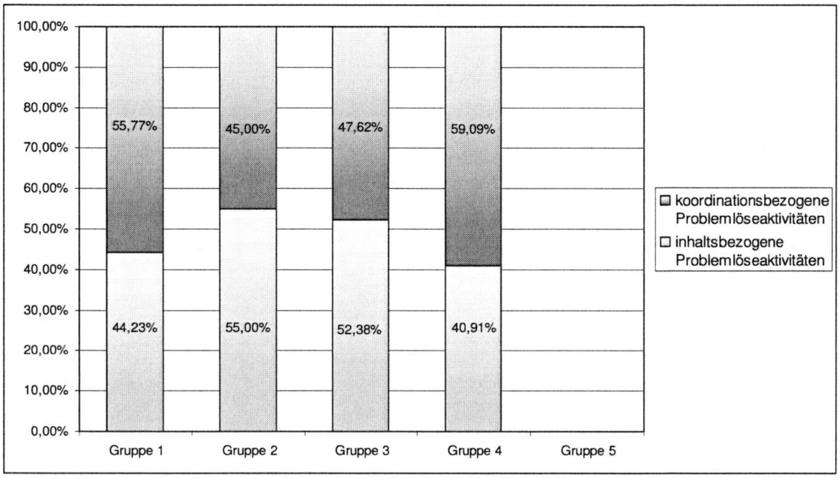

Abb. 9: Anteil inhaltsbezogener und koordinationsbezogener Problemlöseaktivitäten beim Real-Case

Aus der Abbildung 9 wird ersichtlich, dass Gruppe 1 und Gruppe 4 hinsichtlich der Verteilung der Problemlöseaktivitäten ein ähnliches Bild zeigen. Die inhaltsbezogenen Aktivitäten verteilen sich zu 44,23% und zu 40,91% auf die gesamten Aktivitäten beim kooperativen Problemlösen des Real-Cases. Die Anteile der koordinationsbezogenen Aktivitäten liegen bei 55,77% und bei 59,09%. Auch bei den Gruppen 2 uns 3 ist ein korrespondierendes Muster hinsichtlich der Verteilung der Problemlöseaktivitäten zu erkennen. Hier liegt der Hauptanteil mit 55,00% für Gruppe 2 und 52,38% für Gruppe 3 bei den inhaltsbezogenen Aktivitäten. Die koordinationsbezogenen Aktivitäten verteilen sich mit 45,00% und 47,62% auf die gesamten Problemlöseaktivitäten.

In Abbildung 10 auf der nächsten Seite sind die inhaltsbezogenen (Informationsaufbereitung und Lösungsentwicklung) sowie die koordinationsbezogenen (Planung der Vorgehensweise und Steuerung des Prozesses) Einzelaktivitäten beim Real-Case dargestellt.

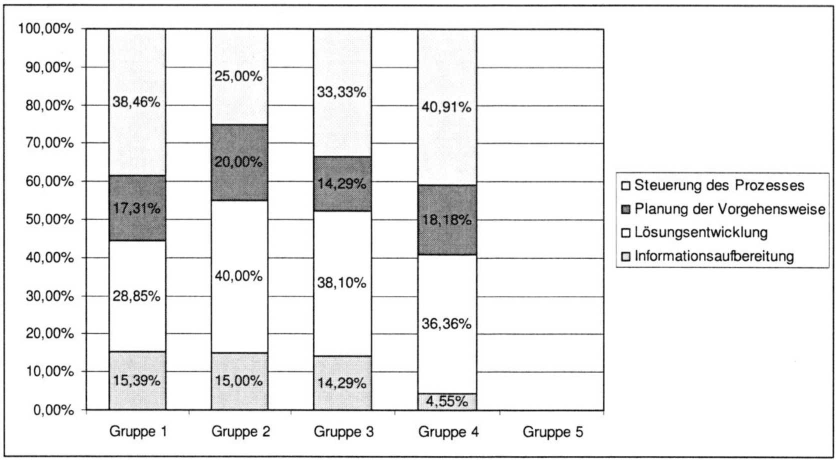

Abb. 10: Anteil der Einzelaktivitäten beim kooperativen Problemlösen des Real-Cases

Eine differenzierte Betrachtung der Einzelaktivitäten beim kooperativen Problemlösen des Real-Cases zeigt, dass in allen vier Gruppen ein ähnliches Muster dahingehend zu erkennen ist, dass die Lösungsentwicklung als inhaltsbezogene Aktivität und die Steuerung des Prozesses als koordinationsbezogene Aktivität den größten Raum beim kooperativen Problemlösen einnehmen (vgl. Abbildung 10). Den geringsten Anteil nimmt in allen Gruppen die Informationsaufbereitung ein bis auf Gruppe 3, bei der sich die Informationsaufbereitung zu gleichen Anteilen wie die Planung der gemeinsamen Vorgehensweise verteilt.

Eine Einzelbetrachtung der Gruppen zeigt, dass sowohl in Gruppe 1 als auch in Gruppe 4 die Hauptaktivität auf der Steuerung des Prozesses liegt (38,46% und 40,91%), jeweils gefolgt von der Lösungsentwicklung (28,85% und 36,36%). Daran schließen sich die Planungsaktivitäten mit 17,31% und 18,18% an. Der geringste Anteil ist in beiden Gruppen bei der Informationsaufbereitung (15,39% und 4,55%) zu verzeichnen. Für die Gruppe 2 und die Gruppe 3 stellt sich die Häufigkeitsverteilung so dar, dass der größte Anteil jeweils die Lösungsentwicklung einnimmt (40,00% und 38,10%). Die Steuerungsaktivitäten liegen in Gruppe 2 bei 25,00% und in Gruppe 3 bei 33,33%. Die Planungsaktivitäten schließen sich für Gruppe 2 mit 20,00%, gefolgt von den Aktivitäten zur Informationsaufbereitung mit

15,00% an. In Gruppe 3 verteilen sich Informationsaufbereitung und Planung der Vorgehensweise zu gleichen Anteilen mit jeweils 14,29%.

9.2.3.2 Unterschiede in der Anzahl inhaltsbezogener und koordinationsbezogener Problemlöseaktivitäten beim Fall „Metallina" und beim Real-Case

Was die Unterscheidung der Problemlöseaktivitäten bei den zwei kooperativ zu bearbeitenden Fällen anbetrifft, wird von der Annahme ausgegangen, dass die Gruppen beim Real-Case aufgrund seines höheren Komplexitätsgrades mehr Problemlöseaktivitäten sowohl auf inhaltlicher als auch auf koordinativer Ebene einbringen als beim Fall „Metallina".

Zur Veranschaulichung der Unterschiede bei den zwei Fallaufgaben erfolgt die Darstellung der inhaltsbezogenen und koordinationsbezogenen Problemlöseaktivitäten in absoluten Häufigkeiten pro Gruppe für die beiden Fälle (vgl. Tabellen 29-32).

Tabelle 29: Anzahl der Problemlöseaktivitäten in Gruppe 1 beim Fall „Metallina" und beim Real-Case

	Inhaltsbezogene Problemlöseaktivitäten	Koordinationsbezogene Problemlöseaktivitäten	Gesamt
Fall „Metallina"	12	24	36
Real-Case	23	29	52

Die Tabelle 29 zeigt, dass die Gruppe 1 bei der Bearbeitung des Real-Cases sowohl mehr Äußerungen zu den inhaltsbezogenen als auch zu den koordinationsbezogene Aktivitäten in den Diskurs einbringt. Die inhaltsbezogenen Äußerungen sind beim Real-Case (23 Äußerungen) fast doppelt so hoch wie beim Fall „Metallina" (12 Äußerungen). Die koordinationsbezogenen Äußerungen liegen beim Fall „Metallina" bei 24 und beim Real-Case bei 29 Äußerungen. Die Gesamtanzahl der Äußerungen beim kooperativen Problemlösen beträgt beim Fall „Metallina" 36 und beim Real-Case 52 Äußerungen.

Tabelle 30: Anzahl der Problemlöseaktivitäten in Gruppe 2 beim Fall „Metallina“ und beim Real-Case

	Inhaltsbezogene Problemlöseaktivitäten	Koordinationsbezogene Problemlöseaktivitäten	Gesamt
Fall „Metallina“	9	8	17
Real-Case	11	9	20

Der Tabelle 30 ist zu entnehmen, dass Gruppe 2 beim Real-Case mehr Äußerungen zu den inhaltsbezogenen als auch zu den koordinationsbezogenen Problemlöseaktivitäten einbringt. Dabei sind in der Gruppe beim Real-Case zwei Äußerungen zur Koordination der Fallbearbeitung und eine Äußerung, was die inhaltliche Diskussion der Fallbearbeitung anbetrifft, mehr zu verzeichnen als beim Fall „Metallina“. Insgesamt bringt Gruppe 2 beim Fall „Metallina“ 17 Äußerungen und beim Real-Case 20 Äußerungen ein.

Tabelle 31: Anzahl der Problemlöseaktivitäten in Gruppe 3 beim Fall „Metallina“ und beim Real-Case

	Inhaltsbezogene Problemlöseaktivitäten	Koordinationsbezogene Problemlöseaktivitäten	Gesamt
Fall „Metallina“	8	12	20
Real-Case	11	10	21

Wie aus Tabelle 31 ersichtlich wird, bringt Gruppe 3 mehr Problemlöseaktivitäten beim Real-Case ein als beim Fall „Metallina“. Die Steigerung umfasst allerdings nur eine Äußerung. Die inhaltsbezogenen Äußerungen erhöhen sich beim Real-Case von acht auf elf Äußerungen. Die koordinationsbezogenen Äußerungen fallen dagegen beim Real-Case um zwei Äußerungen niedriger aus als beim Fall „Metallina“.

Tabelle 32: Anzahl der Problemlöseaktivitäten in Gruppe 4 beim Fall „Metallina" und beim Real-Case

	Inhaltsbezogene Problemlöseaktivitäten	Koordinationsbezogene Problemlöseaktivitäten	Gesamt
Fall „Metallina"	10	7	17
Real-Case	9	13	22

In Tabelle 32 ist zu sehen, dass auch Gruppe 4 insgesamt mehr Äußerungen beim kooperativen Problemlösen des Real-Cases einbringt als beim ersten Fall „Metallina". Die Gesamtanzahl der Äußerungen liegt beim Fall „Metallina" bei 17 und beim Real-Case bei 22 Äußerungen. Bei den inhaltsbezogenen Aktivitäten bringt die Gruppe jedoch beim zweiten Fall eine Äußerung weniger ein. Bei den Äußerungen zur Koordination der Fallbearbeitungen ist eine Steigerung von sieben auf 13 Äußerungen beim Real-Case zu verzeichnen.

Tabelle 33: Anzahl der Problemlöseaktivitäten in Gruppe 5 beim Fall „Metallina" und beim Real-Case

	Inhaltsbezogene Problemlöseaktivitäten	Koordinationsbezogene Problemlöseaktivitäten	Gesamt
Fall „Metallina"	6	10	16
Real-Case	-	-	-

Was die Äußerungen zum kooperativen Problemlösen in Gruppe 5 betrifft, ist hier kein Vergleich möglich, da Gruppe 5 den Real-Case nicht bearbeitet hat. Beim Fall „Metallina" bringt die Gruppe insgesamt 16 Äußerungen beim Problemlösen des Falles ein (vgl. Tabelle 33). Davon fallen sechs Äußerungen auf die inhaltsbezogenen Problemlöseaktivitäten und zehn Äußerungen auf die koordinationsbezogenen Problemlöseaktivitäten.

9.2.3.3 Zusammenfassung und Diskussion der Ergebnisse zu den Problemlöseaktivitäten

Was die kooperativen Problemlöseaktivitäten betrifft, wurde zunächst angenommen, dass die Gruppen bei den virtuellen Fallbearbeitungen den Kern bestimmter Aktivitäten im Problemlöseprozess aufzeigen. Dies kann in der Hinsicht bestätigt werden, dass sich alle Gruppen bei beiden Fallaufgaben in den einzelnen Problemlöseaktivitäten äußern und zudem korrespondierende Muster in den Gruppen zu erkennen sind.

So nehmen beim Fall „Metallina" die Lösungsentwicklung als inhaltsbezogene Problemlöseaktivität und die Steuerung des Prozesses als koordinationsbezogene Problemlöseaktivität in fast allen Gruppen den größten Raum ein. Bei den koordinationsbezogenen Aktivitäten ist zu berücksichtigen, dass in den Gruppen 3, 4 und 5 der größere Anteil der Häufigkeitsverteilung zwar bei der Steuerung des Prozesses liegt, in den Gruppen 1 und 2 jedoch die Aktivitäten zur Planung der Vorgehensweise und zur Steuerung des Prozesses gleichmäßig verteilt sind. Eine untergeordnete Rolle spielt die Informationsaufbereitung in den Gruppen 1, 3 und 5. In den Gruppen 2 und 4 ist diese gleich verteilt mit der Planung der Vorgehensweise. Insgesamt betrachtet liegt beim Fall „Metallina" in den Gruppen 1, 3 und 5 die Hauptaktivität auf der Koordination der Fallbearbeitung. In den Gruppen 2 und 3 nehmen die inhaltsbezogenen Aktivitäten den größten Raum ein.

Beim Real-Case nehmen in allen vier Gruppen die Lösungsentwicklung und die Steuerung des Prozesses den größten Anteil der Aktivitäten beim Problemlösen des Falles ein. Auch hier ist bei einem Vergleich der Gruppen zu erkennen, dass in zwei Gruppen die inhaltsbezogenen Aktivitäten überwiegen (Gruppe 2 und 3) und in den anderen zwei Gruppen die koordinationsbezogenen Aktivitäten (Gruppe 1 und Gruppe 4). In Gruppe 1 und Gruppe 4 liegt bei einer differenzierteren Betrachtung der Problemlöseaktivitäten die Hauptaktivität hinsichtlich der koordinationsbezogenen Aktivitäten auf der Steuerung des Prozesses, gefolgt von der Lösungsentwicklung, was die inhaltsbezogenen Aktivitäten betrifft. In den Gruppen 2 und 3 dagegen nimmt die Lösungsentwicklung als inhaltsbezogene Aktivität den größten Anteil ein. Daran schließt sich als koordinationsbezogene Aktivität die Steuerung des Prozesses an.

Aus theoretischer Sicht sprechen die Ergebnisse dafür, dass auch in virtuellen Gruppenprozessen beim gemeinsamen Problemlösen ein Kern bestimmter Problemlöseaktivitäten bestätigt werden kann (vgl. Kap. 3.6). Es konnte gezeigt werden, dass inhaltsbezogene und koordinationsbezogene Aktivitäten als abgrenzbare Prozesse beim kooperativen Problemlösen, wie dies bereits in face-to-face Gruppen gezeigt werden konnte, auftreten (vgl. Kapitel 4.3.3 und 4.3.4; Wetzel, 1995; Stempfle & Badke-Schaub, 2002).

Bei einer differenzierten Betrachtung der Problemlöseaktivitäten zeigt sich als zusätzlicher Befund, dass die Steuerung des Prozesses auf der koordinativen Ebene und die Lösungsentwicklung auf der inhaltlichen Ebene die Kernaktivitäten im Problemlöseprozess der kooperativen Fallbearbeitungen darstellen.

Weiterhin wurde die Annahme formuliert, dass beim Real-Case aufgrund seines höheren Komplexitätsgrades mehr Problemlöseaktivitäten zu verzeichnen sind als beim Fall „Metallina". Dieser Annahme kann weitestgehend zugestimmt werden, wie die Ergebnisse belegen. Eine Betrachtung der absoluten Häufigkeiten zu den inhaltsbezogenen und koordinationsbezogenen Problemlöseaktivitäten zeigt, dass in allen vier Gruppen eine Steigerung der Problemlöseaktivitäten beim Real-Case festzustellen ist. Jedoch fällt diese in manchen Gruppen sehr gering aus und betrifft nicht in jeder Gruppe sowohl die inhaltsbezogenen als auch die koordinationsbezogenen Problemlöseaktivitäten. Dabei fällt Gruppe 1 ins Auge, bei der beim Fall „Metallina" 36 Äußerungen und beim Real-Case 52 Äußerungen zu verzeichnen sind. In Gruppe 2 ist eine geringe Steigerung hinsichtlich der inhaltsbezogenen und koordinationsbezogenen Problemlöseaktivitäten zu erkennen. In Gruppe 3 ist eine Steigerung auf der inhaltlichen Ebene zu verzeichnen, die koordinationsbezogenen Aktivitäten fallen beim Real-Case geringer aus. Gruppe 4 bringt mehr koordinationsbezogene Äußerungen und weniger Äußerungen hinsichtlich der inhaltlichen Bearbeitung des Real-Cases ein.

Weitere Untersuchungen mit größeren Stichproben, was die Anzahl der Gruppen betrifft, sollten zeigen, inwiefern diese Untersuchungsergebnisse validiert werden können. Denn aufgrund der geringen Stichprobe kann im Rahmen dieser Arbeit nicht gezeigt werden, inwieweit die Ergebnisse signifikant oder zufällig sind.

Nach der Analyse der Lernprozessaktivitäten werden unter dem nächsten Abschnitt die Prozessergebnisse beim Fall „Metallina“ und beim Real-Case dargestellt.

9.3 Prozessergebnisse der Fallaufgaben in den virtuellen Gruppen

Hinsichtlich der Prozessergebnisse der kooperativen Fallaufgaben soll zunächst der Frage nachgegangen werden, wie erfolgreich die Fälle in den Gruppen bearbeitet werden. Dabei ist von Interesse, inwiefern die Gruppen konzeptuelles Wissen sowie situatives Wissen erwerben.

Weiterhin soll der Frage nachgegangen werden, inwieweit sich in Gruppen mit unterschiedlich hohem Lernerfolg Unterschiede hinsichtlich der einzelnen Prozessaktivitäten zeigen.

9.3.1 Lernerfolg in den Gruppen beim Fall “Metallina“ und beim Real-Case

Hinsichtlich des kooperativen Lernerfolges bei den beiden Fällen wird angenommen, dass die Ergebnisse zum konzeptuellen sowie zum situativen Wissen über die Gruppen betrachtet beim Real-Case heterogener ausfallen als beim Fall „Metallina“.

Die Abbildung 11 auf der folgenden Seite zeigt die Gruppenergebnisse zum konzeptuellen sowie zum situativen Wissen beim Fall „Metallina“.

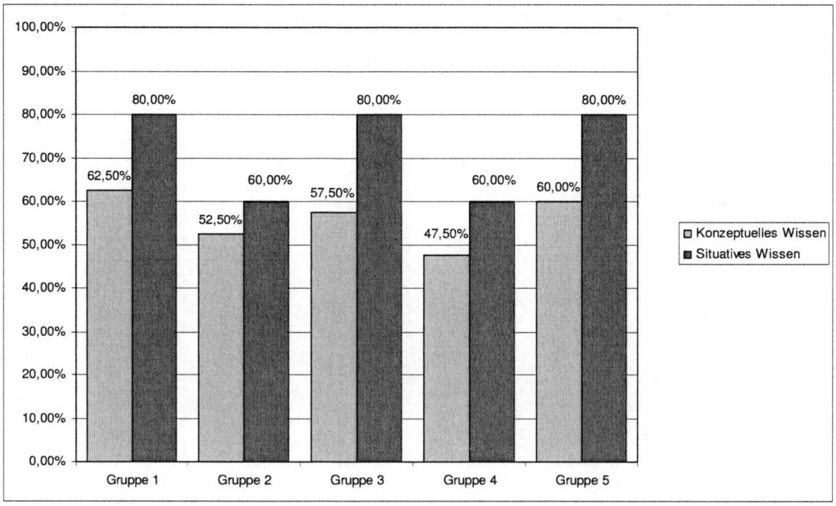

Abb. 11: Konzeptuelles und situatives Wissen beim Fall „Metallina"

Die Abbildung 11 macht deutlich, dass sich beim Fall „Metallina" über die Gruppen hinweg keine großen Unterschiede hinsichtlich der Lernerfolgsergebnisse zeigen. Was das konzeptuelle Wissen betrifft, liegen die erreichten Prozentwerte zwischen 47,50% und 62,50%. Beim situativen Wissen erstrecken sich die Werte von 60,00% bis 80,00%.

Bei einer Einzelbetrachtung der Gruppen wird deutlich, dass Gruppe 1 sowohl hinsichtlich des konzeptuellen und des situativen Wissens am Besten abschneidet (62,50% und 80,00%), gefolgt von Gruppe 5 mit 60,00% und 80,00% der möglichen Punkte in den zwei Wissenskategorien. Daran schließt sich Gruppe 3 mit 57,50% der zu erreichenden Punktzahl beim konzeptuellen Wissen und 80,00% beim situativen Wissen an. Weniger erfolgreich sind die Gruppen 2 und 4. Diese erreichen beim konzeptuellen Wissen 52,50% und 47,50% der möglichen Punkte. Beim situativen Wissen erzielen beide Gruppen jeweils 60,00%.

In der Abbildung 12 auf der nächsten Seite sind die Gruppenergebnisse zum konzeptuellen und situativen Wissen für den Real-Case dargestellt.

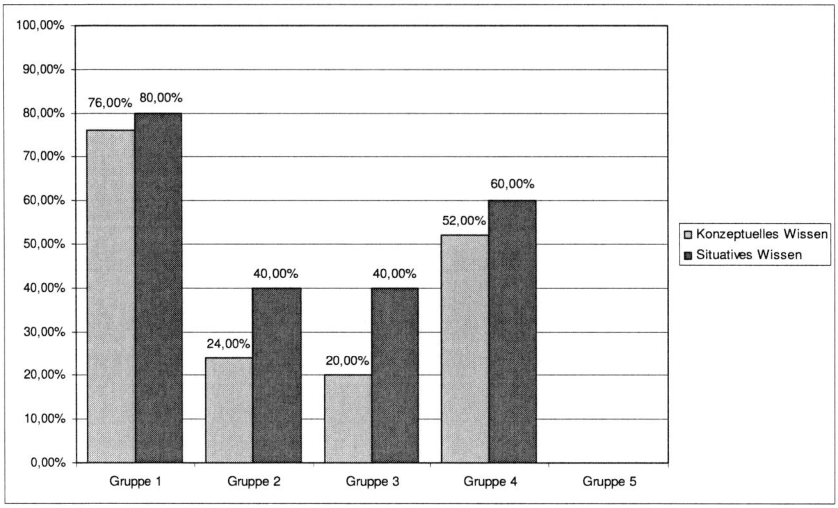

Abb. 12: Konzeptuelles und situatives Wissen beim Real-Case

Die Abbildung 12 zeigt ein heterogeneres Bild, was den Lernerfolg beim Real-Case betrifft. Die Spannbreite liegt hinsichtlich des konzeptuellen Wissens zwischen 20,00% und 76,00%. Beim situativen Wissen liegen die Werte zwischen 40,00% und 80,00%.

Bei einer Einzelbetrachtung der Gruppen ist zu sehen, dass Gruppe 1 im Vergleich zu den anderen Gruppen am Besten abschneidet. Sie erreicht beim konzeptuellen Wissen 76,00% und beim situativen Wissen 80,00%. Gruppe 4 erzielt 52,00% der möglichen Punkte beim konzeptuellen Wissen und 60,00% beim situativen Wissen. Die geringsten Lernerfolgsergebnisse erzielen die Gruppen 2 und 3. Gruppe 2 erreicht beim konzeptuellen Wissen 24,00% und Gruppe 3 erzielt 20,00% der möglichen Punkte. Beide Gruppen schneiden hinsichtlich des situativen Wissens mit 40,00% der möglichen Punkte ab.

9.3.2 Unterschiede hinsichtlich der Partizipation in Gruppen mit unterschiedlich hohem Lernerfolg

Es wird angenommen, dass erfolgreichere Gruppen eine höhere Partizipation aufweisen als weniger erfolgreiche Gruppen.

In den folgenden Darstellungen werden zur Veranschaulichung Gruppen, deren Lernerfolgsergebnisse hinsichtlich der erreichten Werte zum konzeptuellen sowie zum situativen Wissen über dem Gruppenmittelwert liegen, mit der Kategorie „erfolgreiche Gruppen“ bezeichnet. Gruppen, deren Ergebnisse in den beiden Wissenskategorien unter dem Gruppendurchschnitt liegen, werden mit „weniger erfolgreiche Gruppen“ beschrieben.

So fallen beim Fall „Metallina“ die Gruppen 1, 3 und 5, bei denen die Prozentwerte zum konzeptuellen Wissen sowie zum situativen Wissen über dem Gruppendurchschnitt (M= 56,00% und M= 72,00%) liegen, unter die erfolgreichen Gruppen. Unter die weniger erfolgreichen Gruppen werden die Gruppe 2 und 4 gefasst, die beim konzeptuellen Wissen und beim situativen Wissen unter dem Gruppenmittelwert liegen.

Beim Real-Case fallen unter die erfolgreichen Gruppen die Gruppe 1 und 4, die sowohl beim konzeptuellen als auch beim situativen Wissen Werte über dem Gruppendurchschnitt (M= 43,00% und M= 55,00%) erzielten. Weniger erfolgreich sind die Gruppen 2 und 3, deren Prozentwerte in beiden Wissenskategorien unter dem Gruppenmittelwert liegen.

Die Abbildung 13 auf der folgenden Seite zeigt die Partizipation in den erfolgreichen und weniger erfolgreichen Gruppen beim Fall „Metallina“.

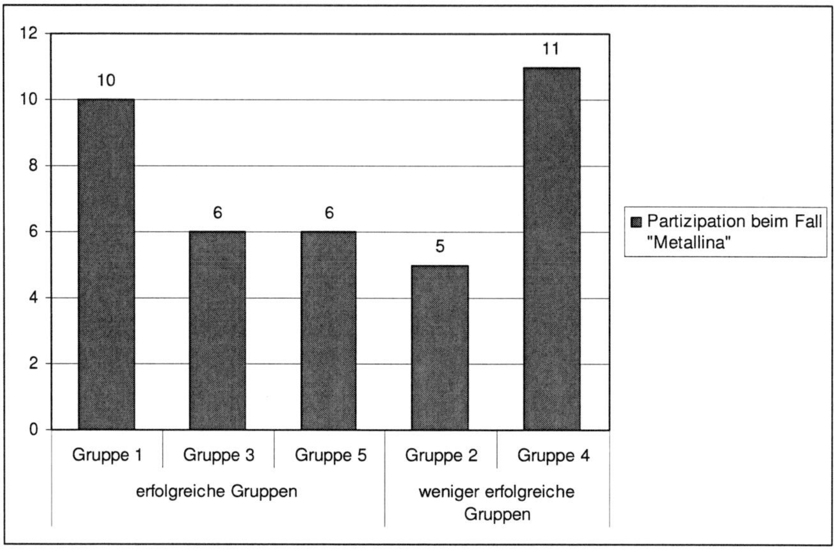

Abb. 13: Partizipation erfolgreicher und weniger erfolgreicher Gruppen beim Fall „Metallina“

Die erfolgreichsten Gruppen beim Fall „Metallina“ sind wie bereits erläutert die Gruppen 1, 3 und 5. Gruppe 2 und 4 sind beim Fall „Metallina“ weniger erfolgreich. Die Abbildung 14 zeigt, dass die Gruppen 1 und 4 die höchste Partizipation aufweisen, gefolgt von den Gruppen 3 und 5. Gruppe 2 partizipiert am wenigsten. Damit zeigt sich hinsichtlich der Partizipation beim Fall „Metallina“ kein homogenes Bild in den erfolgreichen sowie weniger erfolgreichen Gruppen.

Der Abbildung 14 auf der folgenden Seite ist die Partizipationsaktivität erfolgreicher und weniger erfolgreicher Gruppen beim Real-Case zu entnehmen.

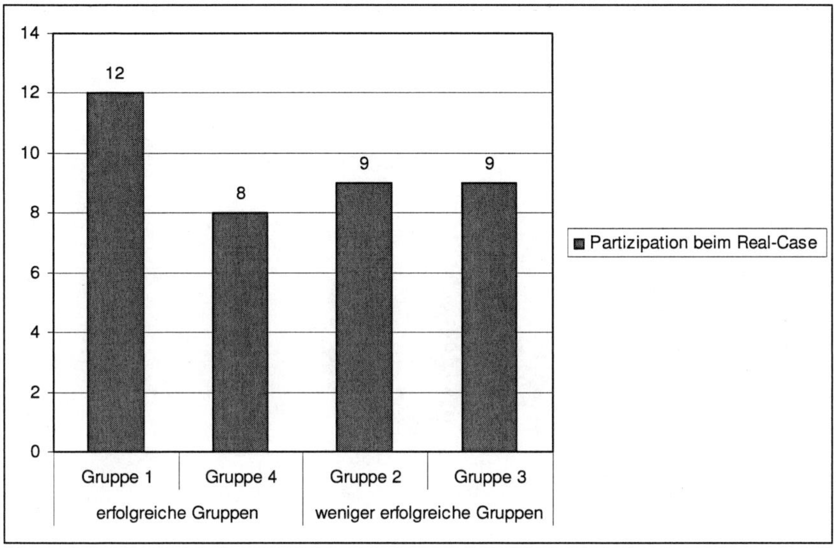

Abb. 14: Partizipation erfolgreicher und weniger erfolgreicher Gruppen beim Real-Case

Beim Real-Case sind die Gruppen 1 und 4 wie bereits beschrieben die erfolgreichsten Gruppen. Gruppe 2 und 3 weisen einen geringeren Lernerfolg beim Real-Case auf. Wie Abbildung 14 deutlich macht, zeigt sich in der Gruppe 1 die höchste Beteiligung, gefolgt von den Gruppen 2 und 3. In der Gruppe 4 wird beim Real-Case am wenigsten partizipiert. Damit zeigt sich auch beim Real-Case im Hinblick auf die Partizipation kein einheitliches Bild in den erfolgreichen und weniger erfolgreichen Gruppen.

9.3.3 Unterschiede hinsichtlich der Gewährleistung des fortlaufenden Verständnisses in Gruppen mit unterschiedlich hohem Lernerfolg

Hinsichtlich der Gewährleistung des fortlaufenden Verständnisses wird von der Annahme ausgegangen, dass erfolgreichere Gruppen mehr explizit Bezug zueinander nehmen als weniger erfolgreiche Gruppen.

Die Veranschaulichung in erfolgreiche und weniger erfolgreiche Gruppen erfolgt analog zu der im vorherigen Abschnitt. Die Abbildung 15 auf der nächsten Seite zeigt die Anzahl expliziter Bezugnahmen beim Fall „Metallina“ in den erfolgreichen und weniger erfolgreichen Gruppen.

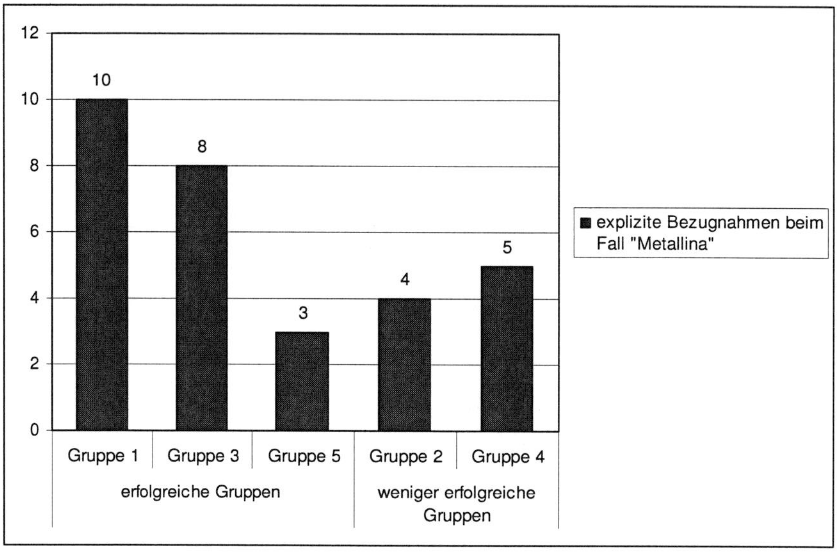

Abb. 15: Anzahl expliziter Bezugnahmen in erfolgreichen und weniger erfolgreichen Gruppen beim Fall „Metallina“

Wie Abbildung 15 zu entnehmen ist, zeigen Gruppe 1 und Gruppe 3 beim Fall „Metallina“ die häufigsten expliziten Bezugnahmen, gefolgt von Gruppe 2 und 4. Gruppe 5 nimmt am wenigsten explizit Bezug zueinander. Somit zeigt sich in zwei von den drei erfolgreichsten Gruppen beim Fall „Metallina“ eine höhere Anzahl expliziter Referenzierungen.

In Abbildung 16 auf der folgenden Seite ist die Anzahl expliziter Bezugnahmen beim Real-Case in den erfolgreichen und weniger erfolgreichen Gruppen zu sehen.

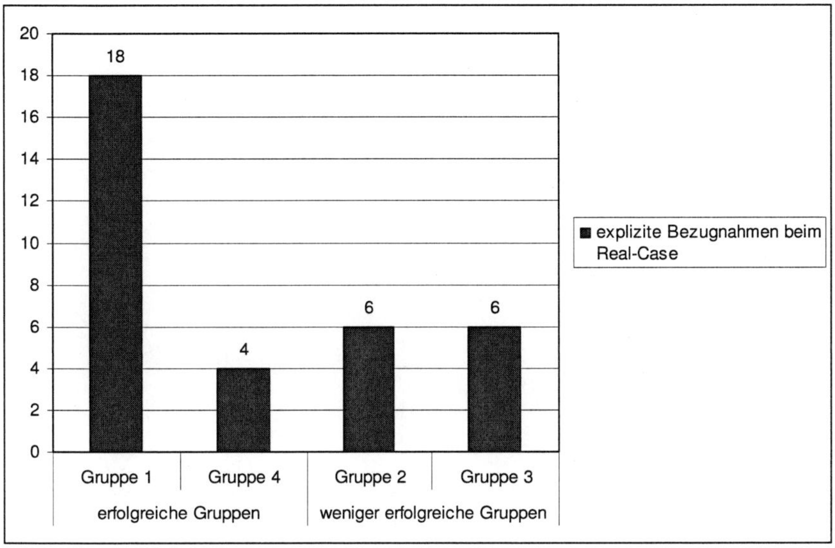

Abb. 16: Anzahl expliziter Bezugnahmen in erfolgreichen und weniger erfolgreichen Gruppen beim Real-Case

Beim Real-Case ist in Gruppe 1 die höchste Anzahl an expliziten Bezugnahmen zu verzeichnen (Abbildung 16). Diese ist dreimal so hoch wie in den anderen drei Gruppen. In den Gruppen 2 und 3 nehmen die Teilnehmer sechsmal explizit Bezug zueinander. Gruppe 4 zeigt die geringste Anzahl an expliziten Bezugnahmen. Somit zeigt sich beim Real-Case nur in Gruppe 1 als erfolgreiche Gruppe eine höhere Anzahl expliziter Bezugnahmen.

9.3.4 Unterschiede hinsichtlich des Einbringens von Problemlöseaktivitäten in Gruppen mit unterschiedlich hohem Lernerfolg

Hinsichtlich der kooperativen Problemlöseaktivitäten wird angenommen, dass in erfolgreicheren Gruppen die Häufigkeit der inhaltsbezogenen und der koordinationsbezogenen Problemlöseaktivitäten höher ist als in weniger erfolgreichen Gruppen.

Die Veranschaulichung in erfolgreiche und weniger erfolgreiche Gruppen erfolgt analog zu den vorherigen Abschnitten. Abbildung 17 zeigt die

Problemlöseaktivitäten in den erfolgreichen und weniger erfolgreichen Gruppen beim Fall „Metallina".

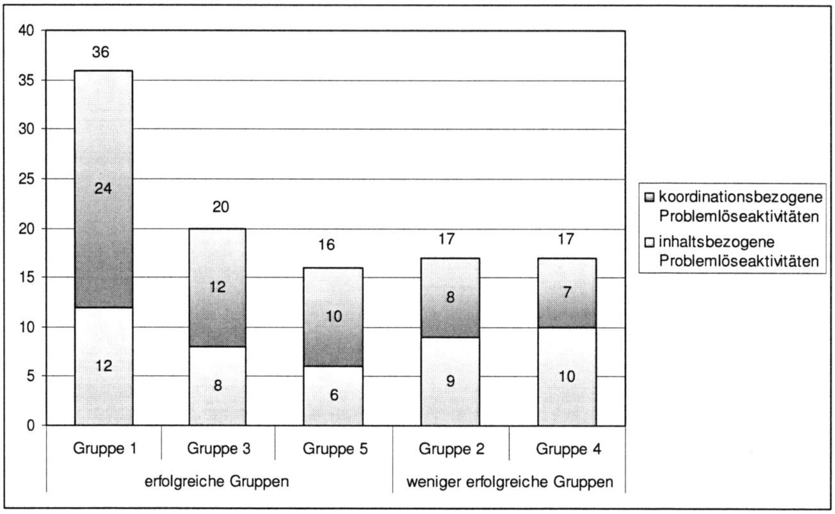

Abb. 17: Problemlöseaktivitäten in erfolgreichen und weniger erfolgreichen Gruppen beim Fall „Metallina"

Der Abbildung 17 ist zu entnehmen, dass in Gruppe 1 beim Fall „Metallina" die meisten Problemlöseaktivitäten zu verzeichnen sind, gefolgt von Gruppe 3. Gruppe 2 und 4 bringen mit je 17 Äußerungen die gleiche Anzahl an Problemlöseaktivitäten ein. In Gruppe 5 sind die wenigsten Problemlöseaktivitäten zu verzeichnen. Zudem ist zu erkennen, dass die drei erfolgreichsten Gruppen (Gruppe 1, 3 und 5) beim Fall „Metallina" mehr koordinationsbezogene Aktivitäten als inhaltsbezogene Aktivitäten bei der Fallbearbeitung einbringen. Gruppe 2 und 4 bringen mehr inhaltsbezogene Aktivitäten ein.

In Abbildung 18 sind auf der nächsten Seite die Problemlöseaktivitäten in den erfolgreichen und weniger erfolgreichen Gruppen beim Real-Case zu sehen.

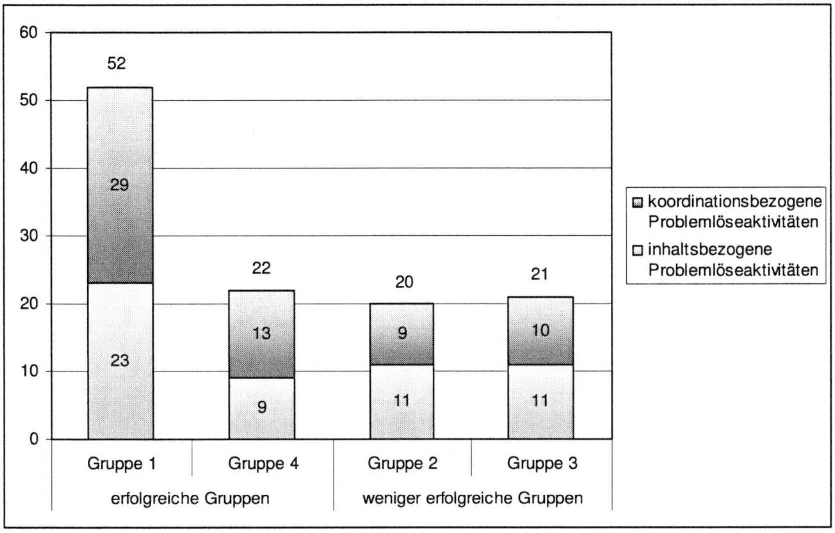

Abb. 18: Problemlöseaktivitäten in erfolgreichen und weniger erfolgreichen Gruppen beim Real-Case

Abbildung 18 macht deutlich, dass Gruppe 1 mit Abstand die meisten Problemlöseaktivitäten beim Real-Case einbringt. Die anderen drei Gruppen unterscheiden sich jeweils um einen bzw. zwei Zähler. Auch hier ist festzustellen, dass die zwei erfolgreichsten Gruppen (Gruppe 1 und 4) mehr koordinationsbezogenen Aktivitäten in den Prozess der Fallbearbeitungen einbringen, wohingegen in den zwei weniger erfolgreichen Gruppen (Gruppe 2 und 3) mehr inhaltsbezogene Äußerungen zu verzeichnen sind.

9.3.5 Zusammenfassung und Diskussion zu den Prozessergebnissen der kooperativen Fallaufgaben

Hinsichtlich des kooperativen Lernerfolges wurde angenommen, dass beim Real-Case über die Gruppen betrachtet die Ergebnisse sowohl zum *konzeptuellen Wissen* als auch zum *situativen Wissen* heterogener ausfallen als beim ersten Fall „Metallina".

Diese Annahme kann in dem Sinne bestätigt werden, dass die Differenzen hinsichtlich der erreichten Prozentanteile in den zwei Wissenskategorien über die Gruppen hinweg beim Fall „Metallina" nicht sehr groß ausfallen. Alle Gruppen liegen in den beiden Wissenskategorien über dem mittleren Bereich der möglich zu erreichenden Punkte, nur Gruppe 4 liegt mit 47,50% beim konzeptuellen Wissen etwas unter dem mittleren Punktebereich. Bei einer näheren Betrachtung wird deutlich, dass Gruppe 1, 3 und 5 in ihren Ergebnissen am nächsten beieinander liegen. Was das konzeptuelle Wissen anbetrifft, liegen die Prozentanteile in allen drei Gruppen über dem Gruppendurchschnitt. Beim situativen Wissen erreichen alle drei Gruppen jeweils 80,00% und liegen damit auch hier über dem Gruppenmittelwert. Die Gruppen 2 und 4, die die niedrigsten Lernerfolge aufweisen, zeigen hinsichtlich des konzeptuellen und des situativen Wissens ähnliche Ergebnisse. Beide Gruppen liegen in den zwei Wissenskategorien unter dem Gruppendurchschnitt.

Beim Real-Case fallen die Ergebnisse zum konzeptuellen sowie zum situativen Wissen heterogener aus. Gruppe 1 schneidet mit Abstand in beiden Wissenskategorien am Besten ab, gefolgt von Gruppe 4. Die Ergebnisse zum konzeptuellen sowie zum situativen Wissen beider Gruppen liegen jeweils über dem Gruppendurchschnitt und über dem mittleren Niveau, der insgesamt zu erreichenden Punkte. Gruppe 2 und 3 schneiden am schlechtesten ab. Ihre Ergebnisse zum konzeptuellen Wissen wie zum situativen Wissen liegen deutlich unter dem Gruppendurchschnitt und zudem unter dem mittleren Niveau der insgesamt möglichen Punktezahl in beiden Wissenskategorien.

Die heterogenen Lernerfolgsergebnisse beim Real-Case könnten aus theoretischer Sicht dafür sprechen, dass ein frei zu wählender Fall aus dem realen Berufskontext, verbunden mit einer offenen Aufgabenstellung höhere Anforderungen an die Lernenden stellt. Hier sind jedoch die unterschiedlichen Ausgangsbedingungen zu berücksichtigen, die ein frei auszuwählender Real-Case mit sich bringt. So können sich die einzelnen von den Gruppen ausgewählten Fälle noch mal inhaltlich in ihrem jeweiligen Komplexitätsgrad voneinander unterscheiden. Dies kann dazu führen, dass bei einem weniger komplexen Fall auch weniger theoretische Konzepte in die

Falllösung eingebracht werden als dies ein Fall von höherem Komplexitätsgrad erfordert.

Weiterhin wurde angenommen, dass sich in unterschiedlich erfolgreichen Gruppen Unterschiede hinsichtlich der Prozessaktivitäten zeigen. So wurde die Annahme formuliert, dass *erfolgreichere Gruppen eine höhere Partizipation aufweisen als weniger erfolgreiche Gruppen*. Diese Annahme kann nicht bestätigt werden. So zeigt sich hinsichtlich der Partizipationsrate kein einheitliches Bild über die Gruppen und Fälle hinweg. Lediglich in Gruppe 1 als erfolgreichste Gruppe beim Real-Case ist auch die höchste Beteiligung der Gruppenmitglieder festzustellen. Aus theoretischer Sicht weisen die Ergebnisse darauf hin, dass eine höhere Partizpationsrate in kooperativ-virtuellen Lernszenarien sich nicht automatisch positiv auf den Lernerfolg auswirken muss. In weiteren Untersuchungen könnte neben dem quantitativen Aspekt zur Untersuchung der Partizipation auf der qualitativen Ebene die inhaltliche Relevanz von einzelnen Teilnehmerbeiträgen für ein erfolgreiches Gruppenergebnis berücksichtigt werden. Dieser Punkt wirft unter inhaltlichen Gesichtspunkten auch die Frage nach dem Austausch von geteilten und ungeteilten Informationen unter den Teilnehmern bei der gemeinsamen Fallbearbeitung auf (vgl. Buder, 2000; Buder & Creß, 2001).

Zudem wurde von der Annahme ausgegangen, dass *erfolgreichere Gruppen mehr explizit Bezug zueinander nehmen als weniger erfolgreiche Gruppen*. Dieser Annahme kann, wie die Ergebnisse deutlich machen, nur zum Teil zugestimmt werden. So zeigen beim Fall „Metallina" zwei von den drei erfolgreichsten Gruppen eine höhere Anzahl an expliziten Bezugnahmen als die weniger erfolgreichen Gruppen. Beim Real-Case zeigt Gruppe 1 als mit Abstand erfolgreichste Gruppe dreimal soviel explizite Bezugnahmen wie die anderen drei Gruppen. Dass die Befunde keine eindeutigen Gemeinsamkeiten erkennen lassen, könnte unter anderem auf die Größe der vorhandenen Stichprobe zurückzuführen sein. Deshalb sollte diesem Untersuchungsaspekt in weiteren Untersuchungen mit einer größeren Anzahl von Gruppen nachgegangen werden. Dies würde auch ermöglichen,

weitere statistische Verfahrungen wie beispielsweise Korrelationsberechnungen mit in die Untersuchung ein zu beziehen.
Die Ergebnisse könnten zudem darauf hinweisen, dass die expliziten Bezugnahmen zur Gewährleistung des fortlaufenden Verständnisses zwar eine wichtige Basis für das gemeinsame Problemlösen darstellen, aber nicht allein den Erfolg einer Aufgabe gewährleisten (Paechter, 2003). In weiteren Untersuchungen könnte es darüber hinaus interessant sein, neben dem quantitativen Aspekt der Anzahl expliziter Bezugnahmen zur Gewährleistung eines fortlaufenden Verständnisses auch qualitative Aspekte wie z.B. das kritische Aushandeln verschiedener Perspektiven unter den Gruppenmitgliedern zu berücksichtigen (vgl. Weinberger, 2003).

Letztlich wurde angenommen, dass *in erfolgreicheren Gruppen die Häufigkeit der inhaltsbezogenen und der koordinationsbezogenen Problemlöseaktivitäten höher ist als in weniger erfolgreichen Gruppen.*
Diese Annahme kann beim Fall „Metallina" für die Gruppe 1 und 3 als erfolgreiche Gruppen bestätigt werden. Für Gruppe 5 trifft diese Annahme nicht zu. Beim Real-Case kann diese Annahme für die beiden erfolgreichsten Gruppen bestätigt werden. Vor allem fällt hier Gruppe 1 ins Auge, die als erfolgreichste Gruppe mehr als doppelt so viele Problemlöseaktivitäten in den Prozess der Fallbearbeitung einbringt als die anderen Gruppen.
Zudem ist als zusätzlicher Befund ein Muster in den erfolgreichsten Gruppen dahingehend zu erkennen, dass diese Gruppen beim gemeinsamen Problemlösen mehr koordinationsbezogene als inhaltsbezogene Aktivitäten aufzeigen. Berücksichtigt man an dieser Stelle die Fragebogenergebnisse zum Fall „Metallina" und zum Real-Case (vgl. Abschnitt 9.1.2 und 9.1.3) zur Einschätzung der Gruppenzusammenarbeit, die in allen Gruppen niedrig ausfiel, könnte das Ergebnis darauf hinweisen, dass eine erhöhte koordinationsbezogene Aktivität der Gruppen im Prozess der Fallbearbeitungen Probleme in der Gruppenzusammenarbeit kompensieren kann. Damit stellt sich die Frage, wie Gruppen ädaquat unterstützt werden können, um koordinative Probleme in der Zusammenarbeit zu vermeiden und mehr inhaltliche Diskussion bei der gemeinsamen Fallbearbeitung anzuregen (siehe dazu Kapitel 10.2.2 „Konsequenzen für die Praxis").

Aus theoretischer Sicht können die Ergebnisse ein Beleg für die Relevanz kooperativer Problemlöseaktivitäten für das gemeinsame Lösen eines komplexen Falles sein. Auch dieser Aspekt sollte in weiteren Untersuchungen einer Validierung unterzogen werden, da wie bereits erläutert aufgrund der geringen Stichprobe nicht belegt werden kann, inwieweit die Ergebnisse signifikant oder zufällig sind. Hier stellt sich für weitere Studien die Frage, inwiefern die Bedeutung koordinationsbezogener sowie inhaltsbezogener Aktivitäten für den Lernerfolg beim kooperativen Problemlösen gezeigt werden kann. Diesem Aspekt könnte in Untersuchungen mit einer größeren Anzahl von Gruppen mit Hilfe von Korrelationsberechnungen nachgegangen werden.

Im folgenden Kapitel erfolgt eine übergreifende Diskussion der Ergebnisse. Weiterhin werden Konsequenzen für Forschung und Praxis abgeleitet.

10. Diskussion und Konsequenzen

Im Rahmen dieses Kapitels werden zunächst die Ergebnisse der vorliegenden Arbeit im Überblick zusammengefasst und diskutiert, bevor Konsequenzen für Forschung und Praxis abgeleitet werden.

10.1 Zusammenfassung und Diskussion der zentralen Ergebnisse

Ziel der Arbeit war es, die Prozessaktivitäten und Prozessergebnisse beim fallorientierten Lernen in virtuellen Gruppen zu untersuchen. Zu diesem Zweck wurde eine Feldstudie im Rahmen eines virtuellen Kurses der betrieblichen Weiterbildung in einem Automobilkonzern durchgeführt. Nachfolgend werden die zentralen Ergebnisse der Studie zusammengefasst und diskutiert.

Partizipation der Gruppenmitglieder. Hinsichtlich der Beteiligung der Gruppenmitglieder am Prozess der Fallbearbeitungen wurde die Annahme bestätigt, dass die Partizipation in allen Gruppen heterogen ausfällt. Die Teilnehmer partizipieren in den einzelnen Gruppen und bei beiden Fallaufgaben in unterschiedlich hohem Maße. Dieser Befund korrespondiert mit Ergebnissen anderer Untersuchungen zur Partizipation der Teilnehmer in virtuell-kooperativen Lernszenarien (u.a. Hesse & Giovis, 1997; Mandl et al., 1996; Paechter, 2003). Die ungleichmäßige Beteiligung könnte unter anderem auf die Struktur der Fallaufgaben zurückzuführen sein, bedingt durch eine mangelnde positive Interdependenz zwischen den Gruppenteilnehmern (Johnson & Johnson, 1998). Diese war bei den zwei Fallaufgaben nicht gegeben, da eine individuelle Aufgabenerfüllung nicht zur Bedingung für die gemeinsame Zielerreichung gemacht wurde und auch keine Ressourcenverteilung unter den Gruppenteilnehmern vorlag. Eine weitere Begründung könnte in externen Rahmenbedingungen liegen. So fand der virtuelle Kurs parallel zur beruflichen Tätigkeit statt, was aufgrund der zusätzlichen oder höheren Arbeitsbelastung zu einer geringeren Partizipationsaktivität einzelner Teilnehmer geführt haben könnte. Zudem gibt das computervermittelte Lernen aufgrund der visuellen Anonymität mehr Raum, sich nicht aktiv am Kooperationsprozess zu beteiligen. Dies kann zu den aus der Sozialpsychologie bekannten Gruppenphänomenen wie das „soziale Faulenzen" und das „Trittbrettfahren" (Kiesler & Sproull, 1986; Latané & Nida, 1981) führen. Darüber hinaus ist es in asynchronen Kommunikationssettings leichter, sich der gemeinsamen Aufgabenbearbeitung zu entziehen als in synchronen Kommunikationsumgebungen (Paechter, 2001). So bestehen in asynchronen Diskussionsforen meist keine verbindlichen Verabredungen und Nachrichten werden dem Empfänger nicht zugeschickt, sondern müssen „abgeholt" werden (Busch & Götz, 2000).

Ein Vergleich der beiden Fallaufgaben zeigt, dass in allen Gruppen bis auf eine Gruppe erwartungskonform eine höhere Beteiligung beim Real-Case als beim Fall „Metallina" vorliegt. Das Ergebnis spricht dafür, dass komplexe Fälle mit hohem Authentizitätsgrad mehr intrinsische Anreize für die gemeinsame Kooperation bieten (Cohen, 1994). Weiterhin eröffnet ein selbstgewählter Fall aus dem realen Kontext und mit einer offenen Aufgabenstellung mehr Handlungsspielraum für die Lernenden (Grohmann, 1997).

Gewährleistung des fortlaufenden Verständnisses. Was die Anzahl der expliziten Bezugnahmen zur Gewährleistung des fortlaufenden Verständnisses betrifft, wurde die Erwartung bestätigt, dass alle Gruppen bei den zwei Fallaufgaben explizit Bezug zueinander nehmen. Das Ergebnis spricht damit für die theoretische Annahme, dass die Sicherstellung des fortlaufenden Verständnisses eine wesentliche Aufgabe des Diskurses in den einzelnen Gruppen darstellt (u.a. Clark & Brennan, 1991). Es zeigt sich jedoch insgesamt über alle Gruppen betrachtet ein sehr heterogenes Bild. Dies könnte zum einen darin begründet sein, dass in einzelnen Gruppen nur zwei Teilnehmer aktiv an der Fallbearbeitung partizipiert haben, wodurch möglicherweise ein geringerer Bedarf an gegenseitigen Abstimmungsprozessen bestand. Eine weitere Begründung könnte darin liegen, dass die Teilnehmer zum ersten Mal in einem rein virtuellen Kurs in Gruppen zusammengearbeitet haben und auch vor dem Kurs kein Training erhielten, das auf die Bedeutung der wechselseitigen Referenzierung von Redebeiträgen bei der gemeinsamen Fallbearbeitung verwiesen hätte.

Bei einem Vergleich der kooperativen Fallaufgaben ist entgegen der Annahme beim Real-Case in den Gruppen keine generelle Steigerung der expliziten Bezugnahmen zu verzeichnen. Das könnte darauf hinweisen, dass Fallaufgaben von höherem Komplexitätsgrad und mit größerem Handlungsspielraum (Grohmann, 1997; Heimerl & Loisel, 2005) nicht zwangsläufig mehr gegenseitige Abstimmungsprozesse unter den Lernenden erfordern. Darüber hinaus ist zu berücksichtigen, dass sich die selbst gewählten Real-Cases, was Inhalt und Umfang anbetrifft, in ihrem jeweiligen Komplexitätsgrad voneinander unterschieden.

Kooperative Problemlöseaktivitäten. Zunächst ist festzuhalten, dass sich alle Gruppen bei den zwei Fallaufgaben entsprechend der Erwartung sowohl zu den inhaltsbezogenen als auch zu den koordinationsbezogenen Problemlöseaktivitäten äußerten. Die Ergebnisse bestätigen die Annahme, dass auch in virtuellen Gruppen inhaltsbezogene sowie koordinationsbezogene Aktivitäten als abgrenzbare Prozesse beim kooperativen Problemlösen auftreten, wie dies bereits in face-to-face Gruppen gezeigt werden konnte (Stempfle, 2004; Stempfle & Badke-Schaub, 2000; 2002). Zudem kann auf den Kern einzelner Problemlöseaktivitäten bei der gemeinsamen Fallbearbeitung verwiesen werden. So sind bei einer differenzierteren Betrachtung der Problemlöseaktivitäten Gemeinsamkeiten dahingehend festzustellen, dass sowohl beim Fall „Metallina" als auch beim Real-Case die Lösungsentwicklung und die Steuerung des Prozesses in den Gruppen insgesamt den größten Raum einnehmen. Eine geringere Rolle spielen die Informationsaufbereitung und die Planung der Vorgehensweise. Dass die Lösungsentwicklung einen wesentlichen Aspekt beim Problemlösen der Fälle einnimmt, spricht für die Relevanz der Entwicklung eines gemeinsamen Lösungsraums bei der kooperativen Aufgabenbearbeitung, wie dies auch andere Untersuchungen zeigen konnten (Gruenfeld & Hollingshead,

1993; Resnick et al., 1993). Die Bedeutung der Steuerung des Prozesses als weitere Kernaktivität beim Problemlösen der Fallaufgaben könnte in der Virtualität des Kurses begründet sein. Denn diese erfordert, dass sich die Lernpartner während des Prozesses der Fallbearbeitung intensiver abstimmen und informieren als in face-to-face Situationen (Fischer & Mandl, 2002). Dies könnte unter anderem auf das Fehlen nonverbaler und paraverbaler Hinweisreize in virtuellen Lernumgebungen zurückzuführen sein (Kiesler et al., 1984).

Bei einem Vergleich der Fälle zeigt sich beim Real-Case in allen Gruppen eine Steigerung der Problemlöseaktivitäten. Dies entspricht der theoretischen Annahme, dass ein komplexerer Real-Case, bei dem es sich um einen Ausschnitt der Realität mit verschiedenen voneinander abhängigen Variablen handelt (Dörner, 1989), mehr Aktivitäten beim kooperativen Problemlösen erfordert als ein Fall, bei dem die Problemstellung sowie die Informationen bereits vorgegeben sind.

Kooperative Prozessergebnisse. Beim Fall „Metallina" sind über die Gruppen hinweg keine großen Unterschiede bezogen auf das *konzeptuelle Wissen* und das *situative Wissen* festzustellen. Dagegen fallen beim Real-Case entsprechend der Annahme die Ergebnisse hinsichtlich der zwei Wissensarten heterogener aus. Dies spricht aus theoretischer Sicht dafür, dass ein selbst gewählter Fall aus dem beruflichen Kontext der Teilnehmer höhere Anforderungen an die Lernenden stellt und somit eine entsprechende kognitive Komplexität auf Gruppenebene erfordert (Gruenfeld & Hollingshead, 1993). Weiterhin ist zu berücksichtigen, dass sich die frei zu wählenden Real-Cases, wie bereits erwähnt, inhaltlich in ihrem jeweiligen Komplexitätsgrad voneinander unterschieden. Dies könnte eine Begründung dafür sein, dass bei einer geringeren Komplexität eines Falles auch weniger theoretische Konzepte in die Falllösung eingebracht werden.

Unterschiede hinsichtlich der Partizipation in unterschiedlich erfolgreichen Gruppen. Hier zeigt sich bezüglich der Partizipation kein einheitliches Bild über die Gruppen und Fälle hinweg. Die Partizipation fällt entgegen der Annahme in den unterschiedlich erfolgreichen Gruppen sehr heterogen aus. Dies weist daraufhin, dass sich ein höheres Ausmaß an Beteiligung nicht zwangsläufig positiv auf den Lernerfolg auswirken muss, wie dies in anderen Untersuchungen gezeigt wurde (u.a. Cohen & Lotan, 1995). Das Ergebnis spricht dafür, in zukünftigen Studien neben einem quantitativen Aspekt auf der qualitativen Ebene die inhaltliche Relevanz von Teilnehmerbeiträgen für den kooperativen Lernerfolg zu berücksichtigen.

Unterschiede hinsichtlich der Gewährleistung des fortlaufenden Verständnisses in unterschiedlich erfolgreichen Gruppen. Es wurde angenommen, dass in Gruppen mit einem höheren Lernerfolg die Anzahl der expliziten Bezugnahmen zur Gewährleistung eines fortlaufenden Verständnisses höher ist als in weniger erfolgreichen Gruppen. Diese Annahme trifft nicht auf alle Gruppen zu und kann somit nur zum Teil bestätigt werden. Dass keine eindeutigen Gemeinsamkeiten zu erkennen sind, könnte darin begründet sein, dass die Sicherstellung eines fortlaufenden Verständnisses zwar eine wichtige Basis für die virtuelle Fallbearbeitung darstellt, aber noch nicht den Erfolg einer Aufgabe gewährleisten kann (vgl. Kap. 4.3.2). Weiterhin könnten die Ergebnisse darauf hinweisen, dass eine explizite Referenzierung von Redebeiträgen in asynchronen, textbasierten Kommunikationsumgebungen nicht so wichtig ist wie beispielsweise in Chatrooms, wo explizite Bezugnahmen, wie empirische Untersuchungen zeigen konnten, mit der Gruppenleistung signifikant korrelierten (vgl. Paechter, 2003). Dies könnte darin begründet sein, dass in Diskussionsforen eine gewisse Kohärenz der Beiträge bereits durch die zeitliche Reihenfolge und hierarchische Struktur der Nachrichten gegeben ist.

Unterschiede hinsichtlich der kooperativen Problemlöseaktivitäten in unterschiedlich erfolgreichen Gruppen. Bis auf eine Gruppe ist in allen Gruppen, die einen höheren Lernerfolg aufweisen, entsprechend der Annahme eine höhere Anzahl an Problemlöseaktivitäten festzustellen. Ähnliche Muster sind dahingehend zu verzeichnen, dass die erfolgreichsten Gruppen bei beiden Fällen mehr koordinationsbezogene als inhaltsbezogene Aktivitäten aufzeigen. Die Ergebnisse verweisen auf die Relevanz kooperativer Problemlöseaktivitäten für ein erfolgreiches Problemlösen von

Fällen. Weiterhin sprechen die Ergebnisse für die Bedeutung der Koordination, die im Vergleich zum individuellen Problemlösen neben der Ausführung einzelner Lösungsschritte einen zentralen Aspekt beim Problemlösen in Gruppen darstellt (Paechter, 2003; Wetzel, 1995).

Die deskriptive Untersuchung dieser Arbeit konnte einen Einblick in die Prozessaktivitäten und Prozessergebnisse bei den kooperativen Fallaufgaben liefern. Dabei wurden einige Annahmen in der Studie bestätigt. Hierbei ist vor allem Gruppe 1 als „Extremgruppe" zu nennen, deren Ergebnisse sich hinsichtlich der einzelnen Prozessaktivitäten sowie der Prozessergebnisse durchgehend erwartungskonform zeigten (vgl. Kap. 9.2 und 9.3). Den einzelnen untersuchten Aspekten sollte in Folgestudien mit einer größeren Anzahl von Gruppen nachgegangen werden.

Zusammenfassend ist festzuhalten, dass die vorliegende Studie das Problem der unausgewogenen Partizipation in virtuell-kooperativen Lehr-Lern-Szenarien belegen konnte. Weiterhin verweist die Untersuchung auf die Bedeutung der expliziten Bezugnahmen zur Herstellung von Kohärenz und der Sicherstellung eines fortlaufenden Verständnisses bei der gemeinsamen Fallbearbeitung. Darüber hinaus zeigt sie, dass inhaltsbezogene und koordinationsbezogene Problemlöseaktivitäten als abgrenzbare Prozesse bei der kooperativen virtuellen Fallbearbeitung auftreten und lässt erkennen, dass die Lösungsentwicklung und die Steuerung des Prozesses den Kern des gemeinsamen Problemlösens bei den zwei Fallaufgaben darstellen. Schließlich zeigen die Prozessergebnisse der virtuellen Fallbearbeitungen ein heterogeneres Bild bei den komplexeren Real-Cases und geben bei einem Vergleich erfolgreicher und weniger erfolgreicher Gruppen Hinweise auf die Bedeutung kooperativer Problemlöseaktivitäten für den gemeinsamen Lernerfolg.

Im folgenden Abschnitt sollen aus den Ergebnissen Implikationen für Forschung und Praxis abgeleitet werden.

10.2 Konsequenzen für Forschung und Praxis

Nach der zusammenfassenden Darstellung der empirischen Ergebnisse werden nun Implikationen für Forschung und Praxis herausgearbeitet.

10.2.1 Konsequenzen für die Forschung

Aus den Ergebnissen der deskriptiven Untersuchung der vorliegenden Pilotstudie lassen sich folgende Konsequenzen für die weitere Forschung ableiten:

So sollten aus methodischer Sicht Untersuchungen mit größeren Stichproben hinsichtlich der Gruppenanzahl zeigen, inwieweit Muster von Kooperationsaktivitäten, vor allem bezogen auf die Problemlöseaktivitäten in virtuellen Gruppen, in weiteren Studien nachgewiesen werden können. Denn inwieweit die in dieser Studie gezeigten Gemeinsamkeiten in den Gruppen signifikant oder zufällig sind, konnte in der vorliegenden Arbeit nicht festgestellt werden. Hierfür müssten statistische Verfahren herangezogen werden, die bei der gegebenen Stichprobe nicht eingesetzt werden konnten. So wäre es beispielsweise möglich, bei einer größeren Anzahl von Gruppen Cluster-Analysen zur Erkennung bestimmter Muster in Gruppen durchzuführen.

Zudem könnten mit einer größeren Stichprobe weitere statistische Analysen durchgeführt werden wie Zusammenhangsberechnungen von Prozessvariablen und Lernerfolg. Auch Untersuchungen mit größeren Stichproben im Rahmen laborexperimenteller Designs könnten weitere Einblicke in die Prozessaktivitäten und Prozessergebnisse kooperativer Fallbearbeitungen geben. Diese haben den Vorteil, dass durch sie die Umgebung besser kontrollierbar ist, als dies in der vorliegenden Feldstudie möglich war. Hierbei wäre es auch sinnvoll, Aspekte wie beispielsweise die kognitive Belastung der Lernenden in die Untersuchung mit einzubeziehen. Andererseits ist bei experimentellen Untersuchungen die externe Validität der Studie eingeschränkt. Darin liegt wiederum der Vorteil von Untersuchungen im Feld, die ebenfalls weiter verfolgt werden sollten. Um weitere Erkenntnisse im Hinblick auf die Prozessaktivitäten und deren Einfluss auf die kooperativen Prozessergebnisse zu erhalten, wäre es darüber hinaus möglich, ergänzend stärker qualitativ-inhaltsanalytische Vorgehensweisen einzusetzen.

Weiterhin ist es in zukünftigen Untersuchungen angebracht, neben den kooperativen Prozessen, auf dem der Fokus dieser Arbeit lag, auch individuelle Aspekte zu erheben und in Zusammenhang mit den Gruppenprozessen und -ergebnissen zu betrachten. Denn es ist anzunehmen, dass Merkmale der Gruppenmitglieder wie beispielsweise das Vorwissen Einfluss auf den Diskurs und den Lernerfolg haben. Dabei gilt zu berücksichtigen, dass Kenntnisse und Fähigkeiten, die ein Lernender vor der Bearbeitung einer Aufgabe besitzt, vor allem beim erwachsenen Lerner sehr heterogen ausfallen können (Krapp & Weidenmann, 1992; Resnick, 1987). Neben den kognitiven Aspekten sollten in weiteren Untersuchungen auch motivationale Faktoren und ihr Einfluss auf den Lernprozess und den Lernerfolg berücksichtigt werden. Dies ist im Rahmen der betrieblichen Weiterbildung deshalb interessant, da es sich hier oftmals um initiierte „Anpassungsfortbildungen" handelt und der Arbeitnehmer seine Weiterbildung meist als Notwendigkeit sieht, um sich im Beschäftigungssystem behaupten zu können (Arnold & Gonon, 2006; Dobischat & Seifert, 2001).

Eine weitere Einschränkung der Ergebnisse liegt darin, dass sich diese womöglich nur auf virtuell-asynchrone Kurse übertragen lassen. Deshalb ist es notwendig, zusätzliche Studien in weiteren Kommunikationssettings durchzuführen. Zudem könnten Untersuchungen in anderen Domänen die Allgemeingültigkeit der Befunde vergrößern.

Die vorliegende Arbeit kann somit vor allem der Hypothesengenerierung für Folgestudien dienen.

Unter dem folgenden Abschnitt sollen nun die Konsequenzen für die Praxis abgleitet werden.

10.2.2 Konsequenzen für die Praxis

Die Ergebnisse der vorliegenden Arbeit bieten Ansatzmöglichkeiten zur Optimierung der Praxis im Hinblick auf das kooperative Lernen mit Fällen im Rahmen der betrieblichen Weiterbildung.

So wäre es auf der didaktischen Ebene durch den *Einsatz von Skripts* (Fischer, Kollar, Mandl & Haake, 2006) möglich, die Lernenden beim Problemlösen der Fälle in der Form zu unterstützen, dass ihnen Strategien zum Lösen der Fälle an die Hand gegeben werden (vgl. Stark et al., 1998). Für einen Einsatz von Skripts sprechen vor allem die Lernerfolgsergebnisse beim komplexeren Real-Case, die in zwei von vier Gruppen sehr niedrig ausfielen. Zudem könnten über Koordinationsskripts die Koordinationsaktivitäten, die wie gezeigt werden konnten, bei beiden Fallaufgaben einen großen Raum einnahmen, zugunsten von mehr inhaltlicher Aktivität reduziert werden. Der Einsatz von sozialen Koordinationsskripts, bei denen die Lernenden verschiedene Rollen bei der Fallbearbeitung einnehmen, könnte darüber hinaus eine ausgewogenere Partizipation sowie eine stärkere Bezugnahme unter den Lernpartnern bewirken (vgl. Weinberger, 2003).

Eine unterstützende Rolle bei den virtuell-kooperativen Fallbearbeitungen wäre auch durch eine intensivere *tutorielle Betreuung* (Hesse et al., 2002; Reinmann-Rothmeier & Mandl, 2002) denkbar. Der Tutor könnte zum einen die Gruppen auf inhaltlicher Ebene und zum anderen auf gruppendynamischer Ebene unterstützen. Hierbei kommt auch dem *Feedback* (Krause et al., 2003) eine wichtige Funktion zu. So wäre es möglich, den Lernenden neben einer Rückmeldung zur Qualität ihres gemeinsamen Gruppenprodukts, wie es in diesem Kurs erfolgt ist, auch Feedback und Optimierungsmöglichkeiten zu ihren Gruppenprozessen mitzugeben. Denn der instruktionalen Unterstützung kommt, wie Untersuchungen zeigen konnten, vor allem in problemorientiert gestalteten Lernumgebungen eine nicht zu vernachlässigende Bedeutung zu und sollte deshalb nicht nur minimalistisch erfolgen (vgl. Kirschner, Sweller & Clark, 2006). In weiteren Kursen wäre es sinnvoll, dies vor allem bei einem Real-Case, der eine offene Aufgabenstellung beinhaltet und den Lernenden einen großen Freiraum gibt, zu berücksichtigen.

Weiterhin könnten die Gruppen durch eine *Integration von Präsenzphasen* im Sinne eines Blended-Learning-Konzeptes (Mandl & Kopp, 2006; Reinmann-Rothmeier, 2003) mehr instruktionale Unterstützung erhalten. Dies würde zudem ein face-to-face Kennenlernen der Teilnehmer ermöglichen. Da es sich bei dem virtuellen Kurs um einen Piloten handelte und das Lernen in virtuellen Lernumgebungen für die meisten Teilnehmer noch ungewohnt war, könnten integrierte Präsensphasen in Folgekursen eine sinnvolle Unterstützung für den einzelnen Lerner sowie für die Gruppenzusammenarbeit darstellen. Durch die Aufhebung der visuellen Anonymität könnten zudem Gruppenphänomene wie das „Trittbrettfahren" (vgl. Abschnitt 10.1) reduziert werden.

Auf der mikrodidaktischen Ebene sind weitere Maßnahmen zur Unterstützung des Gruppenprozesses denkbar. So wäre es möglich, einen *Moderator aus der Gruppe* zu bestimmen, der den Prozess der Fallbearbeitung steuert und dessen Rolle unter den Gruppenmitgliedern rotiert. Es könnte zudem eine klare und verbindliche *Aufgabenverteilung in der Gruppe* zu Beginn jeder Fallaufgabe erfolgen, die im Sinne einer Zielinterdependenz nach Johnson und Johnson (1998) eine „echte Gruppenarbeit" ermöglicht. Weiterhin wäre es sinnvoll, verbindliche *Gruppenregeln* festzulegen. Mit diesen Maßnahmen könnte der Gruppenprozess besser strukturiert werden und es könnte damit auch dem Problem der unausgewogenen Partizipation begegnet werden (Hesse & Giovis, 1997; Hron, Hesse & Friedrich, 2002).

Was die *didaktische Gestaltung der Fallaufgaben* betrifft, sollte in Folgekursen ein höheres Augenmerk auf die von den Lernenden selbst eingebrachten Real-Cases gelegt werden, damit sich diese nicht zu sehr in ihrem Komplexitätsgrad voneinander unterscheiden. Hier wäre es sinnvoll, den Gruppen bei der Aufgabenstellung mehr Informationen zu Umfang, Struktur und inhaltlich zu berücksichtigenden Aspekten bei der Auswahl eines Real-Cases mitzugeben.

Auf der organisatorischen Ebene stellt bei einem virtuellen Kurs im Rahmen der betrieblichen Weiterbildung die *Unterstützung durch das Unternehmen bzw. das Management* einen wichtigen Aspekt dar, um eine entsprechende Akzeptanz bei den Mitarbeitern für eine solche neue Form des Lernen zu erzielen (Back & Bursian, 2003; Bürg, 2005). Damit verbunden ist auch das Schaffen von Freiräumen, um das Lernen im Betrieb und am Arbeitsplatz zu unterstützen und schließlich auch die *Förderung einer Lernkultur*, in der die Kooperation fester Bestandteil ist.

11. Ausblick

Virtuelles Lernen im Rahmen der betrieblichen Weiterbildung wird in den nächsten Jahren zunehmend an Bedeutung gewinnen (Dittler, 2003; Mandl & Winkler, 2004). Dabei stellt die problemorientierte Herangehensweise einen Ansatz dar, anwendungsorientiertes Wissen zu fördern und zudem den Anforderungen an ein erwachsenenadäquates Lernen gerecht zu werden. Das fallorientierte Lernen ermöglicht in diesem Zusammenhang als problemorientierte Methode durch die Bearbeitung komplexer, realitätsnaher Probleme ein authentisches und situiertes Lernen. Zudem unterstützt es das Lernen im sozialen Kontext. Denn neben der Bewältigung komplexer Probleme in unserer Arbeitswelt stellt auch die Zusammenarbeit im Team einen wesentlichen Teil unseres beruflichen Alltags dar (Antoni, 2002; Kopp & Mandl, 2006).

Was das kooperative Lernen in virtuellen Lehr-Lern-Szenarien betrifft, besteht im Rahmen der betrieblichen Weiterbildung noch intensiver Forschungsbedarf. Die vorliegende Arbeit konnte einen Beitrag zur Untersuchung des kooperativen fallorientierten Lernens in einem virtuellen Kurs der betrieblichen Weiterbildung leisten. Vor allem konnte die Studie methodische Ansatzpunkte zur Untersuchung kooperativer Problemlöseaktivitäten in virtuellen Gruppen liefern, wie dies bereits umfangreich in face-to-face Gruppen erfolgt ist. Weiterhin konnte sie zeigen, dass die Methode des fallorientierten Lernens in virtuellen Kursen der betrieblichen Weiterbildung möglich und förderlich ist.

Trotz der genannten Limitationen der in dieser Arbeit gefunden Ergebnisse erscheint die Analyse kooperativer Prozessaktivitäten und Prozessergebnisse vor allem in Bezug auf die untersuchten Problemlöseaktivitäten aus theoretischer Sicht sowie aus Forschungsperspektive vielversprechend. Die vorliegende Pilotstudie dient dabei vor allem der Hypothesengenerierung für Folgestudien. Weitere Untersuchungen könnten zeigen, inwieweit die Ergebnisse dieser Arbeit auf virtuelle Kurse mit anderen

Kommunikationssettings und in anderen Domänen übertragbar sind. Hierfür stellen sowohl laborexperimentelle Untersuchungen als auch Feldexperimente sinnvolle Herangehensweisen dar. Besonders in der Feldforschung liegt im Rahmen von Kursen der betrieblichen Weiterbildung das Potenzial, was die Analyse kooperativer Prozessaktivitäten und Prozessergebnisse betrifft, fundierte Erkenntnisse für Forschung und Praxis zu liefern. Dazu konnte die vorliegende Arbeit einen ersten Beitrag leisten.

12. Literaturverzeichnis

Albanese, M. A. & Mitchell, S. (1993). Problem-based learning: A review of literature on its outcomes and implementation issues. *Academic Medicine*, 68 (1), 52-81.

Anderson, J. R. (1996). *Kognitive Psychologie*. Berlin: Spektrum.

Andriessen, J., Erkens, G., Van de Laak, C., Peters, N. & Coirier, P. (2003). Arumentation as negotiation in electronic collaborative writing. In J. Andriessen, M. Baker & D. Suthers (Eds.), *Arguing to learn: Confronting cognitions in computer-supported collaborative learning environments* (pp. 79-115). Dordrecht: Kluwer.

Antoni, C. H. (2002). Gruppen- und Teamarbeit. In H.-J. Bullinger, H. J. Warnecke & E. Westkämper (Hrsg.), *Neue Organisationsformen in Unternehmen* (S. 410-420). Heidelberg: Springer.

Arnold, R. & Gonon, Ph. (2006). *Einführung in die Berufspädagogik*. Opladen & Bloomfield Hills: Budrich.

Ashley, K. D. (1990). *Modeling legal argument*. Cambridge: MIT Press.

Back, A. & Bursian, O. (2003). Managerial aspects of corporate e-learning: Insights from a study of four cases. *ScomS: New Media in Education*, 1, 1-22.

Badke-Schaub, P. (1994). *Gruppen und komplexe Probleme. Strategien von Kleingruppen bei der Bearbeitung einer simulierten AIDS-Ausbreitung*. Frankfurt am Main: Lang.

Badke-Schaub, P. & Frankenberger, E. (1996). *Von den Daten zum Modell: Eine empirische Untersuchung von Gruppenarbeit in der Konstruktionspraxis*. Memorandum Nr. 14, Universität Bamberg / Lehrstuhl Psychologie II.

Badke-Schaub, P. & Frankenberger, E. (1999) Analysis of design projects, *Design Studies*, 20, 481-494.

Baker, M., Hansen, T., Joiner, R. & Traum, D. (1999). The role of grounding in collaborative learning tasks. In P. Dillenbourg (Ed.), *Collaborative learning. Cognitive and computational approaches* (pp. 31-63). Amsterdam Pergamon.

Bales, R. F. (1950). A set of categories for the analysis of small group interaction. *American Sociological Review*, 15, 257 - 263.

Barab, S. A. & Duffy, T. M. (2000). From practice fields to communities of practice. In D. H. Jonassen & S. M. Land (Eds.), *Theoretical foundations of learning environments* (pp. 25-55). Mahwah, NJ: Erlbaum.

Barnes, D. & Todd, F. (1977). *Communication and learning in small groups*. London: Routledge.

Barthels, R., Bungard, J., Dietel, C. & Schweitzer, J. (1994). Kooperatives Lernen: Ein Anwendungsgebiet der Telekooperation. *Unterrichtswissenschaft*, 22, 353-363.

Bielaczyc, K. & Collins, A. (1999). Learning communities in classrooms: A reconceptualization of educatinal practice. In C. M. Reigeluth (Ed.), *Instructional design theories and models. Vol. II: A new paradigm of instructional theory* (pp. 269-291). Mahwah NJ: Erlbaum.

Bolz, A. (2002). *Multimedia-Fallstudien in der betrieblichen Aus- und Weiterbildung – Konzeption und empirische Untersuchung*. Köln: Eul.

Boos, M. (2000). Computerunterstützte Problemstrukturierung in Arbeitsgruppen. In M. Boos, K. J. Jonas & K. Sassenberg (Hrsg.), *Computervermittelte Kommunikation in Organisationen* (S. 73-87). Göttingen: Hogrefe.

Boos, M. & Cornelius, C. (2001). Bedeutung und Erfassung konversationaler Kohärenz in direkter und computervermittelter Kommunikation. In F. W. Hesse & H. F. Friedrich (Hrsg.), *Partizipation und Interaktion im virtuellen Seminar* (S. 55-80). Münster: Waxmann.

Boos, M., Jonas, K. J. & Sassenberg, K. (2000). Sozial- und organisationspsychologische Aspekte computervermittelter Kommunikation. In M. Boos, K. J. Jonas & K. Sassenberg (Hrsg.), *Computervermittelte Kommunikation in Organisationen* (S. 1-7). Göttingen: Hogrefe.

Boos, M., Scharpf, U. & Fisch, R. (1991). Eine Methode zur Analyse von Interaktionsprozessen beim Problemlösen und Entscheiden in Sitzungen. *Zeitschrift für Arbeits- und Organisationspsychologie*, 35 (9), 115-121.

Bortz, J. & Döring, N. (2003). *Forschungsmethoden und Evaluation für Human- und Sozialwissenschaftler*. Berlin: Springer.

Bortz, J. & Lienert, G. A. (2003). *Kurzgefasste Statistik für die klinische Forschung*. Berlin: Springer.

Boshuizen, H. P. & Schmidt, H. G. (1992). On the role of biomedical knowledge in clinical reasoning by experts, intermediates, and novices. *Cognitive Science*, 16, 153-184.

Bransford, J. D., Goldman, S. R. & Vye, N. J. (1991). Making a difference in people's ability to think: Reflections on a decade of work and some hopes for the future. In R. J. Sternberg & L. Okagaki (Eds.), *Influences on children* (pp. 147-180). Hillsdale: Erlbaum.

Brettschneider, V. (2000). *Entscheidungsprozesse in Gruppen: Theoretische und empirische Grundlagen der Fallstudienarbeit.* Bad Heilbrunn: Klinkhardt.

Brodbeck, F. C. & Frey, D. (1999). Gruppenprozesse. In C. G. Hoyos & D. Frey (Hrsg.). *Arbeits- und Organisationspsychologie. Ein Lehrbuch* (S. 358-372). Weinheim: Beltz.

Bromme, R. & Jucks, R. (2001). Wissensdivergenz und Kommunikation: Lernen zwischen Experten und Laien im Netz. In F. W. Hesse & H. F. Friedrich (Hrsg.), *Partizipation und Interaktion im virtuellen Seminar* (S. 81-103). Münster: Waxmann.

Brooks, L. W. & Dansereau, D. F. (1983). Effects of structural schema training and text organization on expository prose processing. *Journal of Educational Psychology*, 75(6), 811-820.

Brown, J. S., Collins, A. & Duguid, P. (1989). Situated cognition and the culture of learning. *Educational Researcher*, 18 (1), 32-42.

Bruhn, J. (2000). *Förderung des kooperativen Lernens über Computernetze – Prozesse und Lernerfolg beim dyadischen Lernen mit Desktop – Videokonferenzen.* Frankfurt a. M.: Lang.

Bruhn, J., Gräsel, C., Fischer, F. & Mandl, H. (1997). *Kategoriensystem zur Erfassung der Kokonstruktion von Wissen im Diskurs.* Unveröffentlichtes Manuskript, Ludwig-Maximilians-Universität, München.

Buchstein, H. (1996). Bittere Bytes: Cyberbürger und Demokratietheorie. *Deutsche Zeitschrift für Philosophie*, 44, 583-607.

Buder, J. (2000). *Wissensaustausch und Wissenserwerb in Computerkonferenzen: der Einfluss des Metawissens.* [Dissertation, Eberhard-Karls-Universität Tübingen] Online im Internet. Verfügbar unter: http://w210.ub.uni-tuebingen.de/dbt/volltexte/2002/445/pdf/Buder.pdf [07.08.2006].

Buder, J. & Creß, U. (2001). Randbedingungen der Partizipation in virtuellen Seminaren: Eine Analyse aus der Sicht der Forschung zum „information pooling". In H. F. Friedrich & F. W. Hesse (Hrsg.), *Partizipation und Interaktion im virtuellen Seminar* (S. 29-54). Münster: Waxmann.

Bullinger, H.-J., Wörner, K. & Prieto, J. (1998). Wissensmanagement-Modelle und Strategien für die Praxis. In H.D. Bürgel (Hrsg.), *Wissensmanagement. Schritte zum intelligenten Unternehmen* (S. 21-29). Berlin: Springer.

Bürg, O. (2005). *Akzeptanz von E-Learning in Unternehmen. Die Bedeutung von institutionellen Rahmenbedingungen, Merkmalen des Indivi-*

duums und Merkmalen der Lernumgebung für die Akzeptanz von E-Learning. Berlin: Logos.

Busch, F. & Götz, K. (2000). Aspekte der virtuellen Kommunikation. In K. Götz & J.-U. Martens (Hrsg.), *Elektronische Medien als Managementinstrument* (S. 41-70). München: Rainer Hampp Verlag.

Cannon-Bowers, J. A. & Salas, E. (1998). Team performance and training in complex environments: Recent findings from applied research. *Current Directions in Psychological Science*, 7, 83-97.

Caroli, F. (2000). Internetgestützte Seminare. Innovation für eine neue Form der universitären Lehre. In F. Scheuermann (Hrsg.), *Campus 2000. Lernen in neuen Organisationsformen* (S. 149-160). Münster: Waxmann.

Cheng, H.-C., Lehmann, J. & Armstrong, P. (1991). Comparison of performance and attitude in traditional and computer conferencing classes. *The American Journal of Distance Education*, 5(3), 51-64.

Clark, H. H. (1996). *Using language*. Cambridge: Cambridge University Press.

Clark, H. H. & Brennan, S. E. (1991). Grounding in communication. In S. D. Teasley (Ed.), *Perspectives on socially shared cognition* (pp. 127-149). Washington, DC: American Psychologist Association.

Clark, H. H. & Schaefer, E.F. (1989). Contributing to discourse. *Cognitive Science*, 13, 259-294.

Cognition and Technology Group at Vanderbilt (1990). Anchored instruction and its relationship to situated cognition. *Educational Researcher*, 19 (6), 2-10.

Cognition and Technology Group at Vanderbilt (1991). Technology and the design of generative learning environments. *Educational Technology*, 31 (5), 34-40.

Cognition and Technology Group at Vanderbilt (1992a). An anchored instruction approach to cognitive skill acquisition. In J. Wessley Regian & V. J. Shute (Eds.), *Cognitive approaches to automated instruction* (pp. 135-170). Hillsdale: Erlbaum.

Cognition and Technology Group at Vanderbilt (1992b). The Jasper series: A generative approach to mathematical thinking. In K. Sheingold, L. G. Roberts & S. M. Malcolm (Eds.), *This year in science series 1991: Technology for teaching and learning* (pp. 108-140). Washington: American Association for Advancement of Science.

Cognition and Technology Group at Vanderbilt (1993). Designing learning environments that support thinking: The Japer series as a case study. In

T. M. Duffy, J. Lowyck, D.H. Jonassen & T. M. Welsh (Eds.), *Designing environments for constructive learning* (pp. 9-36). Berlin: Springer.

Cohen, E. G. (1984). Talking and working together: Status interaction and learning. In P. Peterson, L. C. Wilkinson & M. Hallinan (Eds.), *Instructional groups in the classroom: Organization and processes* (pp. 171-188). Orlando: Academic Press.

Cohen, E. G. (1993). Bedingungen für produktive Kleingruppen. In G. L. Huber (Hrsg.), *Neue Perspektiven der Kooperation* (S. 45-53). Hohengehren: Schneider.

Cohen, E. G. (1994). Restructuring the classroom: Conditions for productive small groups. *Review of Educational Research*, 64, 1-35.

Cohen, E. G. & Intili, J. K. (1981). *Interdependence and management in bilingual classrooms*. (Final Report No. NIE-G-80-0217). Stanford University, School of Education.

Cohen, E. G. & Lotan, R. A. (1995). Producing equal-status interaction in the heterogeneous classroom. *American Educational Research Journal*, 32, 99-120.

Cohen, E. G., Lotan, R. A. & Leechor, C. (1989). Can classroom learn? *Sociology of Education*, 62, 75-94.

Collins, A. (1991). Cognitive apprenticeship and instructional technology. In L. Idol & B. F. Jones (Eds.), *Educational values and cognitive instruction: Implications for reform* (pp. 121-138). Hillsdale: Erlbaum.

Collins, A., Brown, J. S. & Newman, S. E. (1989). Cognitive apprenticeship: Teaching the crafts of reading, writing, and mathematics. In L. B. Resnick (Ed.), *Knowing, learning, and instruction. Essay in the honor of Robert Glaser* (pp. 453-494). Hillsdale: Erlbaum.

Crow, B. K. (1983). Topic shifts in couples' conversations. In R. T. Craig & K. Tracy (Eds.), *Conversational coherence* (pp. 136-156). Beverly Hills: Sage.

Culnan, M. & Markus, M.L. (1987). Information technologies. In F.M. Jablin, L.L.Putman & K.H. Roberts (Eds.), *Handbook of organizational communication. An interdisciplinary perspective* (pp. 420-444). Newbury Park: Sage Publications.

Daft, R. L. & Lengel, R. H. (1984a). Information richness: A new approach to managerial information processing and organization design. In B.M. Staw & L.L. Cummings (Eds.), *Research in organizational behaviour* (pp. 191-233). Greenwich: JAI Press.

Daft, R. L. & Lengel, R. H. (1984b). Information richness: A new approach to managerial behaviour and organization design. *Research in Organizational Behavior*, 6, 191-233.

Daft, R. L. & Lengel, R. H. (1986). Organizational information requirement, media richness and structural design. *Management Science*, 32, 554-571.

Daft, R. L. & Weik, K.E. (1984). Toward a model of organizations as interpretation systems. *Academy of Management Review*, 9, 284-295.

Dahlke, G. (1960). Das Wesen der Fallmethode. In Rationalisierungs-Kuratorium der Deutschen Wirtschaft e. V. (Hrsg.), *Die Fallmethode*. Frankfurt a. Main: RKW-Schriftenreihe Betriebsführung und Fortbildung 3.

Danserau, D. F. (1995). Derived structural schemas and the transfer of knowledge. In A. McKeough, J. Lupart & A. Marini (Eds.), *Teaching for transfer: Fostering generalization in learning* (pp. 93-121). Hillsdale: Erlbaum.

De Corte, E. (1992). Fostering the acquisition and transfer of intellectual skills. In A. Tuijnman & M. Van der Kamp (Eds.) *Learning across the life-span: Theories, research, policies* (pp. 91-107). Oxford: Pergamon Press.

Dennis, D.J. & Valacich, J.S. (1999). Rethinking media richness: Towards a theory of Media Synchronicity. *Proceedings of the 32nd Hawaii International Conference on System Sciences*, 32, 1-10.

De Jong, T. & Ferguson-Hessler, M. G. M. (1996). Types and qualities of knowledge. *Educational Psychologist*, 31 (2), 105-113.

Deschler, S., Mandl, H. & Winkler, K. (2005). *Konzeption, Entwicklung und Evaluation einer video- und textbasierten virtuellen Lernumgebung für eine Bundesbehörde*. (Praxisbericht Nr. 31). München: Ludwig-Maximilians-Universität, Lehrstuhl für Empirische Pädagogik und Pädagogische Psychologie.

Dewey, J. (2002). *Logik. Die Theorie der Forschung*. Frankfurt a. M.: Suhrkamp.

Dillenbourg, P. (1999). Introduction: What do you mean by 'collaborative learning'? In P. Dillenbourg (Ed.), *Collaborative learning: Cognitive and computational appraoches* (pp. 1-15). Oxford: Elsevier.

Dillenbourg, P. (2002). Over-scripting CSCL: The risks of blending collaborative learning with instructional design. In P. A. Kirschner (Ed.), Three worlds of CSCL. Can we support CSCL (pp. 61-91). Heerlen: Open Universiteit Nederland.

Dillenbourg, P., Baker, M., Blaye, A. & O'Malley, C. (1996). The evolution of research on collaborative learning. In P. Reimann & E. Spada (Eds.), *Learning in humans and maschine; Towards an interdisciplinary learning science* (pp. 189-211). Oxford: Elsevier.

Dittler, U. (2003). Einführung – E-Learning in der betrieblichen Aus- und Weiterbildung. In U. Dittler (Hrsg.), *E-Learning: Einsatzkonzepte und Erfolgsfaktoren des Lernens mit interaktiven Medien* (2. überarbeitete und ergänzte Aufl., S. 9-22). München: Oldenbourg.

Dobischat, R. & Seifert, H. (2001). *Betriebliche Weiterbildung und Arbeitszeitkonten* (WSI Mitteilungen 2/2001). Online im Internet. Verfügbar unter:http://www.box2.boeckler-boxen.de/fix/download/do_sei.pdf [06.08.2006].

Dochy, F. & Alexander, P.A. (1995). Mapping prior knowledge: a framework for discussion among researchers. *European Journal of Psychology of Education*, 10(3), 225-242.

Dochy, F., Segers, M., Van den Bossche, P. & Gijbels, D. (2003). Effects of problem-based learning: A meta-analysis. *Learning and Instruction*, 13(5), 533-568.

Döring, N. (2003). *Sozialpsychologie des Internet: die Bedeutung des Internet für Kommunikationsprozesse, Identitäten, soziale Beziehungen und Gruppen*. Göttingen: Hogrefe.

Döring, N. & Schestag, A. (2000). Soziale Normen in virtuellen Gruppen. Eine empirische Analyse ausgewählter Chat-Channels. In U. Thiedeke (Hrsg.), *Virtuelle Gruppen: Begriff und Charakteristika* (S. 313-355). Wiesbaden: Westdeutscher Verlag.

Dörner, D. (1989). *Die Logik des Mißlingens. Strategisches Denken in komplexen Situationen*. Reinbeck: Rowohlt.

Dörner, D., Kreuzig, H.W., Reither, F. & Stäudel, T. (1983). *Lohhausen. Vom Umgang mit Unbestimmtheit und Komplexität*. Bern: Huber.

Doise, W. & Mugny, W. (1984). *The social development of intellect*. Oxford: Pergamon.

Dorado, M. A., Medina, F. J., Munduate, L., Cisneros, I. F. J. & Euwema, M. (2002). Computer-mediated negotiation of escalated conflict. *Small Group Research*, 33, 509-524.

Dubrovsky, V. J., Kiesler, S. & Sethna, D. (1991). The equalization phenomenon: Status effects in computer mediated and face-to-face decision making groups. *Human Computer Interaction*, 6, 119-146.

Duden (1997). *Das Fremdwörterbuch* (Band 5, S. 848). Mannheim: Dudenverlag.

Easton, G. (1992). *Learning from Case Studies*. New York: Prentice Hall.

Eigler, G. (1997). Zur Einführung: Lernen im Medienverbund in der betrieblichen Weiterbildung" in: Friedrich, H. F., Eigler, G., Mandl, H., Schnotz, W., Schott, F. & Seel, N.M. (Hrsg.), *Multimediale Lernumgebungen in der betrieblichen Weiterbildung. Gestaltung, Lernstrategien und Qualitätssicherung* (S. 1-18). Neuwied: Luchterhand.

Eppler, M.J. (1997). Praktische Instrumente des Wissensmanagements-Wissenskarten: Führer durch den "Wissensdschungel". *Gablers Magazin*, 8, 10-13.

Erlach, Ch., Hausmann, I., Mandl, H. & Trillitzsch, U. (2002). Knowledge Master - a collaborative learning program for Knowledge Management. In T. Davenport & G. Probst (Eds.), *Knowledge Management Case Book*, pp.179-197. Erlangen/München: Publicis MCD Verlag.

Ertl, B. (2003). *Kooperatives Lernen in Videokonferenzen. Förderung von individuellem und gemeinsamem Lernerfolg durch external repräsentierte Strukturangebote.* [Dissertation, Ludwig-Maximilians-Uni-versität, München] Online im Internet. Verfügbar unter: http://edoc. ub.uni-muenchen.de/archive/00001227/01/Ertl_Bernhard_M.pdf [06.08.2006].

Eschenbach, R., Kreuzer, Ch. & Neumann, K. (1994). *Fallstudien zur Unternehmensführung*. Stuttgart: Schäffer-Poeschel.

Feagin, J., Orum, A. & Sjoberg, G. (1991). *A case for case study*. Chapel Hill: University of North Carolina Press.

Fisch, R. (1989). Konferenzkodierung: *Ein Verfahren zur Beobachtung und Beurteilung von Konferenzen.* Arbeitsbericht Nr. 11 des Sonderforschungsbereichs 221: Verwaltung im Wandel. Konstanz: Universität Konstanz.

Fisch, R. (1994). Eine Methode zur Analyse von Interaktionsprozessen beim Problemlösen in Gruppen. *Gruppendynamik*, 25 (2), 149-168.

Fischer, F. (2002). Gemeinsame Wissenskonstruktion – Theoretische und methodologische Aspekte. *Psychologische Rundschau*, 53 (3), 119-134.

Fischer, F., Bruhn, J., Gräsel, C. & Mandl, H. (2000). Kooperatives Lernen mit Videokonferenzen: Gemeinsame Wissenskonstruktion und individueller Lernerfolg. *Kognitionswissenschaft*, 9, 5-16.

Fischer, F., Bruhn, J., Gräsel, C. & Mandl, H. (2002). Fostering collaborative knowledge construction with vizualization tools. *Learning and Instruction*, 12, 213-232.

Fischer, F., Gräsel, C., Kittel, A. & Mandl, H. (1996). Entwicklung und Untersuchung eines computerbasierten Mappingverfahrens zur Strukturierung komplexer Information. *Psychologie in Erziehung und Unterricht*, 43(4), 266-280.

Fischer, F., Kollar, I, Mandl, H. & Haake, J. (2006). *Scripting computer-supported communication of knowledge - Cognitive, computational, and educational perspectives.* Berlin, Springer.

Fischer, F. & Mandl, H. (2002). Lehren und Lernen mit neuen Medien. In R. Tippelt (Hrsg.), *Handbuch Bildungsforschung* (S. 623-637). Opladen: Leske + Budrich.

Fischer, F. & Waibel, M. C. (2002). Wenn virtuelle Lerngruppen nicht so funktionieren wie sie eigentlich sollten. In U. Rinn & J. Wedekind (Hrsg.), *Referenzmodelle netzbasierten Lehrens und Lernens. Virtuelle Komponenten der Präsenzlehre* (Medien in der Wissenschaft, Band 19) (S. 35-50). Münster: Waxmann.

Frey, D. & Schulz-Hardt, S. (2000). Entscheidungen und Fehlentscheidungen in der Politik: Die Gruppe als Problem. In H. Mandl & J. Gerstenmaier (Hrsg.), *Die Kluft zwischen Wissen und Handeln: Empirische und theoretische Lösungsansätze* (S. 73-93). Göttingen: Hogrefe.

Friedrich, H. F. (2001). Stimulation von Partizipation und Interaktion im virtuellen Seminar – die Erfahrungen aus NETZBALL. In F. W. Hesse & H. F. Friedrich (Hrsg.), *Partizipation und Interaktion im virtuellen Seminar* (S. 267-293). Münster: Waxmann.

Friedrich, H.F. & Mandl, H. (1992). Lern- und Denkstrategien - ein Problemaufriß. In. H. Mandl, H.F. Friedrich (Hrsg.), *Lern- und Denkstrategien. Analyse und Intervention* (S. 3-54). Göttingen: Hogrefe.

Fries, C. (1995). Learner needs in a corporate teletraining environment – evaluation findings in the MTS project. In P. Deld & W. F. Kugemann (Eds.), *Telematics education and training. Proceedings of the Telematics for Education and Training Conference, Düsseldorf* (pp. 351-354). Amsterdam: IOS Press.

Funke, U. (1993). Computergestützte Eignungsdiagnostik mit komplexen dynamischen Scenarios. *Zeitschrift für Arbeits- und Organisationspsychologie*, 37, 109-118.

Funke, J. (2003). *Problemlösendes Denken.* Stuttgart: Kohlhammer.

Gaugler, E. & Kadel, P. (1999). Weiterbildung von Führungskräften. In R. Tippelt (Hrsg.), *Handbuch Erwachsenenbildung/Weiterbildung* (S. 659-666). Opladen: Leske + Budrich.

Gerstenmaier, J. & Mandl, H. (1995). Wissenserwerb unter konstruktivistischer Perspektive. *Zeitschrift für Pädagogik*, 41 (6), 867-888.

Glaser, B. & Strauss, A. (1998). *The discovery of grounded theory: Strategies of qualitative research.* London: Wiedenfeld und Nicholson.

Gräsel, C. (1997). *Problemorientiertes Lernen. Strategieanwendung und Gestaltungsmöglichkeiten.* Göttingen: Hogrefe.

Gräsel, C., Bruhn, J., Mandl, H. & Fischer, F. (1997). Lernen mit Computernetzen aus konstruktivistischer Perspektive. *Unterrichtswissenschaft*, 25 (1), 4-18.

Gräsel, C. & Mandl, H. (1993). Förderung des Erwerbs diagnostischer Strategien in fallbasierten Lernumgebungen. *Unterrichtswissenschaft*, 21, 355-370.

Greeno, J. G. (1997). On claims that answer the wrong questions. *Educational Researcher*, 26(1), 5-17.

Greeno, J. G. (1998). The situativity of knowing, learning, and research. *American Psychologist*, 53(1), 5-26.

Greenwald, A. G. & Gillmore, G. M. (1997). Grading leniecy is a removable contaminant of student rating. *American Psychologist*, 52, 1209-1217.

Grohmann, S. (1997). Die Fallmethode. Theoretische Grundlagen. In J. Aff & M. Wagner (Hrsg.), *Methodische Bausteine der Wirtschaftsdidaktik*. Wien: Manz.

Gruenfeld, D. H. & Hollingshead, A. B. (1993). Sociocognition in work groups: The evolution of group integrative complexity and its relation to task performance. *Small Group Research*, 24, 383-405.

Guzzo, R. A. & Shea, G. P, (1992). Group performance and intergroup relations in organizations. In M. D. Dunette & L. M. Hough (Eds.), *Handbook of Industrial and Organizational Psychology*. (pp. 269-313). Palo Alto, CA: Consulting Psychologist Press.

Hackman, J.R. (1968). Effects of task characteristics on group products. *Journal of Experimental Social Psychology*, 4, 162-187.

Hackman, J.R. & Morris, C.G. (1975). Group tasks, group interaction process, and group performance effectiveness: A review and propodsal integration, In L. Berkowitz (Ed.), *Advances in Experimental Social Psychology*, (pp. 47-97). New York: Academic Press.

Hamel, J., Dufour, S. & Fortin, D. (1993). *Case Study Methods*. Newbury Park, CA: Sage Publications.

Harvard Business School Cases (2006). Verfügbar unter: http://harvardbusinessonline.hbsp.harvard.edu/b01/en/cases/cases_home.jhtml [05.08.2006].

Hasenbein, M., Mandl, H. & Winkler, K. (2005). *Konzeption und Evaluation des Distanzkurses „Basiskompetenz wissensorientiertes Management" der Volkswagen AutoUni"* (Praxisbericht Nr. 30). München: Ludwig-Maximilians-Universität, Lehrstuhl für Empirische Pädagogik und Pädagogische Psychologie.

Hayes, J. R. (1989). *The complete problem solver*. Hillsdale: Erlbaum.

Heimerl, P. & Loisel, O. (2005). *Lernen mit Fallstudien in der Organisations- und Personalentwicklung: Anwendungen, Fälle und Lösungshinweise*. Wien: Linde.

Heinze, K. (1968). *Anwendung der Fallmethode im beruflichen Unterricht.* Berlin: Volk und Wissen.

Henri, F. (1992). Computer conferencing and content analysis. In A. R. Kaye (Ed.), *Collaborative Learning through computer conferencing: The Najaden papers* (pp. 115-136). New York: Springer.

Herrmann, T. (1991). Thesen zur Entsinnlichung von Kommunikationsort und -zeit. *Wechselwirkung*, 48, 92-93.

Hesse, F. W., Garsoffky, B. & Hron, A. (2002). Netzbasiertes kooperatives Lernen. In L. J. Issing & P. Klimsa (Hrsg.), *Information und Lernen mit Multimedia und Internet* (S. 283-298). Weinheim: Psychologie Verlags Union.

Hesse, F.W. & Giovis, C. (1997). Struktur und Verlauf aktiver und passiver Partizipation beim netzbasierten Lernen in virtuellen Seminaren. *Unterrichtswissenschaft*, 25, 34-55.

Hinsz, V., Tindale, R. S. & Vollrath, D. A. (1997). Groups as information processors. *Psychological Bulletin*, 121, 43-64.

Hinze, U. (2004). *Computergestütztes kooperatives Lernen. Einführung in Technik, Pädagogik und Organisation des CSCL.* Münster: Waxmann.

Howell-Richardson, C. & Mellar, H. (1996). A methodology for the analysis of patterns of participation within computer mediated communication courses. *Instructional Science*, 24, 47-69.

Hron, A., Hesse, F. W. & Friedrich, H. F. (2002). Gemeinsam lernt es sich besser: Kooperatives Lernen und kognitive Prozesse in netzbasierten Szenarien. In U. Scheffer & F. W. Hesse (Hrsg.), *E-Learning: Die Revolution des Lernens gewinnbringend einsetzen.* Stuttgart: Klett-Cotta.

Huber, G. L. (1987). Kooperatives Lernen: Theoretische und praktische Herausforderungen für die Pädagogische Psychologie. *Zeitschrift für Entwicklungspsychologie und Pädagogische Psychologie*, 14 (4), 340-362.

Ickes, W. & Gonzales, R. (1994). „Social" cognition and social cognition. In J. L. Nye & A. M. Brower (Eds.), *What is social about social cognition?* (pp. 285-323). Thousand Oaks: Sage.

Jackson, J. M. & Harkins, J. M. (1985). Equity in effort: An explanation of the social loafing effect. *Journal of Personality and Social Psychology*, 49, 1199-1206.

Jacobs, B. (2002). *Aufgaben stellen und Feedback geben.* Online im Internet. Verfügbar unter: http://www.phil.uni-sb.de/~jakobs/wwwartikel/ feedback/ feedback.pdf [06.08.2006].

Jacoby, J., Troutman, T. & Mazursky, D., & Kuss, A. (1984). When feedback is ignored: Disutility of outcome feedback. *Journal of Applied Psychology*, 69(3), 531-545.

Johnson, R. T. & Johnson, D. W. (1992). Positive interdependence. Key to effective cooperation. In R. Hertz-Lazarowitz (Ed.), *Interaction in cooperative groups: The theoretical anatomy of group learning* (pp. 174-199). New York: Cambridge University Press.

Johnson, R. T. & Johnson, D. W. (1996). Cooperation and the use of technology. In D.H. Jonassen (Ed.), *Handbook of research for educational communications and technology* (pp. 1017-1044). New York: Macmillan.

Johnson, R. T. & Johnson, D. W. (1998). Cooperative learning and social interdependence theory. In R. S. Tindale, L. Heath, J. Edwards, E. J. Posavac, F. B. Bryant, Y. Suarez-Balcazar, E. Henderson-King & J. Myers (Eds.), *Theory and research on small groups* (pp. 9-35). New York: Plenum.

Johnson, R. T. & Johnson, D. W., Ortiz, A. E. & Stanne, M. (1991). The impact of positive goal and resource interdependence on achievement, interaction, and attitudes. *The Journal of General Psychology*, 118(4), 341-347.

Johnson, R. T. & Johnson, D. W. & Smith, K.A. (1991). *Cooperative learning: increasing college faculty instructional productivity* (ASHE-ERIC Higher Education Report No. 4). Washington D.C.: George Washington University, School of Education and Human Development.

Johnson, D. W., Johnson, R. T. & Stanne, M. B. (1989). Impact of goal and resource interdependence on problem-solving success. *The Journal of Social Psychology*, 129(5), 621-629.

Jordan, B. & Henderson, A. (1995). Interaction Analysis: Foundations and Practice. *The Journal of the Learning Sciences*, 4 (1), 39-103.

Kaiser, F.-J. (1983). *Die Fallstudie: Theorie und Praxis der Fallstudiendidaktik*. Bad Heilbronn: Klinkhardt.

Kaiser, F.-J. & Kaminski, H. (1994). *Methodik des Ökonomie-Unterrichts*. Bad Heilbrunn: Klinkhardt.

Kaiser, F.-J. & Kaminski, H. (1999). *Methodik des Ökonomie-Unterrichts - Grundlagen eines handlungsorientierten Lernkonzeptes mit Beispielen*. Bad Heilbronn: Klinkhardt.

Kerschensteiner, G. (1964). *Das Grundaxiom des Bildungsprozesses und seine Folgerungen für die Schulorganisation*. München: Oldenbourg.

Kerres, M., Euler, D., Seufert, S., Hasanbegovic, J. & Voss, B. (2005). *Lehrkompetenz für E-Learning-Innovationen in der Hochschule. Ergebnisse einer explorativen Studie zu Maßnahmen der Entwicklung von e-*

Lehrkompetenz (SCIL-Arbeitsbericht Nr. 6). Online im Internet. Verfügbar unter: http://www.scil.ch/publications/docs/2005-10-kerres-et-alelehrkompetenz.pdf [06.08.2006].

Kiesler, S. (1986). The hidden messages in computer networks. *Harvard Business Review*, January – February, 46-60.

Kiesler, S., Siegel, J. & McGuire, T. W. (1984). Social psychological aspects of computer-mediated communication. *American Psychologist*, 39 (10), 1123-1134.

Kiesler, S. & Sproull, L. (1986). Reducing Social Context Cues: Electronic Mail in Organizational Communication. *Management Science*, 32 (11). 1492-1512.

Kiesler, S. & Sproull, L. (1992). Group decision making and communication technology. *Organizational Behavior and Human Decision Processes*, 52, 96-123.

Kirschner, P. A., Sweller, J. & Clark, R.E. (2006). Why minimal guidance during instruction does not work: an analysis of the failure of constructivist, discovery, problem-based, experiential, and inquiry-based teaching. *Educational Psychologist*, 41(2), 75-86.

Kleiner, A. & Roth, G. (1998). Wie sich Erfahrungen in der Firma besser nutzen lassen. *Harvard Business Manager*, 5/1998, S. 9-15.

Klimoski, R. & Mohammed, S. (1994). Team mental model: construct or metaphor. Journal of Management, 20 (2), 403-437.

Koch, St. & Mandl, H. (1999). *Wissensmanagement-Anwendungsfelder und Instrumente für die Praxis* (Forschungsbericht Nr. 103). München: Ludwig-Maximilians-Universität, Lehrstuhl für Empirische Pädagogik und Pädagogische Psychologie.

Kosiol, E. (1957). *Die Behandlung praktischer Fälle im betriebswirtschaftlichen Hochschulunterricht (Case Method). Ein Berliner Versuch*. Berlin: Duncker & Humblot.

Kolodner, J. L. (1993). *Case-Based Reasoning*. San Mateo: Morgan Kaufman.

Kolodner, J. L. (1997). Educational Implications of Analogy. *American Psychologist*, 52 (1), 57-66.

Kolodner, J. L. (2003). Problem-Based Learning Meets Case-Based Reasoning in the Middle-School Science Classroom: Putting Learning by Design(tm) Into Practice. *Journal of the Learning Sciences*, 12 (4), 495-547.

Kollar, I., Fischer, F. & Hesse, F.-W. (2003, August). *Computer supported cooperation scripts*. Paper presented at the 10th Biennial Conference of the European Association for Research on Learning and Instruction (EARLI), Padau.

Konradt, U., Marsula, A. & Rakuljic, M. (2002). Eine Längsschnittstudie zur Motivation und Kommunikation beim netzbasierten Lernen in einem virtuellen Seminar. *Zeitschrift für Medienpsychologie*, 14 (3), 109-117.

Kopp, B. (2005). *Effekte schematheoretischer Unterstützung auf Argumentation und Lernerfolg beim kooperativen Lernen in Videokonferenzen.* Berlin: Logos.

Kopp, B. & Mandl, H. (2006). Gemeinsame Wissenskonstruktion. In H.-W. Bierhoff and D. Frey (Hrsg.), *Handbuch der Sozialpsychologie und Kommunikationspsychologie* (S. 504-509). Göttingen, Hogrefe.

Kopp, V., Balk, M. & Mandl, H. (2002). *Evaluation problemorientierten Lernens im Münchner Modell der Medizinerausbildung - Bewertung durch die Studierenden* (1997-2001). (Forschungsbericht Nr. 148). München: Ludwig-Maximilians-Universität, Lehrstuhl für Empirische Pädagogik und Pädagogische Psychologie.

Koppenhöfer, C., Böhmann, T. & Krcmar, H. (2000, März). *Evaluation der CASTLE Umgebung für kooperatives Lernen.* Vortrag gehalten auf der Deutschen Computer-Supported Cooperative Learning Tagung 2000, Darmstadt.

Krapp, A. (1999). Intrinsische Lernmotivation und Interesse. Forschungsansätze und konzeptuelle Überlegungen. *Zeitschrift für Pädagogik*, 45(3), 387-406.

Krapp, A. & Weidenmann, B. (1992). Entwicklungsförderliche Gestaltung von Lernprozessen – Beiträge der Pädagogischen Psychologie. In K. Sonntag (Hrsg.), *Personalentwicklung in Organisationen. Psychologische Grundlagen, Methoden und Strategien* (S. 63-82). Göttingen: Hogrefe, Verlag für Psychologie.

Krause, U.-M., Stark, R. & Mandl, H. (2003). *Förderung des computerbasierten Wissenserwerbs im Bereich empirischer Forschungsmethoden durch kooperatives Lernen und eine Feedbackmaßnahme* (Forschungsbericht Nr. 160). Ludwig-Maximilians-Universität München, Lehrstuhl für Empirische Pädagogik und Pädagogische Psychologie.

Kubicek, H. & Rolf, A. (1986). *Mikropolis. Mit Computernetzen in die "Informationsgesellschaft". Pläne der Deutschen Bundespost. Wirtschaftliche Hintergründe, Soziale Beherrschbarkeit, Technische Details.* Hamburg: VSA-Verlag.

Kuhn, D. (1991). *The skills of argument.* New York: Cambridge University Press.

Larson, J. R. & Christensen, C. (1993). Groups as problem-solving units: Toward a new meaning of social cognition. *British Journal of Social Psychology*, 32, 5-30.

Latané, B. & Nida, S. (1981). Ten years of research on group size and helping. *Psychological Bulletin*, 89(2), 308-324.

Latané, B., Williams, K. & Harkins, S. (1979). Many hands lighten the work: The causes and consequences of social loafing. *Journal of Personality and Social Psychology*, 37(6), 822-832.

Lave, J. & Wenger, E. (1991). *Situated learning. Legitimate peripheral participation.* Cambridge: Cambridge University Press.

Law, J. & Wong, P.W. (1996). Expertise and Instructional Design. In H. Gruber & A. Ziegler (Hrsg.). *Expertiseforschung. Theoretische und methodische Grundlagen* (S. 115-147). Opladen: Westdeutscher Verlag.

Lea, M. (1992). "Flaming" in computer-mediated communication. In M. Lea (Ed.), *Contexts of computer-mediated communication* (pp. 89-112). New York: Harvester Wheatsheaf.

Lea, M. & Spears, R. (1991). Computer-mediated communication, deindividuation and group decision making. *International Journal of Man-Maschine Studies*, 39, 283-301.

Light, V., Light, P. & Wright, V. (2000). Seeing eye to eye: An evaluation of the use of video-conferencing to support collaboration. *European Journal of Psychology of Education*, XV, 467-478.

London, S. (1995). *Teledemocracy versus Deliberative Democracy. A Comparative Look at two Models of Public Talk.* Online im Internet. Available at: http://www.scottlondon.com/reports/tele.html [06.06.2008].

Lou, Y., Abrami, P. C. & d'Apollonia, S. (2001). Small group and individual learning with technology: A meta-analysis. *Review of Educational Research*, 71, 449-521.

Mabry, E.A. & Attridge, M. D. (1990). Small group interaction and outcome correlates for structured and unstructured tasks. *Small Group Research*, 21, 315-332.

Mäkitalo, K., Salo, P., Häkkinen, P. & Järvelä, S. (2001). Analysing the mechanism of common ground in collaborative web-based interaction. In P. Dillenbourg, A. Eurelings & K. Hakkarainen (Eds.). *European Perspectives on Computer-supported Collaborative Learning* (pp. 445-453). Maastricht: McLuhan Institute, Universiteit Maastricht.

Mandl, H., Bruckmoser, S. & Konschak. J. (1999). *Problemorientiertes Lernen im Münchner Modell der Medizinerausbildung – Evaluation des Kardiovaskulären Kurses.* (Forschungsbericht Nr. 105). München: Ludwig-

Maximilians-Universität, Lehrstuhl für Empirische Pädagogik und Pädagogische Psychologie.

Mandl, H., Gruber, H. & Renkl, A. (1996). Communities of practice toward expertise: Social foundation of university instruction. In P. B. Baltes & U. Staudinger (Eds.), *Interactive minds. Life-span perspectives on the social foundation of cognition* (pp. 394-411). Cambridge: Cambridge University Press.

Mandl, H. & Kopp, B. (2006). *Blended Learning: Forschungsfragen und Perspektiven* (Forschungsbericht Nr. 182). München: Ludwig-Maximilians-Universität, Department Psychologie, Institut für Pädagogische Psychologie.

Mandl, H. & Winkler, K. (2004). E-Learning – Trends und zukünftige Entwicklungen. In K. Rebensburg (Hrsg.), *Grundfragen Multimedialen Lehrens und Lernens* (S. 17-29). Norderstedt: Books on Demand.

Marsh, H. W. & Roche, L. A. (1997). Making students' evaluations of teaching effectiveness effective. *American Psychologist*, 52, 1187-1197.

Mayring, P. (2000). *Qualitative Inhaltsanalyse. Forum Qualitative Sozialforschung, 1 (2)*. Online im Internet. Verfügbar unter: http://www.qualitative-research.net/fqs-texte/2-00/2-00mayring-d.htm [06.08.2006].

Mayring, P. (2001). *Kombination und Integration qualitativer und quantitativer Analyse. Forum Qualitative Sozialforschung, 2 (1)*. Online im Internet. Verfügbar unter: http://www.qualitative-research.net/fqs-texte/1-01/1-01mayring-d.htm [06.08.2006].

McGrath, J. E. (1984). *Groups: Interaction and performance*. Englewood Cliffs, NJ: Prentice Hall.

McGrath, J. E. (1991). Time, interaction, and performance (TIP). A theory of groups. *Small Group Research*, 22, 147-174.

McGrath, J.E. & Gruenfeld, D.H. (1993). Toward a dynamic and systematic theory of groups: An integration of six temporally enriched perspectives. In M. M. Chemers & R. Ayman (Eds.), *Leadership theory and research. Perspectives and Directions* (S. 217-243). San Diego: Academic Press.

Mettler-von Meibom, B. (1990). Wie kommt es zur Zerstörung zwischenmenschlicher Kommunikation. Überlegungen über längerfristige Tendenzen und die Anwendung von Computern. In W. Rammert (Hrsg.), *Computerwelten – Alltagswelten. Wie verändert der Computer die soziale Wirklichkeit?* (S.65-90). Opladen: Westdeutscher Verlag.

Morrison, T. (2003). *Actionable Learning: A Handbook for Capacity Building Through Case Based Learning*. Tokyo: Asian Development Bank Institute.

Narciss, S. (2001). *Informative feedback as a bridge from instruction to learning in computer-based trainings.* Paper presented at 9th European Conference for Research on Learning and Instruction, Fribourg, Switzerland.

Naumann, J. & Richter, T. (2001). Diagnose von Computer Literacy: Computerwissen, Computereinstellungen und Selbsteinschätzungen im multivariaten Kontext. In W. Frindte, T. Köhler, P. Marquet & E. Nissen (Eds.), *Internet-based teaching and learning (IN-TELE) 99. Proceedings of IN-TELE 99* (pp. 295-302). Frankfurt a. M.: Lang.

Newell, A. & Simon, H. A. (1972). *Human problem solving.* Englewood-Cliffs: Prentice Hall.

Nistor, N., Schnurer, K. & Mandl, H. (2005). *Akzeptanz, Lernprozess und Lernerfolg in virtuellen Seminaren: Wirkungsanalyse eines problemorientierten Seminarkonzepts.* (Forschungsbericht Nr. 174). München: Ludwig-Maximilians-Universität, Lehrstuhl für Empirische Pädagogik und Pädagogische Psychologie.

Nonaka, I. & Takeuchi, H. (1997). *Die Organisation des Wissens. Wie japanische Unternehmen eine brachliegende Ressource nutzbar machen.* Frankfurt: Campus.

O'Donnell, A. M. & Dansereau, D. F. (1992). Scripted cooperation in student dyads: a method for analyzing and enhancing academic learning and performance. In R. Hertz-Lazarowitz & N. Miller (Eds.), *Interaction in cooperative groups: the theoretical anatomy of group learning* (pp. 120-141). Cambridge: Cambridge University Press.

O'Donnell, A. M. & Dansereau, D. F. (2000). Interactive effects of prior knowledge and material format on kooperative teaching. *Journal of Experimental Education*, 68(2), 101-118.

O'Donnell, A. M. , Dansereau, D. F., Hall, R. H., Skaggs, L. P., Lambiotte, J. G., Hythecker, V. I. & Young, M. D. (1988). Cooperative procedural learning: Effects of prompting and pre-versus distributed planning activities. *Journal of Educational Psychology*, 80(2), 167-171.

Olson, J. S., Olson, G. M. & Meader, D. K. (1997). Face-to-face group work compared to group work with and without video. In K. E. Finn, A, J. Sellen & A. Wilbur (Eds.), *Video-mediated communication* (pp. 157-172). Mahwah: Lawrence Erlbaum.

Ortiz, A. E., Johnson, D. W. & Johnson, R. T. (1996). The effect of positive goal and resource interdependence on individual performance. *The Journal of Social Psychology*, 136(2), 243-249.

Paechter, M. (2000). Soziale Präsenz einer Dozentin in einer telematischen Lehrveranstaltung. *Abstractband des 42. Kongresses für Psychologie, Jena*. Lengerich: Pabst.

Paechter, M. (2001). Mitarbeiterkompetenzen in globalen Teams. *berufsbildung*, 68, 47-48.

Paechter, M. (2003). *Wissenskommunikation, Kooperation und Lernen in virtuellen Gruppen*. Lengerich: Pabst.

Paechter, M., Weidenmann, B. & Schweizer, K. (2002). Synchron oder asynchron: Wann wird Wissen effektiver kommuniziert? In E. van der Meer, H. Hagendorf, R. Beyer, F. Krüger, A. Nuthmann & S. Schulz (Hrsg.)., *Abstractband des 43. Kongresses der Deutschen Gesellschaft für Psychologie, Berlin* (S. 272). Lengrich: Pabst.

Pekrun, R. & Schiefele, U. (1996). Emotions-motivationspsychologische Bedingungen der Lernleistung. In F. E. Weinert (Hrsg.), *Enzyklopädie der Psychologie D/I: Psychologie des Lernens und der Instruktion* (S.153-180). Göttingen: Hogrefe.

Peterson, P. & Swing, S. (1985). Students' cognition as mediators of the effectiveness of small-group learning. *Journal of Educational Psychology*, 77, 299-312.

Piaget, J. (1981). *Intelligence and affectivity. Their realationship during child development*. Annual Reviews Incorporation: Palo Alto, Ca.

Piaget, J. (1985). *The equilibrium of cognitive structures: The central problem of intellectual development*. Chicago: University of Chicago Press.

Polya, G. (1949). *Schule des Denkens. Vom Lösen mathematischer Probleme*. Bern: Francke.

Poulsen, C., Abrami, P. C., Kouros, C. & Chambers, B. (1993). Beobachtung kooperativen Lernens im Geometrieunterricht: Die Verwendung von „running records". In G. Huber (Hrsg.), *Neue Perspektiven der Kooperation* (S. 203-215). Hohengeren: Schneider.

Preckel, D. (2004). Problembasiertes Lernen: Löst es die Probleme der traditionellen Instruktion?. *Unterrichtswissenschaft*, 32(3), 274-287.

Probst, G., Raub, S. & Romhardt, K. (2000). *Wissen managen. Wie Unternehmen ihre wertvollste Ressource optimal nutzen*. Wiesbaden: Gabler.

Putz-Osterloh, W. (1983). Über Determinanten komplexer Problemlöseleistungen und Möglichkeiten zu ihrer Erfassung. *Sprache und Kognition*, 2, 100-116.

Quinn, C., Mehan, H., Levin, J. & Black, S. (1983). Real education in non-real time: The use of electronic message systems for instruction. *Instructional Science*, 11, 313-327.

Reetz, L. (1988). Fälle und Fallstudien im Wirtschaftslehre-Unterricht. *Wirtschaft und Erziehung*, 5, S.148-156.

Reetz, L. (1996). Wissen und Handeln – Zur Bedeutung konstruktivistischer Lernbedingungen in der kaufmännischen Berufsausbildung. In K. Beck, W. Müller, T. Deissinger & M. Zimmermann (Hrsg.), *Berufserziehung im Umbruch. Didaktische Herausforderungen und Ansätze zu ihrer Bewältigung* (S. 173-188). Weinheim: Deutscher Studien Verlag.

Reimann, P. & Schult, T. (1996). Turning examples into cases: Acquiring knowledge structures for analogical problem solving. *Educational Psychologist*, 31, 123-132.

Reinmann, G. & Mandl, H. (2006). Unterrichten und Lernumgebungen gestalten. In A. Krapp & B. Weidenmann (Hrsg.), *Pädagogische Psychologie* (S. 613-658). Weinheim: Beltz Psychologie Verlags Union.

Reinmann-Rothmeier, G. (2003). *Didaktische Innovation durch Blended Learning. Leitlinien anhand eines Beispiels aus der Hochschule.* Bern: Huber.

Reinmann-Rothmeier, G. & Mandl, H. (1995). *Unterrichten und Lernumgebungen gestalten* (Forschungsbericht Nr. 60). München: Ludwig-Maximilians-Universität, Lehrstuhl für Empirische Pädagogik und Pädagogische Psychologie.

Reinmann-Rothmeier, G. & Mandl, H. (1997). Lehren im Erwachsenenalter. In F. E. Weinert & H. Mandl (Hrsg.). *Psychologie der Erwachsenenbildung* [Enzypklopädie der Psychologie, Themenbereich D, Serie I, Bd. 4] S. 355-404. Göttingen: Hogrefe.

Reinmann-Rothmeier, G. & Mandl, H. (1999a). *Teamlüge oder Individualisierungsfalle? Eine Analyse kollaborativen Lernens und deren Bedeutung für die Förderung von Lernprozessen in Gruppen* (Forschungsbericht Nr. 115). München: Ludwig-Maximilians-Universität, Lehrstuhl für Empirische Pädagogik und Pädagogische Psychologie.

Reinmann-Rothmeier, G. & Mandl, H. (1999b). Wissensmanagement: Modewort oder Element der lernenden Organisation? *Personalführung*,32 (12), 18-23.

Reinmann-Rothmeier & Mandl, H. (2002). Analyse und Förderung kooperativen Lernens in netzbasierten Umgebungen. *Zeitschrift für Entwicklungspsychologie und Pädagogische Psychologie*, 34 (1), 44-57.

Reinmann-Rothmeier, G., Mandl, H. & Aufschläger M. (1997). *Problemorientierte Unterrichtsgestaltung im Rahmen des Lehrgangs Technischer Betriebswirt IHK* (Praxisbericht Nr. 5). München: Ludwig-Maximilians-Universität, Lehrstuhl für Empirische Pädagogik und Pädagogische Psychologie.

Reinmann-Rothmeier, G., Mandl, H., Erlach, C. & Neubauer, A. (2001). *Wissensmanagement lernen*. Weinheim: Beltz.

Reinmann-Rothmeier, G., Nistor, N. & Mandl, H. (2001). Ein virtuelles Hochschulseminar zur Einführung in das Wissensmanagement. In G. Reinmann-Rothmeier & H. Mandl (Hrsg.), *Virtuelle Seminare in Hochschule und Weiterbildung* (S. 27-67). Bern: Huber.

Reiserer, M. (2003). *Peer-Teaching in Videokonferenzen. Effekte niedrig und hoch strukturierter Kooperationsskripts auf Lerndiskurs und Lernerfolg*. Berlin: Logos.

Reiserer, M. & Mandl, H. (2002). Individuelle Bedingungen lebensbegleitenden Lernens. In R. Oerter & L. Montada (Hrsg.), *Entwicklungspsychologie* (S. 923-939). Weinheim: Beltz.

Reiß, M. (1997). Aktuelle Konzepte des Wandels. In M. Reiß, L. v. Rosenstiel & A. Lanz (Hrsg.), *Change Management* (S. 31-90). Stuttgart: Schäffer-Poeschel.

Reiß, M. (1999). Change Management. In: L. v. Rosenstiel, E. Regnet & M. E. Domsch (Hrsg.), *Führung von Mitarbeitern. Handbuch für erfolgreiches Personalmanagement* (4. Aufl.), (S. 653-664). Stuttgart: Schäffer-Poeschel.

Renkl, A. (1996a). Träges Wissen: Wenn Erlerntes nicht genutzt wird. *Psychologische Rundschau*, 47, 62-78.

Renkl, A. (1996b). Lernen durch Erklären – oder besser doch durch Zuhören? *Zeitschrift für Entwicklungspsychologie und Pädagogische Psychologie*, 28 (2), 148-168.

Renkl, A., Gruber, H. & Mandl, H. (1999). Situated learning in instructional settings: From euphoria to feasibiliy. In Bliss, R. Säljö & P. Light (Eds.), *Learning sites. Social and technological resources for learning* (pp. 101-109). Amsterdam: Pergamon.

Renkl, A. & Mandl, H. (1995). Kooperatives Lernen: Die Frage nach dem Notwendigen und dem Ersetzbaren. *Unterrichtswissenschaft*, 4, 292-300.

Resnick, L. B. (1987). Learning in school and out. *Educational Researcher*, 16 (9), 13-20.

Resnick, L. B. (1993). Shared cognition: Thinking as social practice. In L. B. Resnick, J. M. Levine & S. D. Teasley (Eds.), *Perspectives on socially shared cognition* (pp. 1-20). Washington: American Psychological Association.

Resnick, L. B., Salmon, M., Zeitz, C. M., Wathen, S. H. & Holowchak, M. (1993). Reasoning in conversation. *Cognition and Instruction*, 11, 347-364.

Riedel, J. (2003). *Integration studentenzentrierter fallbasierter Lehr- und Lernsysteme in reformierten Medizinstudiengängen.* [Dissertation, Ruprecht-Karls-Universität, Heidelberg] Online im Internet. Verfügbar unter: http://galaxy.mi.hsheilbronn.de:3333/myzms/common/pdf/dissertation_riedel.pdf [06.08.2006].

Riesbeck, Ch. & Schank, R. C. (1989). *Inside case-based reasoning.* Hillsdale: Erlbaum.

Rinn, U. & Bett, K. (2003). Lernplattformen zwischen Technik und Didaktik. In K. Bett & J. Wedekind (Hrsg.), *Lernplattformen in der Praxis* (S. 193-209). Münster: Waxmann.

Robertson, L. (1996). Clinical reasoning, Part 2: Novice/Expert Differences. *British Journal of Occupational Therapy*, 59(5), 212-216.

Rogoff, B. (1991). Social interaction as apprenticeship in thinking: Guided participationin spatial planning. In L. B. Resnick, J. M. Levine & S. D. Teasley (Eds.), *Perspectives on socially shared cognition* (pp. 349-364). Washington: American Psychological Association.

Roschelle, J. & Teasley, S. D. (1995). The construction of shared knowledge in collaborative problem-solving. In C. O'Malley (Eds.), *Computer supported collaborative learning* (pp. 69-97). Berlin: Springer.

Rosenstiel, L. v. (2000). *Grundlagen der Organisationspsychologie.* Stuttgart: Schäffer Poeschel.

Ross, J. A. & Cousins, J. B. (1995). Giving and receiving explanations in cooperative learning groups. *The Alberta Journal of Educational Research*, XLI, 103-121.

Ross, B. H. & Kennedy, P. T. (1990). Generalizing from the use of earlier examples in problem solving. *Journal of Experimental Psychology: Learning, Memory and Cognition*, 16, 42-55.

Salmon, G. (2002). *E-tivities: the key to active only learning.* Sterling, VA: Stylus Publishing.

Salomon, G. & Perkins, D. N. (1998). Individual and social aspects of learning. *Review of Research in Education*, 23, 1-24.

Sansone, C. (1986). A question of competence: The effects of competence and task feedback on intrinsic interest. *Journal of Personality and Social Psychology*, 51(5), 918-931.

Schank, R. C. & Abelson, R. P. (1977). *Scripts, plans, goals and understanding.* Hillsdale: Erlbaum.

Schank, R. C. (1982). *Dynamic memory: A theory of reminding and learning in people and computers.* New York: Cambridge University Press.

Schank, R. C. (1994). Goal-Based Scenarios: A Radical Look at Education. *Journal of the Learning Sciences*, 3(4), 429-453.

Schank, R.C. (1999). *Dynamic memory revisited*. Cambridge: Cambridge University Press.

Schegloff, E. A. (1990). On the organizationof sequences as a source of „coherence" in talk-in-interaction. In B. Dorval (Ed.), *Conversational organization and its development* (pp. 51-77). Norwood: Ablex.

Schiefele, U. & Schreyer, I. (1994). Intrinsische Motivation und Lernen. Ein Überblick zu Ergebnissen der Forschung. *Zeitschrift für Pädagogische Psychologie*, 8 (1), 1-13.

Schneider, U. (2001). *Die 7 Todsünden im Wissensmanagement*. Frankfurt a. M.: Frankfurter Allgemeine Zeitung.

Schnurer, K. (2005). *Kooperatives Lernen in virtuell-asynchronen Hochschulseminaren. Eine Prozess-Produkt-Analyse des virtuellen Seminars „Einführung in das Wissensmanagement" auf der Basis von Felddaten.* Berlin: Logos.

Schön, S. (2001). *Gestaltung und Unterstützung von Communities of Practice*. München: Herbert Utz.

Schrire, S. (2002). *The learning process, moderation and discourse patterns in asynchronous computer conferencing*. Unpublished Dissertation. The Graduate School of Computer and Information Sciences – Nova Southeastern University. Ann-Arbor, MI.

Schulmeister, R. (2003). *Lernplattformen für das virtuelle Lernen: Evaluation und Didaktik*. München: Oldenbourg.

Schulmeister, R. (o. J.). *Virtuelles Lernen aus didaktischer Sicht*. Online im Internet. Verfügbar unter: http://www.izhd.uni-hamburg.de/pdfs/VirtLern.pdf [25.07.06].

Schwabe, G. (2001). „Mediensynchronizität" . Theorie und Anwendung bei Gruppenarbeit und Lernen. In F.W. Hesse & H.F. Friedrich (Hrsg.). *Partizipation und Interaktion im virtuellen Seminar* (S. 111-134). Münster: Waxmann.

Seel, N. M. (2003). *Psychologie des Lernens*. München: Ernst Reinardt.

Seip, B. (1990). *Angst und Leistung in Schule und Hochschule*. Frankfurt a. M.: Lang.

Sell, R. (1991). *Angewandtes Problemlösungsverhalten. Denken und Handeln in komplexen Zusammenhängen*. Berlin: Springer.

Senge, P.M. (2006). *Die fünfte Disziplin. Kunst und Praxis der lernenden Organisation*. Stuttgart: Klett-Cotta.

Shaw, M.E. (1963). *Scaling group tasks. A method for dimensional analysis. Office of Naval Research*, Technical Report Nr. 1, July 1963.

Short, J., Williams, E. & Christie, B. (1976). *The Social Psychology of telecommunications*. Chichester: Wiley.

Siebert, H. (1994). *Lernen als Konstruktion von Lebenswelten: Entwurf einer konstruktivistischen Didaktik*. Frankfurt a. Main: VAS Verlag für Akademische Schriften.

Siegel, J., Dubrovsky, V., Kiesler, S. & McGuire, T.W. (1986). Group processes in computer-mediated communications. *Organizational Behavior and Human Decision Processes*, 37, 157-187.

Simon, P. (2002). *Die Entwicklung eines Modells zur Gruppeneffektivität und eines Analyse-Modells zur Erfassung des Leistungspotentials von Arbeitsgruppen*. Landau: Empirische Pädagogik.

Slavin, R. E. (1995). *Cooperative learning: Theory, research and practice. Needham Heights*, MA: Allyn & Bacon.

Soy, S. K. (1997). *The case study as a Research Method*. Online im Internet. Available at: http://www.gslis.utexas.edu/~ssoy/usesusers/ l391d1b .htm [06.04.3006].

Spiro, R. J., Feltovich, P. J., Jacobsen, M. J. & Coulson, R. L. (1992). Cognitive flexibility, constructivism, and hypertext. In T. M. Duffy & D. H. Jonassen (Eds.), *Constructivism and the technology of instruction* (pp. 55-75). Hillsdale: Erlbaum.

Spiro, R. J. & Jehng, J. C. (1990). Cognitive flexibility and hypertext: Theory and technology for the nonlinear and multidimensional traversal of complex subject matter. In D. Nix & R. J. Spiro (Eds.), *Cognition, education, and multimedia: Exploring ideas in high technology* (pp. 163-205). Hillsdale: Erlbaum.

Spiro, R. J., Vispoel, W., Schmitz, J. Samarapungavan, A. & Boerger, A. (1987). Knowledge acquisition for application: Cognitive flexibility and transfer in complex content domains. In B. C. Britton (Ed.), *Executive and control processes* (pp. 177-199). Hillsdale: Erlbaum.

Staehle, W. (1974). Zur Anwendung der Fall-Methode in den Wirtschafts- und Sozialwissenschaften. In R. Pilz (Hrsg.): *Entscheidungsorientierte Unterrichtsgestaltung in der Wirtschaftslehre* (S. 116-120). Paderborn: Schöningh.

Stähli, A. (1992). *Managementandragogik 1. Harvard Anti Case*. London: McGraw-Hill Book Company.

Stake, R.E. (1994). Case studies. In N. Denzin & Y. Lincoln (Eds.), *Handbook of Qualitative Research* (pp. 236-248). Thousand Oak: Sage.

Stake, R.E. (1995). *The Art of case study research*. Thousand Oak: Sage.

Stark, R., Bürg, O. & Mandl, H. (2002). *Optimierung einer virtuellen Lernumgebung zum Erwerb anwendbaren Wissens im Bereich empirischer Forschungsmethoden: Effekte zusätzlicher Strukturierungsmaßnahmen* (Forschungsbericht 151). München: Ludwig-Maximilians-Universität, Lehrstuhl für Empirische Pädagogik und Pädagogische Psychologie.

Stark, R., Gruber, H., Renkl, A. & Mandl, H. (1998). Instructional effects in complex learning: Do objective and subjective learning outcomes converge? *Learning and Instruction*, 8(2), 117-129.

Stark, R. & Mandl, H. (2001). *Entwicklung, Implementation und Evaluation eines beispielbasierten Instruktionsansatzes zur Förderung von Handlungskompetenz im Bereich empirischer Forschungsmethode* (Forschungsbericht Nr. 141) München: Ludwig-Maximilians-Universität, Lehrstuhl für Empirische Pädagogik und Pädagogische Psychologie.

Stasser, G. (1988). Computer simulation as a research tool: The DISCUSS model of group decision making. *Journal of Experimental Social Psychology*, 24, 393-422.

Stasser, G. & Titus, W. (1985). Pooling of unshared information in group decision making: Biased information sampling during discussion. *Journal of Personality and Social Psychology*, 48, 1467-1478.

Stasser, G. & Titus, W. (1987). Effects of information load and percentage of shared information on the dissemination of unshared information during group discussion. *Journal of Personality and Social Psychology*, 53 (1), 81-93.

Stegbauer, C. (2001). *Grenzen virtueller Gemeinschaft. Strukturen internetbasierter Kommunikationsforen*. Wiesbaden: Westdeutscher Verlag.

Steiner, I. D. (1972). *Group processes and productivity*. New York: Academic Press.

Stempfle, J. (2004). Eine integrative Theorie des Problemlösens in Gruppen II: Kognitive Grundoperationen und die Bearbeitung aufgabenbezogener Teilprobleme. *Gruppendynamik und Organisationsberatung*, 35(4), 417-430.

Stempfle, J. & Badke-Schaub, P. (2000). Kommunikation und Problemlösen in der Produktentwicklung. Ergebnisse aus drei empirischen Untersuchungen. In R. Silbereisen (Hrsg.), *Bericht über den 43. Kongreß der Deutschen Gesellschaft für Psychologie in Jena*.

Stempfle, J. & Badke-Schaub, P. (2002). Kommunikation und Problemlösen in Gruppen: eine Prozessanalyse. *Gruppendynamik und Organisationsberatung*, 33 (1), 57-81.

Stewart, T.A. (1998). *Der vierte Produktionsfaktor. Wachstums- und Wettbewerbsvorteile durch Wissensmanagement*. München: Hanser.

Strube, G. (1996). *Wörterbuch der Kognitionswissenschaft*. Stuttgart: Klett-Cotta.

Tarlatt, A. (2001). *Implementierung von Strategien im Unternehmen*. Wiesbaden: Gabler.

Teasley, S. D. & Roschelle, J. (1993). Constructing a joint problem space: The computer as a tool for sharing knowledge. In S. P. Lajoie & S. L Derry (Eds.), *Computers as cognitive tools*. Hillsdale, NY: Lawrence Erlbaum Associates.

Tellis, W. (1997). *Introduction to case study. The qualitative Report*. Online im Internet. Available at: http://www.nova.edu/ssss/QR/QR3-2/tellis1.htm [06.04.2006].

Thiedeke, U. (2000). Virtuelle Gruppen: Begriff und Charakteristik. In U. Thiedeke (Hrsg.), *Virtuelle Gruppen: Begriff und Charakteristika* (S. 23-73). Wiesbaden: Westdeutscher Verlag.

Tippelt, R. (1999). *Handbuch Erwachsenenbildung/Weiterbildung*. Opladen: Leske + Budrich.

Tomlin, R. S., Forrest, L., Pu, M. M. & Kim, M. H. (1997). Discourse semantics. In T.A. van Dijk (Ed.), *Discourse as structure and process* (pp. 63-111). London: Sage.

Toulmin, S. E. (2003). *The uses of argument*. Cambridge: Cambridge University Press.

Trevino, L.K., Lengel, R.H. & Daft, R.L. (1987). Media symbolism, media richness, and media choice in organizations. *Communication Research*, 553-574.

Tschan, F. (2000). *Produktivität in Kleingruppen*. Bern: Hans Huber.

Tudge, J. (1993). Vygotsky, the zone of proximal development, and peer collaboration: Implications for classroom practice. In E.A. Forman, N. Minick and C.A. Stone (Eds.), *Contexts for Learning*. New York: Oxford University Press.

Valacich, J.S., Paranka, D., George, J.F. & Nunamaker, J.F. (1993). Communication parallelism and the New Media: A new dimension for media richness. *Communication Research*, 20, 249-276.

Vygotsky, L.S. (1978). *Mind in society. The development of higher psychological processes*. Cambridge: Harvard University Press.

Vygotsky, L. S. (1986). *Thought and language*. Cambridge: MIT Press.

Walther, J. B. (1992). Interpersonal effects in computer-mediated interaction: A relational perspective. *Communication Research*, 19, 52-90.

Walther, J. B. (1994). Anticipated ongoing interaction versus channel effects on relational communication in computer-mediated interaction. *Human Communication Research*, 20, 473-501.

Walther, J.B. (1996). Computer-mediated communication: Impersonal, interpersonal, and hyperpersonal interaction. *Communication Research*, 23, 3-43.

Walther, J. B. (2000). Die Beziehungsdynamik in virtuellen Teams. In M. Boos, K. J. Jonas & K. Sassenberg (Hrsg.), *Computervermittelte Kommunikation in Organisationen* (S. 11-25). Göttingen: Hogrefe.

Walther, J.B. & Burgoon, J.K. (1992). Relational communication in computer-mediated interaction. *Human Communication Research*, 19, 50-88.

Webb, N. M. (1982). Student interaction and learning in small groups. *Review of Educational Research*, 52(3), 421-445.

Webb, N. M. & Palincsar, A. S. (1996). Group processes in the classroom. In D. C. Berliner (Ed.), *Handbook of educational psychology* (pp. 841-873). New York, NY: Macmillan.

Weber, G. (1994). *Fallbasiertes Lernen und Analogien: Unterstützung von Problemlöse- und Lernprozessen in einem adaptiven Lernsystem*. Weinheim: Beltz.

Weber, W. G. (1997). *Analyse von Gruppenarbeit*. Bern: Huber.

Wegner, D. M. (1987). Transactive memory: A contemporary analysis of the group mind. In B. Mullen & G. R. Goethals (Eds.), *Theories of group behaviour* (pp. 185-208). New York: Springer.

Weidenmann, B. (1993). Lehren und Lernen im Beruf: Ein neues Feld für die Pädagogische Psychologie? *Empirische Pädagogik*, 7 (4), 459-466.

Weidenmann, B. (2000): Medien und Lernmotivation: Machen Medien hungrig oder satt? In: Schiefele, U. & Wild, K.-P. (Hrsg.): *Interesse und Lernmotivation. Untersuchungen zu Entwicklung, Förderung und Wirkung* (S. 117-132). Münster: Waxmann.

Weidenmann, B. (2001). E-Learning. In B. Meissner & U. Reinhard (Hrsg.). *Who is who in Multimedia Bildung 2001* (S. 118-122). Heidelberg: whois Verlag.

Weinberger, A. (2003). *Scripts for computer-supported collaborative learning. Effects of social and epistemic cooperation scripts on collaborative knowledge construction*. [Dissertation, Ludwig-Maximilians-Universität München] Online im Internet. Verfügbar unter: http://edoc.ub.uni-muenchen.de/archive/00001120/01/Weinberger_Armin.pdf [12.10.2006].

Weinberger, A., Fischer, F. & Mandl, H. (2002). *Kodierungssystem für eine Multi-Ebenen-Analyse der gemeinsamen Wissenskonstruktion.* Unveröffentlichtes Manuskript, Ludwig-Maximilians-Universität, München.

Weinberger, A. & Mandl, H. (2001). Wandel des Lernens durch Neue Medien – das virtuelle Seminar Empirische Erhebungs- und Auswertungsverfahren. In H. F. Friedrich & F. W. Hesse (Hrsg.), *Partizipation und Interaktion im virtuellen Seminar* (S. 243-268). Münster: Waxmann.

Weinert, F. E. (1995). *Für und Wieder die „neuen Lerntheorien" als Grundlage pädagogisch-psychologischer Forschung.* Vortrag 28. Sept. 1995, 5. Fachgruppentagung Pädagogische Psychologie, Leipzig.

Weingart, L. & Weldon, E. (1991). Processes that mediate the relationship between a group goal and group member performance. *Human Performance*, 4, 33-54.

Weitz, B. (1996). *Fallstudienarbeit in der beruflichen Bildung.* Bad Homburg: Gehlen.

Wenger, E. (1999). *Communities of practice. – Learning, meaning and identity.* Cambridge: University Press.

Wetzel, J. (1995). *Problemlösen in Gruppen: Auswirkungen von psychologischen Trainingsmaßnahmen und Expertenbeteiligung unter kooperativen und kompetitiven Arbeitsbedingungen.* Dissertation. Technische Universität Carolo-Wilhelmina, Braunschweig.

Winkler, K. (2004). *Wissensmanagementprozesse in face-to-face und virtuellen Communities: Kennzeichen, Gestaltungsprinzipien und Erfolgsfaktoren.* Berlin: Logos.

Winkler, K. & Mandl, H. (2004). Mitarbeiterorientierte Implementation von Wissensmanagement in Unternehmen. In G. Reinmann & H. Mandl (2004). *Psychologie des Wissensmanagements. Perspektiven, Theorien und Methoden.* Göttingen: Hogrefe.

Winkler, K., Schnurer, K., Reinmann-Rothmeier, G. & Mandl, H. (1999). *Wissenschaftliche Begleitung eines Pilotprojekts zum Wissensmanagement in kleineren und mittleren Unternehmen - ein Zwischenbericht* (Praxisbericht Nr. 18). München: Ludwig-Maximilians-Universität, Lehrstuhl für Empirische Pädagogik und Pädagogische Psychologie.

Wittenbaum, G. M. & Stasser, G. (1996). Management of information in small groups. In J. L. Nye & A. M. Brower (Eds.), *What's social about social cognition? Research on socially shared cognition in small groups* (pp.3-28). Thousand Oaks, CA: Sage Publications.

Wittenbaum, G. M., Stasser, G. & Merry, C. J. (1996). Tacit coordination in anticipation of small group task completion. Journal of Experimental Social Psychology, 32, 129-152.

Woodruff, E. (1995). *The effects of computer mediated communications on collaborative discourse in knowledge-building communities.* Paper Presented at the Annual meeting of The American Educational Research Association, San Francisco.

Yin, R. (1993). *Applications of case study research.* Beverly Hills: Sage.

Yin, R. (1994). *Case Study Research, Design and Methods.* Newbury Park: Sage.

Yin, R., Bateman, P. G. & Moore, G.B. (1983). *Case studies and organizational innovation: Strengthening the connection.* Washington: Cosmos Corporation.

Zhu, E. (1998). Learning and mentoring: electronic discussion in a distance learning course. In C. J. Bonk & K. S. King (Eds.), *Electronic Collaborators: learner-centered technologies for literacy, apprenticeship, and discourse.* Mahwah, NJ: Erlbaum.

Zölch, M. (1999). *Praxis und Gestaltung kooperativer Arbeit.* Zürich: vdf.

Zornoza, A., Ripoli, P. & Peiró, J.M. (2002). Conflict management in groups that work in two different communication contexts. Face-to-face and computer-mediated communication. *Small Group Research*, 33, 481-508.

Zumbach, J. (2003). *Problembasiertes Lernen.* Münster: Waxmann.

Zumbach, J. & Reimann, P. (2003). Computerunterstütztes fallbasiertes Lernen: Goal-Based Scenarios und Problem-Based Learning. In F. Thissen (Hrsg.), *Multimedia-Didaktik.* Heidelberg: Springer.

13. Abbildungs- und Tabellenverzeichnis

Abbildungen

Tabellen

ANHANG

FÄLLE UND AUFGABENSTELLUNGEN

Aufgabenstellung zum Fall „Metallina“

Liebe Teilnehmerinnen und Teilnehmer der Gruppe ....,

im Rahmen von ... steht nun die erste Fallbearbeitung in Ihrer Lerngruppe an. Anbei erhalten Sie die Informationen zum Fall sowie die Aufgabenstellung.

Informationen über das Unternehmen

Bei dem Unternehmen handelt es sich um einen mittelständischen Betrieb (ca. 170 Mitarbeiter), der in der metallverarbeitenden Branche angesiedelt ist. Das Unternehmen stellt kein eigenständiges Produkt her, sondern produziert kleinere und mittlere Metallteile rein nach Auftrag seiner Kunden – von der Konstruktion bis hin zur Oberflächenbehandlung. Die Produktionsanlagen sind auf eine Vielzahl unterschiedlicher Fertigungsvorhaben eingerichtet. Mit über 80 unterschiedlichen Maschinen wird beim Unternehmen von der Galvanik bis hin zur Laserbearbeitung alles angeboten.

Vor nicht allzu langer Zeit musste die Firma Insolvenz anmelden. Die Firmengebäude waren in einem maroden Zustand, Prozesslinien in der Fertigung waren problematisch strukturiert und innerhalb der Belegschaft herrschte ein starkes Abteilungsdenken. Nach einem Geschäftsführerwechsel hat sich die Firma etwas erholt. Das Vertrauen der Lieferanten und Kunden wurde wieder zurück gewonnen, die Prozesslinien wurden umstrukturiert und die Gebäude werden der Reihe nach renoviert – die Probleme mit der internen Kommunikation blieben jedoch bestehen. Vor kurzem wurde in der Firma auch eine Qualitätsmanagement-Abteilung installiert, die bisher hauptsächlich von einer Person alleine aufgebaut wird. Von dieser Abteilung ging auch der Hinweis auf das Problem aus, das im Rahmen dieser Fallarbeit bearbeitet werden soll.

Problemstellung

Mit der Einrichtung eines Qualitätswesens ergab sich eine brisante Frage: Das Unternehmen verfügt aufgrund seiner hohen Produktpalette (ca. 500.000 unterschiedliche Teile im Jahr) natürlich auch über sehr viele unterschiedliche Maschinen, die wiederum mit unterschiedlichsten Werkzeugen gerüstet werden müssen – man kann sich vorstellen, dass hier ein enormer Kostenfaktor bei Maschinenschäden und der laufenden Wartung der Maschinen zu finden ist. Aufgrund des starken Abteilungsdenkens in der Firma sprechen auch die Arbeiter an den Maschinen nicht viel mit Personen, die an anderen Maschinengruppen arbeiten. Von daher kann auch kein anderer die regelmäßige Wartung übernehmen, wenn einer aus der Nebenabteilung im Urlaub oder krank ist, da das notwendige Wissen nicht vorhanden ist. Auch die Dokumentation des nötigen Wissens fehlt. Dies hat zur Folge, dass manche Maschinen zeitweise schlecht gewertet werden und Folgekosten aufgrund der anschließenden Reparaturen entstehen. Diesen Kosten soll durch die Installation einer internen Wartungsplanung vorgebeugt werden. Ein solches Vorgehen soll zudem einen ersten Schritt für die Einführung von Wissensmanagement im Unternehmen darstellen.

Aufgabe

Erstellen Sie für das Unternehmen vor dem Wissensmanagementhintergrund ein Konzept zur Verbesserung der Wartungsplanung.
Stellen Sie vor allem heraus,

- welche Gruppierungen und Personen beteiligt sein müssten;
- wie Sie diese Personen mit organisatorischen, technischen oder psychologischen Maßnahmen unterstützten könnten und
- welche Barrieren bei der Konzeptumsetzung entstehen könnten.

Hinweise zur Konzepterstellung:

- Beziehen sie sich bei der Konzepterstellung auf ein theoretisches Rahmenmodell zum Wissensmanagement!
- Greifen Sie bei dieser Fallarbeit auf Instrumente und Vorgehensweisen zurück, die Sie aus Ihrer Arbeitsumgebung bereits kennen.
- Erarbeiten Sie ein 3-5seitiges Konzeptpapier.

Hinweise zur Gruppenarbeit:

Virtuelle Gruppenarbeit ist nicht immer unproblematisch!

- Achten Sie vor dem Hintergrund des engen Zeitrahmens auf eine frühzeitige Koordination der Gruppenaktivitäten (Zeitplan, Arbeitsteilung).
- Bestimmen Sie einen Moderator, der die Koordination der Gruppenaktivitäten bei dieser Fallaufgabe übernimmt.

Wir wünschen Ihnen viel Spaß und Erfolg bei der Bearbeitung des Falles.

Aufgabenstellung zum Real-Case

Liebe Teilnehmerinnen und Teilnehmer der Gruppe ....,

im Rahmen von ... steht nun die zweite Fallbearbeitung in Ihrer Lerngruppe an.

Das Lernen an authentischen Problemen aus dem Arbeitsumfeld bietet dabei die beste Möglichkeit, anwendungsorientiertes Wissen zu erwerben. Aus diesem Grund liegt der Schwerpunkt nun auf der Bearbeitung eines Real-Cases in Ihrer Lerngruppe. Bei diesem Real-Case soll es sich um einen konkreten Fall bzw. Projekt mit Wissensmanagementbezug aus Ihrem Arbeitsumfeld handeln.

Ziel ist es, dass jede Gruppe sich auf einen Real-Case aus dem direkten Arbeitsumfeld der Gruppenteilnehmer einigt. Aufgrund des engen Zeitrahmens kann nur ein Real-Case in der Gruppe behandelt werden.

Der Real-Case wird ab dem ... bearbeitet. Da die Definition eines Falles in der Gruppe jedoch eine gewisse Zeit dauert, möchten wir Sie bitten sich baldmöglichst mit der Auswahl, Definition und Konkretisierung ihres gemeinsamen Falles auseinanderzusetzen. Senden Sie bitte Ihren Falltitel, auf den Sie sich in Ihrer Gruppe geeinigt haben, mit einer Kurzbeschreibung per E-Mail bis zum... an Frau ...

Zur besseren Strukturierung sollten die Fallbeschreibungen folgendem Schema folgen:

a. Ausgangslage (Darstellung des Kontexts/ der Rahmenbedingungen)
b. Problemstellung (Beschreibung des Problemzusammenhangs)
c. Hintergründe des Problems (Darstellung problematischer Faktoren, die Einfluss auf die Lösung des Problems nehmen könnten)

Insgesamt rechnen wir damit, dass Sie pro Person ca. 4 h Lernzeit für die Fallbearbeitung benötigen. Aufgrund des engen Zeitrasters ist die Koordination innerhalb der Gruppe von zentraler Bedeutung (z.B. Zeitplan, Arbeitsteilung: Wer macht was und bis wann?). Beispielsweise ist es sinnvoll, einen Moderator innerhalb der Lerngruppe zu bestimmen.

Wichtig ist, dass Sie in Ihrer Ausarbeitung Problemfelder und Barrieren des jeweiligen Real-Cases herausarbeiten und entsprechende Lösungsvorschläge vor dem Wissensmanagementhintergrund entwickeln. Orientieren Sie sich dabei an Ihrem in den vorausgegangenen Lerneinheiten erworbenen Wissen.

Wir wünschen Ihnen viel Erfolg bei der Fallbearbeitung und viel Freude bei der Zusammenarbeit mit Ihrer Lerngruppe!

Fragebögen

Fragebogen zur Erfassung der Lernvoraussetzungen

Sicherheit im Umgang mit dem Computer

Im Umgang mit dem Computer fühle ich mich sicher.	Trifft nicht zu ☐ ☐ ☐ ☐ ☐ Trifft zu
Bei der Arbeit mit dem Computer lasse ich mich durch auftretende computerbedingte Schwierigkeiten nicht frustrieren.	Trifft nicht zu ☐ ☐ ☐ ☐ ☐ Trifft zu
Die Arbeit mit dem Computer bereitet mir wenig Probleme.	Trifft nicht zu ☐ ☐ ☐ ☐ ☐ Trifft zu

Einstellung zum Computer als Arbeitsmittel

Für mich ist der Computer ein nützliches Arbeitsmittel.	Trifft nicht zu ☐ ☐ ☐ ☐ ☐ Trifft zu
Es gibt viele Arbeiten, die ich mit dem Computer schneller verrichten kann als ohne.	Trifft nicht zu ☐ ☐ ☐ ☐ ☐ Trifft zu
Das Arbeiten ohne den Computer kann ich mir kaum noch vorstellen.	Trifft nicht zu ☐ ☐ ☐ ☐ ☐ Trifft zu

Interesse am Thema Wissensmanagement

Kenntnisse über Wissensmanagement kann ich in der täglichen Arbeit gut gebrauchen.	Trifft nicht zu ☐ ☐ ☐ ☐ ☐ Trifft zu
Ich bin daran interessiert, Konzepte zum Wissensmanagement im beruflichen Arbeitsalltag anzuwenden.	Trifft nicht zu ☐ ☐ ☐ ☐ ☐ Trifft zu

Interesse am Lernen mit Neuen Medien

Ich bin interessiert daran, mit den sogenannten Neuen Medien (Computer, Internet) zu lernen.	Trifft nicht zu □ □ □ □ □ Trifft zu
Ich bin gespannt auf das Lernen mit der Lernplattform AutoUni^{QUE}.	Trifft nicht zu □ □ □ □ □ Trifft zu

Fragebogen zum Fall „Metallina“

Akzeptanz des Falles „Metallina“

Den Fall „Metallina“ empfand ich als praxisnah.	Trifft nicht zu □ □ □ □ □ Trifft zu
Den Fall „Metallina“ fand ich für die Gruppenarbeit gut gewählt.	Trifft nicht zu □ □ □ □ □ Trifft zu
Die Aufgaben zum Fall „Metallina“ waren verständlich formuliert.	Trifft nicht zu □ □ □ □ □ Trifft zu

Einschätzung der Gruppenzusammenarbeit

Alle Gruppenmitglieder haben sich bei der Fallbearbeitung im gleichen Maße eingebracht.	Trifft nicht zu □ □ □ □ □ Trifft zu
Wir koordinierten unsere Fallarbeit gut.	Trifft nicht zu □ □ □ □ □ Trifft zu
Jedes Gruppenmitglied kannte seine Aufgabe.	Trifft nicht zu □ □ □ □ □ Trifft zu
Wir haben die wichtigen Informationen für die Fallbearbeitung rechtzeitig ausgetauscht.	Trifft nicht zu □ □ □ □ □ Trifft zu

Fragebogen zum Real-Case

Akzeptanz des Real-Cases

Den Real-Case empfand ich als praxisnah.	Trifft nicht zu ☐ ☐ ☐ ☐ ☐ Trifft zu
Den Real-Case fand ich für die Gruppenarbeit gut gewählt.	Trifft nicht zu ☐ ☐ ☐ ☐ ☐ Trifft zu
Die Aufgaben zum Real-Case waren verständlich formuliert.	Trifft nicht zu ☐ ☐ ☐ ☐ ☐ Trifft zu

Einschätzung der Gruppenzusammenarbeit

Alle Gruppenmitglieder haben sich bei der Fallbearbeitung im gleichen Maße eingebracht.	Trifft nicht zu ☐ ☐ ☐ ☐ ☐ Trifft zu
Wir koordinierten unsere Fallarbeit gut.	Trifft nicht zu ☐ ☐ ☐ ☐ ☐ Trifft zu
Jedes Gruppenmitglied kannte seine Aufgabe.	Trifft nicht zu ☐ ☐ ☐ ☐ ☐ Trifft zu
Wir haben die wichtigen Informationen für die Fallbearbeitung rechtzeitig ausgetauscht.	Trifft nicht zu ☐ ☐ ☐ ☐ ☐ Trifft zu

Fragebogen nach Abschluss des virtuellen Kurses

Akzeptanz der Fälle im Kurs

Die Fälle im Distanzkurs haben mir gut gefallen.	Trifft nicht zu ☐ ☐ ☐ ☐ ☐ Trifft zu
Die Fälle in dem Distanzkurs empfand ich als praxisnah.	Trifft nicht zu ☐ ☐ ☐ ☐ ☐ Trifft zu
Die Fälle helfen mir das Gelernte in die Berufspraxis zu übertragen.	Trifft nicht zu ☐ ☐ ☐ ☐ ☐ Trifft zu

Akzeptanz des fallorientierten Lernens

Ich halte das fallorientierte Lernen für eine sinnvolle Form des Lernens in einem Online-Seminar.	Trifft nicht zu ☐ ☐ ☐ ☐ ☐ Trifft zu
Ich würde auch in Zukunft gerne anhand von Praxisfällen lernen.	Trifft nicht zu ☐ ☐ ☐ ☐ ☐ Trifft zu
Ich preferiere das fallorientierte Lernen im Gegensatz zur reinen Vermittlung von theoretischen Inhalten.	Trifft nicht zu ☐ ☐ ☐ ☐ ☐ Trifft zu
Praxisfälle tragen zu einem besseren Verständnis der Lerninhalte bei.	Trifft nicht zu ☐ ☐ ☐ ☐ ☐ Trifft zu
Fallorientiertes Lernen erleichtert die Übertragung des Gelernten in die Praxis.	Trifft nicht zu ☐ ☐ ☐ ☐ ☐ Trifft zu
Das fallorientierte Lernen halte ich für die Vermittlung von Wissensmanagement-Inhalten für geeignet.	Trifft nicht zu ☐ ☐ ☐ ☐ ☐ Trifft zu

RATERLEITFÄDEN

Raterleitfaden zur Bewertung der Lösungen zum Fall „Metallina“

Sie haben als inhaltlicher Experte die Aufgabe die vorliegenden Lösungen der kooperativen Fallaufgabe „Metallina“ nach folgenden zwei Kriterien zu beurteilen:

- **Inhaltliche Korrektheit**

  Bitte beurteilen Sie, inwiefern die vorliegenden Lösungen in Bezug auf die Aufgabenstellung inhaltlich korrekt sind. Sie erhalten dafür eine Expertenlösung. In dieser werden zum einen die Lösungen zu den einzelnen Aufgaben des Falles genannt, zum anderen werden die den Teilnehmern zu diesem Zeitpunkt bekannten theoretischen Wissensmanagementmodelle und Wissensmanagementinstrumente aufgeführt, auf die sich die Teilnehmer bei der Fallbearbeitung beziehen sollen.

  Gehen Sie wie folgt vor:

  1. Beurteilen Sie jeweils, wie viele der in der Expertenlösung genannten Inhalte sowie Wissensmanagementmodelle und Wissensmanagementinstrumente richtig aufgeführt wurden (R= Richtig).
  2. Beurteilen Sie jeweils, wie viele der in den kooperativen Falllösungen genannten Inhalte sowie Wissensmanagementmodelle und Wissensmanagementinstrumente nicht richtig dargestellt wurden (F= Falsch).
  3. Geben Sie zudem an, wie viele weitere Aspekte in den Falllösungen aufgeführt wurden, die inhaltlich korrekt sind, aber nicht in der Expertenlösung vorgeschlagen wurden (S= Sonstige Richtige).

Vergeben Sie für jeden richtig aufgeführten inhaltlichen Aspekt einen Punkt und für jeden falsch aufgeführten Aspekt keinen Punkt. Zählen Sie am Ende die Gesamtpunktzahl zusammen.

Gruppe	R= Richtig	S= Sonstige Richtige	Gesamtpunktzahl

- **Grad der Problemlösung**

  Bitte beurteilen sie, inwiefern die einzelnen Falllösungen, jeweils das vorliegende Problem lösen. Gemeint ist damit, die Passung der aufgeführten theoretischen Konzepte (Wissensmanagementmodelle und Wissensmanagementinstrumente) mit der Problemstellung des Falles. Schätzen Sie dafür auf einer Skala von 0-5 (0= „nicht gelöst" bis 5= „genau gelöst") den Grad der Problemlösung der Falllösungen ein.

Nicht gelöst — Genau gelöst

Gruppe	0	1	2	3	4	5

Raterleitfaden zur Bewertung der Falllösungen zum Real-Case

Sie haben als inhaltlicher Experte die Aufgabe die vorliegenden Lösungen der kooperativen Fallaufgabe Real-Case nach folgenden zwei Kriterien zu beurteilen:

- **Inhaltliche Korrektheit**

  Bitte beurteilen Sie, inwiefern die vorliegenden Lösungen inhaltlich korrekt sind. Sie erhalten dafür eine Expertenlösung. In dieser werden Ihnen die den Teilnehmern zu diesem Zeitpunkt bekannten theoretischen Wissensmanagementmodelle und Wissensmanagementinstrumente aufgeführt, auf die sich die Teilnehmer bei der Fallbearbeitung beziehen sollen.

Gehen Sie wie folgt vor:

1. Beurteilen Sie jeweils, wie viele der in der Expertenlösung genannten theoretischen Wissensmanagementmodelle und Wissensmanagementinstrumente richtig aufgeführt wurden (R=Richtig).
2. Beurteilen Sie jeweils, wie viele der in den kooperativen Falllösungen genannten theoretischen Wissensmanagementmodelle und Wissensmanagementinstrumente nicht richtig dargestellt wurden (F=Falsch).
3. Geben Sie zudem an, wie viele weitere Aspekte in den Falllösungen jeweils aufgeführt wurden, die inhaltlich korrekt sind, aber nicht in der Expertenlösung vorgeschlagen wurden (S=Sonstige Richtige).

Vergeben Sie für jede richtige Nennung eines theoretischen Aspekts einen Punkt und für jeden falsch aufgeführten Aspekt keinen Punkt. Zählen Sie am Ende die Gesamtpunktzahl zusammen.

Gruppe	R= Richtig	S= Sonstige Richtige	Gesamtpunktzahl

- **Grad der Problemlösung**

  Bitte beurteilen sie, inwiefern die einzelnen Falllösungen, jeweils das vorliegende Problem lösen. Gemeint ist damit, die Passung der aufgeführten theoretischen Konzepte (Wissensmanagementmodelle und Wissensmanagementinstrumente) mit der Problemstellung des Falles. Schätzen Sie dafür auf einer Skala von 0-5 (0= „nicht gelöst" bis 5= „genau gelöst") den Grad der Problemlösung der Falllösungen ein.

	Nicht gelöst					Genau gelöst
Gruppe	0	1	2	3	4	5

Raterleitfaden zur Erfassung der Partizipation der Gruppenmitglieder

Sie finden im Folgenden die Diskussionsbeiträge der einzelnen Gruppen zum Fall „Metallina"/Real-Case.
Bitte zählen Sie anhand der Ihnen vorgelegten Diskussionsbeiträge für jeden Teilnehmer aus, wie viele Beiträge er in den Prozess der Fallbearbeitung eingebracht hat.
Notieren Sie am Ende die Gesamtzahl der Beiträge pro Teilnehmer in jeder Gruppe.

Raterleitfaden zur Erfassung der Gewährleistung des fortlaufenden Verständnisses

Sie finden im Folgenden die Diskussionsbeiträge der einzelnen Gruppen zum Fall „Metallina"/Real-Case.
Bitte markieren Sie in den Ihnen vorgelegten Diskussionsbeiträgen die Stellen, bei denen es sich Ihrer Meinung nach um explizite Bezugnahmen der Teilnehmer handelt.
Eine explizite Bezugnahme liegt vor, wenn ein Teilnehmer sich auf einen vorgehenden Beitrag dadurch bezieht, indem er den *Namen des Absenders* explizit nennt (z.B. *„Winfried, ..."*), eine *Frage zu einem Beitrag* stellt (z.B. *„Welches Wissensmanagementmodell ist besser?"*) oder eine *Antwort auf eine Frage* gibt (z.B. *„Ich finde das Modell von Nonaka und Takeuchi passend."*).
Zählen Sie am Ende die Gesamtzahl der expliziten Bezugnahmen für jede Gruppe zusammen.

Raterleitfaden zur Erfassung der kooperativen Problemlöseaktivitäten

Sie finden im Folgenden die Diskussionsbeiträge der einzelnen Gruppen zum Fall „Metallina"/Real-Case.
Beurteilen Sie, welche Äußerung Ihrer Meinung nach welcher Kategorie des beiliegenden Analyseschemas zuzuordnen ist. Markieren Sie dafür bitte die entsprechenden Abschnitte in den Ihnen vorgelegten Diskussionsbeiträgen und bezeichnen Sie diese mit dem dafür vorgesehenen Kürzel.
Zählen Sie bitte am Ende die Anzahl der einzelnen Äußerungen in jeder Kategorie zusammen.

Kategoriensystem zur Erfassung der kooperativen Problemlöseaktivitäten:

Informationsaufbereitung:

- *Anfordern von Informationen (AI)*
  Explizite Anforderung von Informationen zur gemeinsamen Fallbearbeitung oder inhaltliche Frage bezogen auf die Fallaufgabe (z.B. *„Was genau meinst du hiermit?"*).

- *Einbringen von Informationen (EI)*
  Einbringen von angeforderten Informationen, Beantwortung einer inhaltlichen Frage oder selbständiges Einbringen von Informationen, die nicht von einem anderen Gruppenmitglied angefordert wurden (z.B. *„Ich habe den Versuch unternommen, das Münchner Modell auf den Fall ‚Metallina' anzuwenden"*).

Lösungsentwicklung:

- *Einbringen von Lösungsvorschlag (EL)*
  Einbringen von inhaltlichen Vorschlägen zur gemeinsamen Fallbearbeitung (z.B. *„Mein Vorschlag für einen Case: SAP-Einführung im Bereich..."*).

- *Bewertung von Lösungsvorschlag (BL)*
  Frage nach der Bewertung bzw. Meinung zu bereits eingebrachten Lösungsvorschlägen sowie positive oder negative Bewertung von Lösungsvorschlägen (z.B. *„Ich finde den SAP-Case sehr interessant.“*).

- *Modifikation von Lösungsvorschlag (ML)*
  Überarbeitung von inhaltlichen Vorschlägen durch Abwandlung oder Ergänzung im Textdokument (z.B. *„An der Einführung beteiligt sind jeweils unterschiedliche Parteien“* anstatt: *„Beteiligung jeweils unterschiedlicher Parteien an der Einführung“*).

Planung der Vorgehensweise:

- *Einbringen von Vorschlag zum Vorgehen (VV)*
  Einbringen von Vorschlägen zum gemeinsamen Vorgehen hinsichtlich zeitlicher Planung und Aufgabenverteilung bei der kooperativen Fallbearbeitung (z.B. *„Wir sollten dann die Gliederung festlegen…“*).

- *Frage zum Vorgehen (FV)*
  Frage zum gemeinsamen Vorgehen, was die zeitliche Planung und Aufgabenverteilung bei der Fallbearbeitung betrifft (z.B. *„Wer übernimmt welchen Part?“*).

- *Antwort zum Vorgehen (AV)*
  Beantwortung von Fragen des Lernpartners zum gemeinsamen Vorgehen, was die zeitliche Planung und Aufgabenverteilung betrifft (z.B. *„Ich nehme das, was übrig geblieben ist.“*).

Steuerung des Prozesses:

- *Einbringen von Informationen zum Prozess (IP)*
  Information der anderen Lernpartner über das eigene Vorgehen im Prozess der Fallbearbeitung (z.B. *„Ich fange schon mal mit der Problembeschreibung an.“*).

- *Aufforderung des Lernpartners (AL)*
  Aufforderung des Lernpartners, eine bestimmte Handlung im Prozess der Fallbearbeitung vorzunehmen (z.B. *„Schaut doch bitte mal in das Dokument unseres Konzeptes!"*).

- *Bewertung des Prozesses (BP)*
  Positive oder negative Bewertung des gemeinsamen Prozesses der kooperativen Fallbearbeitung (z.B. *„Schön, dass das erledigt ist."*).

Danksagung

An erster Stelle möchte ich meiner Familie für Ihre Unterstützung danken. Mein ganz besonderer Dank gilt meinem Lebenspartner, Daniel Funk, der alle Höhen und Tiefen geduldig mit mir durchgestanden hat.

Weiterhin möchte ich mich bei Herrn Prof. Dr. Heinz Mandl für die inhaltliche Unterstützung und dafür, dass er mir dieses Dissertationsprojekt ermöglicht hat, bedanken. Herrn Prof. Dr. Rudolf Tippelt und Herrn Prof. Dr. Jochen Gerstenmaier danke ich für die inhaltliche Wertschätzung der vorliegenden Arbeit.

Dr. Birgitta Kopp gilt mein Dank für die inhaltlichen sowie persönlichen Gespräche, die für das Gelingen dieser Arbeit sehr förderlich waren.

Für das Korrekturlesen, das konstruktive Feedback und die persönlichen Worte der Unterstützung danke ich meiner Schwester, Ivonne Hasenbein, die mir auch über die Entfernung München-Melbourne immer zur Seite stand, meiner langjährigen Freundin, Carola Tille, sowie Verena Letz, Susanne Dvorak und Tanja Martin.

„In einem dankbaren Herzen herrscht ewiger Sommer."

Celia Layton Thaxter, (1835-1894), US-amerikanische Dichterin